Eine Journalistin, im Freiburg des Nazi-Rektors Heidegger aus ihrer Zeitung geworfen, beginnt, Briefe zu schreiben an ihren Sohn in der Schweiz:

Freiburg im Breisgau, 24. Juli 1933
Vor Fränzes Fenster ist der Arbeitsdienststand in der alten Klinik. Da wird den ganzen Tag exerziert, geblasen und gesungen. Früher musste man in der Nähe von Kliniken ganz still sein. Gestern nacht um 10 Uhr hatte ich Fränze soweit, dass sie einschlafen konnte. Da kamen die wilden Horden zurück, sangen ein langstrophiges Lied, und da es noch drei Strophen hatte, blieben sie im Takt stampfend unter Fränzes Fenster brüllend stehen. Der Refrain war jedesmal (nach der Melodie Kapitän, Leutenant): »Wenn's Judenblut vom Messer spritzt, dann geht's noch mal so gut. Soldaten, Kameraden, hängt den Juden, stellt den Bonzen an die Wand!« – Im »Alemannen« wurde neulich offen aufgefordert zum Mord an Rechtsanwalt Homburger.

Briefe von sarkastischer Genauigkeit. Von Hitler zur Jüdin gemacht, schildert sie die »Reichskristallnacht« mit ungebrochener Urteilskraft:

Freiburg im Breisgau, 17. November 1938:
Ich selbst hatte nur wenige Unannehmlichkeiten, doch kamen nachts meine christlichen Freunde und beschworen mich, nicht auszugehen, denn sie könnten mich nicht schützen, wenn ich verhauen würde, weil jede Sympathiekundgebung schwer bestraft wird. Andrerseits soll ich jetzt sofort das Haus verlassen, sämtlichen nichtarischen Rupfen von den Wänden reissen (obgleich die Nachfolger ihn liebend gern behielten!!), damit bis zum 31. Dezember sämtliche Zimmer tapeziert werden können. Ich kann aber nicht umziehen, ohne vorher Besorgungen zu machen, beim Spediteur usw. Doch das ist nur eine Kleinigkeit, aber als ich, schwer ischiashinkend, die ausgebrannten Ruinen der Synagoge sah, ach, meine lieben Kinder, da hätte ich laut vor Weh und Zorn herausschreien mögen. Tief unglücklich bin ich über die zahlreichen Idioten, die die offizielle Lesart glauben: die Juden hatten Sprengstoffe in der Synagoge, die haben sich von selbst entzündet, und deshalb sitzen alle.

Am 31. Dezember 1938 muss sie ihre Wohnung räumen, in der sie lange Jahre mit ihren Kindern gelebt hatte. Es wird ein Fest des Widerstands:

Freiburg im Breisgau, 22. Januar 1939:
Die Fidelität stieg auf den Höhepunkt, als Asal (natürlich nicht Karl, sondern Heinrich, der böse Asal, der Hausmeister) kam, um die Schäden der Wohnung zu prüfen und alle freiwilligen Helfer mit Namen aufschrieb, weil sie der »Jüdin« geholfen hatten. Er würde es sofort dem »Stürmer« zur Veröffentlichung einschicken! Die Helfer wären alle Bolschewisten. Ernst Pedersen wurde vor allen Dingen aufgeschrieben, nicht nur, weil er schon ¾ Jahr politisch gesessen hat, sondern weil er schleunigst, von Hilda gerufen, herüberkam und einen kleinen Schaden an der Waschküchenlampe umsonst reparierte, den Asal mir gerade für 8.– aufgemutzt hatte. Ott kam auch, um Hilda mit dem Fritz heimzufahren, mit einer fetten Gans unterm Arm. Die war für Blechner Meier zum Neujahrsschmaus bestimmt. Blechner Meier kam auch dazu, um den Herd abzuholen. Ich gab Stiefel 5.–, damit er Asal die Meinung sagte, für mindestens 20.– hat er ihn kapitelt. Ott sagte: »Wenn du und deine Dreckseckel so wäret, wie diese Jüdin, dann wär's schee in Ditschland!« Da fing Asal wieder von dem Strafzettel an, den ich nie bezahlte, den er mir schickte, weil ich Timm das Grab unterm Kirschbaum machte. Ich sollte ihn ausgraben, eher liess er mich nicht ausziehen. Da warf Blechner Meier ihn raus, er kreischte »Heil Hitler«, wir riefen alle »Prost Neujahr« und tranken ihm mit dem Wermutwein zu, den wir aus Wassergläsern tranken.

Eine Frau nach der Flucht, beschützt von einflussreichen Familien, aber ständig bedroht von einer Fremdenpolizei, die sie ins Reich zurückschaffen will. Sie liest auch in der Schweiz den Wirtschaftsteil der Zeitungen: ein ungeniert politischer Blick.

Frauenfeld, Kanton Thurgau, 10. Juni 1940:
Auch ich habe angenehme Schweizer gefunden, fast alle sind liebenswürdig gegen mich, aber Demokratie und Freiheit und Fortschritt hab' ich nicht gefunden, keine Niederlassungsbewilligung, sondern eine sogenannte Toleranzbewilligung, die keine grosse Toleranz zeigt, da täglich widerrufbar, und sehr oft hab' ich dieses Land als fremd und feindlich empfinden müssen. Gefunden hab' ich viel Unkultur und Hoteliersgeist dieses Hoteliervolkes. Ich muss mich leider diesem Schimpfwort des Grafen Keyserling anschliessen, wenn ich auch nicht im Hotel wohne, aber ich sehe dieses Wort auch in der geschäftlichen Ausnutzung jedes hochdeutsch Sprechenden. Im übrigen hat jeder Geschäftsmann seit Kriegsausbruch alle Preise heraufgesetzt, und zwar sofort, ohne Rücksicht auf grosses Lager vom Vorkriegssommer und billigen Einkauf. Wie statistisch festgestellt wurde, ist der Lebensindex seit dem 1.9.1939 um 17% gestiegen, aber jedes Kantönliblatt faselt von der echten Tellengüte hier im ringsum brandenden Krieg. Aber man verdient gut dran.

In ihren Briefen spielt die Internationalistin mit Dialekten und Sprachen. Sie erlebt dann, wie Angst und Verhetzung ihr Hochdeutsch mit Hitlerischem identifizieren. Als das Schweizerdeutsche zur Sprache politischer Abgrenzung wurde.

Frauenfeld, Kanton Thurgau, 5. August 1940:
Nein, Widrigkeiten hab' ich augenblicklich auch weiter nicht, nur die ohnmächtige Wut, wie hier alles auf Befehl umfällt, nachdem der Bundesrat das herrliche Wort von der »autoritären Demokratie« ausgab und alle Zeitungen es mit Wonne nachdrucken. Bevor Hitler in die Schweiz eindringt, muss ich hier verschwunden sein. Selbst Renners, ganz antihitlerische, irrsinnig klerikale Katholiken, sähen mich aus politischen Gründen heut lieber von hinten!
Gegen den 10. Mai durfte ich mich nirgends mehr blicken lassen aus Deutschenhass, weil ich hochdeutsch spreche und mit Nazis in einen Topf geworfen wurde, deren Einbruch man täglich erwartete. Selbst Leisis baten mich, nicht mehr mit ihnen sonntags zu essen, weil er als Rektor von allen Tischen her wütend angesehen wurde, wenn er hochdeutsch mit mir sprach. Sie luden mich damals stattdessen ins Haus ein, und gegen Ende Mai (auch jetzt noch) begannen wir die Sonntagsgemeinschaft im Alkoholfreien wieder. Heute nun bin ich als Emigrantin und Hitler g e g n e r i n verfemt. Es ist zum Heulen traurig!

Das Exil in New York als Station eines Wegs nach unten. Keine Angst mehr vor Nazi-Schergen oder einer fremdenfeindlichen Polizei. Die ehemalige Journalistin als Putzfrau: ihre kritische Wachsamkeit findet in der neuen Welt ungeahnten Stoff:

New York, 11. Januar 1942:
Ich werde jetzt das Buch von dem deutschen, christlichen Emigranten Koestler lesen: »Scum of the earth«. Darin schreibt er, dass wir, die bis zum Mai 1940 in Frankreich, England usw. als Märtyrer Hitlers hoch geehrt wurden, wenn wir emigriert waren, nun plötzlich in den gleichen Ländern zum Abschaum der Erde wurden. Es ist eine Schmach Englands. Erich bekam es ja auch zu fühlen. Soll es hier auch so werden? Etwa nach grösseren Niederlagen Amerikas? Ich hätte Lust, Tante Roosevelt eine Denkschrift zu schicken darüber, wo die wahren Nazi sitzen, nämlich unter den Deutsch-Amerikanern, deren amerikanische Bürgerpapiere in herrlichster Ordnung sind, die aber Nazi sind und wenn sie schon in der 3. Generation hier ansässig sind.

Käthe Vordtriede
»Mir ist es noch wie ein Traum, dass mir diese abenteuerliche Flucht gelang...«

Briefe nach 1933
aus Freiburg im Breisgau, Frauenfeld
und New York
an ihren Sohn Werner

Libelle

Zu dieser Ausgabe

Die Briefe sind originalgetreu wiedergegeben, aber der Rechtschreibung unserer Tage behutsam angepasst; Eigenschreibungen (z. B. Dialektworte, familiensprachliche Wendungen oder humorvolle Verdrehungen) blieben erhalten.

Da Käthe Vordtriede bis auf wenige Ausnahmen *ss* für *ß* schrieb, haben wir nach *ss* vereinheitlicht. Sperrungen im Original sind in unserem Text wiedergegeben. Abkürzungen wurden aufgelöst. Auslassungen sind durch [...] angedeutet. Ergänzungen des Herausgebers stehen ebenfalls in eckigen Klammern. Offensichtliche Verschreibungen und Fehler im Original wurden stillschweigend korrigiert – freilich *nicht* in den französischen und englischen Briefen, deren Unzulänglichkeiten von der Autorin selbst thematisiert worden sind.

Kursiv gesetzte Namen, Wörter und Ausdrücke verweisen auf die Anmerkungen auf den Seiten 340 bis 361.

Briefe aus Freiburg im Breisgau
1933–1939

Freiburg i. Br., den 3. Mai 1933

Mein lieber Sohn,
mit grosser Befriedigung nahmen wir Kenntnis von Deinen Erlebnissen. Täglich sehen wir mehr ein, was für ein unglaubliches Glück Dir beschieden war. Es ist hier nicht mehr auszuhalten. Zum 1. Ostertag und zum 1. Mai bekamen ihre Entlassungen Reisch, Vermessungsrat Kopp, Gallinger (am Finanzamt Inspektor) usw. Vor Hörsaal II wird ein Schandpfahl errichtet nach dem Muster von Berlin, Kiel usw. – ein abgehauener Baum, rechts und links liegen Reissnägel und Zettelchen zur ehrenhaften Benutzung. Da kann jeder den Titel eines jüdischen Buches anheften. Am 12. Mai ist in allen Universitätsstädten die öffentliche Verbrennung von allen aus Bibliotheken ausgemerzten Büchern von Juden – wahrscheinlich die Phänomenologie *Husserls* obenauf. *Möllendorff* ist geschmissen, *Heidegger* ist Rektor. *Brie* sollte fliegen, weil sein Vater, der berühmte Breslauer Universitätsprofessor, getaufter Jude war. Vater und Sohn waren wiederholt Rektor. Wo war da der reine Instinkt der Arier? Glücklicherweise darf Brie bleiben, weil er 1910 schon Ordinarius war.
Jetzt, da das Semester beginnt und Akademikerpack zusammenkommt und Revolution macht, sieht man, dass es noch tausendmal gemeiner ist, als wenn der Proletarier gemein ist. Beifolgenden Anschlag wollte der deutschnationale Rektor der Berliner Universität Kohlrausch nicht anschlagen – dafür flog er. Nachfolger: der Anthropologe *Eugen Fischer* (Nazi), den Du ja kennst. Täglich fliegen

noch massenhaft Universitätsprofessoren, u. a. der ordentliche Professor *Mathilde Vaerting,* früher Bonn, jetzt Jena, die das berühmte Buch über Geschlechterpsychologie schrieb, das mir mal Dr. Dörle lieh und dem ich viel verdanke. Sie ist Sozialdemokratin. *Radbruch* wurde ohne Pension geschmissen. Unter den 19 entlassenen Professoren in Berlin sind alle die berühmten Tuberkuloseforscher, die mit *Uhlenhuth* befreundet waren und denen er oft schrieb, u. a. der Erfinder des Tuberkulin, Adolf Friedmann. In Köln auch der Historiker Schmalenbach (Soz, kein Jude), an dessen Vortrag in der Akademisch-Literarischen Gesellschaft Du Dich vielleicht erinnerst. Das Allerschönste ist, dass Heidegger, wie heute in der »Freiburger« stand, in den akademischen Beruf durch Husserl gelangte, der ihn, als seinen begabten Schüler förderte und zu seinem Assistenten machte.

Wilhelm Hauser ist nicht als Jude geflogen, weil er Offizier war und Inhaber des E.K. I, der badischen Tapferkeitsmedaille, des Zähringer-Hausordens usw. Auch nicht als Marxist, da er wegen seiner Betätigung in der Friedensgesellschaft aus der Partei flog – sondern als gemeingefährlicher Pazifist, und das ist eben doch die gemeinste Eigenschaft heutzutage. *Harald* ist Chauffeur in der Schweiz bei einem jüdischen Grosskaufmann, verdient acht Mark täglich und Spesen, wenn er mit seinem Herrn auswärts ist, wird Dich hoffentlich bald besuchen. Heinz ist Reisender in einer Zichorienfabrik in Strassburg. Musste auch so plötzlich fort, wie Du, auch Mutter Levi fing in höchster Eile an, zu sticheln und Strümpfe zu stopfen. Das Komitee für boykottierte deutsche Juden verschaffte ihm die Stelle – Du weisst ja, dass der Triberger Student davon sprach. Der Sohn von Motte Mannheimer ist unauffindbar. Er wird hauptsächlich gesucht, weil er in der letzten Zeit auf Haralds Drängen allwöchentliche Kurse über Marx' Wirtschaftslehre hielt. Haräldchen durfte sich hier nicht mehr blicken lassen – er ging in Hausers Hütte im Schwarzwald, wo er sich von dem ehrwürdigen Greise und der *Goldelse* tränenreich verabschiedete. *Ilse Bing* ist todkrank, operiert und bekommt täglich Leber eingespritzt. Der hochbegabte, geniale Kommunist Edelhoff, reiner Arier, flog durchs Examen mit Hilfe von unglaublich raffiniert gestellten Kreuz- und Querfragen. Sein jüngerer Bruder, der jahrelang freiwillig in der Studentenhilfe gearbeitet hat, bekommt keine Mensamarken und keine Honorarbefreiung mehr, obwohl er nicht mal Mitglied der Roten Studentengruppe war. *Fränze* muss schriftlich eine eidesstattliche Versicherung abgeben, dass Eltern und Grosseltern rein arisch sind, ein Dr. Rolf W. Müller beschnüffelt diese Angaben – dafür ist er angestellt und bezahlt mit dem schönen Titel Sozialreferent. Da Fränze diese Erklärung bei der Immatrikulation nicht abgeben musste, dachte sie, das brauchten nur Neueintretende. Nun ist aber die Sache so, dass ausserdem auch alle, die Honorarbefreiung haben, zum Eid gezwungen werden. Gleichzeitig muss sie schriftlich beeidigen, dass sie sich nicht marxistisch betätigt hat.

An Deiner Schule dürfen von jetzt ab nur noch drei Juden sein, nämlich 1%, also der Prozentsatz, den die Juden in Deutschland ausmachen. Juden, die ein

arisches Elternteil haben, dürfen bleiben. Natürlich ist auch für diese Bestimmung die »Gleichschaltung« mit den Universitäten Gesetz. Wenn ein jüdischer Sextaner beispielsweise in Deiner Schule keine Aufnahme findet, kann er es auch im Friedrichsgymnasium versuchen, aber die Juden dürfen an jeder höheren Schule nur 1% betragen. Auch für die Zukunft ist gesorgt: Kinder aus Mischehen, die nach dem 1. 5. 1933 geschlossen werden, werden ebenfalls nur bis zu diesem einen Prozent aufgenommen. Da werden sich noch viele entloben! In Freiburg können noch *40 jüdische Studenten* bleiben (4000 Studenten). In der Universität sieht man zahlreiche Hörer in Uniform, Studentinnen in braunen Leinenkleidern mit weissen Kragen, und alle Augenblicke schreien sie »Sieg Heil«! Dreimal!
Du siehst aus allem, wie gut es ist, ein anderes als dieses verdammte Land sein Vaterland nennen zu können. Sprich also mal mit *Herrn Winter* über einen Wechsel Deiner Staatsangehörigkeit. Natürlich kommt für Dich nur die schweizerische in Frage – nicht die französische, denn einen Krieg wird es bald wieder geben. Vorläufig habe ich Dich nicht polizeilich abgemeldet. Wenn ich es tue – nach drei Monaten – würde ich Dich abmelden als »Auf Wanderschaft«. Das geht. In drei Monaten werde ich eine Anfrage vom Meldeamt bekommen, weil Du nur auf drei Monate den Besuch (siehe Pass) ausdehnen kannst. Bis dahin ist auch die Arbeitsdienstpflicht da. Besprich die Sache also rechtzeitig mit Herrn Winter. Auch Deine evtl. Scheinimmatrikulation in Neuchâtel. Das Geld dafür kannst Du aber vielleicht auch sparen, wenn Herr Winter auf dem dortigen

Meldeamt angibt, dass für diesen Posten nur Du in Frage kommst. Entweder, weil es sich um eine Vertrauensstelle handelt, oder, wenn man damit nicht durchkommt, weil für die Kinder nur ein Lehrer in Frage kommt, der gleichzeitig Spanisch und Französisch kann, weil die Kinder bisher Spanisch sprachen. –

Nun, Herr Winter wird einen Ausweg finden – nur musst Du alle Schritte r e c h t z e i t i g tun, ehe die Ausweisung Dich trifft. Dann ist nichts mehr zu machen. Falls Herr Winter es für richtig hält, kannst Du Dich auch bei der Internationale als politischer Flüchtling melden. Du weisst, dass die zweite Internationale in Bern (die sozialdemokratische – denn die kommunistische ist die dritte) noch besteht. Dafür habe ich ja immer die *Mateottimarken* geklebt – das Geld dafür lieferte [in] Deutschland *Peter Mayer* an die Internationale ab, deren Hauptsitz Bern ist. Wenn Du diesen Schritt tun willst, werde ich Dir mein Mitgliedsbuch der SPD eingeschrieben schikken – oder durch *Strodel* zu Pfingsten. Du kannst dann angeben, dass Du als Marxist und Marxistensohn einer von der Partei lebenden (oder vielmehr gelebt habenden) Marxistin in Deutschland nicht studieren kannst. Dann wirst Du nicht ausgeliefert. Der augenblickliche Polizeipräsident von Bern ist Sozialdemokrat. Nun ist die Sache freilich die, dass Du in solchem Falle nicht ausgeliefert wirst, wie z. B. *Reinbold* und Peter Mayer jetzt. Aber, ob Du dann auch dort arbeiten und Geld verdienen darfst, ist ganz etwas anderes. Die SPD-Flüchtlinge werden dort einige Monate von der Internationale in Gewerkschaftshäusern behalten und verpflegt – dann aber nach Spanien gebracht, damit sie dort wieder beruflich arbeiten. In Spanien ist die politische Konstellation eine andere als in der Schweiz, also günstig für Linkspolitiker, und ausserdem ist dort die Arbeitslosigkeit längst nicht so schlimm wie in der Schweiz. – Ich wollte Dir also verschiedene Möglichkeiten zeigen, die Du im Laufe der Wochen erwägen musst. Wenn die Arbeitsdienstpflicht erst da ist und Du dann unauffindbar bist, würdest Du als deutscher *Deserteur* gelten.

Geradezu schauerlich war das Theater, das am 1. Mai mit den Arbeitern getrieben wurde. Man hat sie in allen Reden kolossal flattiert und am nächsten Tag sämtliche Gewerkschaftshäuser besetzt, 120 Gewerkschaftssekretäre und Redakteure der Gewerkschaftszeitungen verhaftet und Nazigewerkschaftssekretäre eingesetzt. Die Koalitionsfreiheit für Arbeiter hat aufgehört, vom Gewerkschaftshaus hier weht wieder die Hakenkreuzfahne. Die Gewerkschaften bleiben bestehen, d. h., jetzt muss jeder zahlen, während das früher freiwillig war. Da aber jetzt der Arbeiter keine Rechte mehr hat, ist das Zahlen in Hitlers Gewerkschaften nur eine indirekte und recht hohe Steuer. Der Demonstrationszug hier in Freiburg war als Viererzug über zwei Stunden lang. Alles musste mit, die Universitätsprofessoren im Ornat, die Richter im Talar. Öffentlich wurde erklärt, dass man aus dieser erhebenden Tatsache klar ersähe, dass die Arbeiter im neuen Deutschland höher als Akademiker geachtet würden. Aber ihre Jammerlöhne hat man nicht erhöht. Arbeit wird ihnen auch nicht verschafft. Nach d e r Richtung hin bestanden alle Reden, besonders die Hitlers, nur aus Phrasen. *Kerber* hat schon erklärt, dass die Stadt nichts mehr bauen, nur noch eisern sparen würde. Jeder Arbeitslose aber kann in ein geschlossenes Arbeitslager eintreten, mit Verpflegung und 30 Pfg. Tagegeld. Die Wohlfahrtserwerbslosen bekommen nur noch ein paar Pfennige. Trotzdem war der Jubel am 1. Mai ungeheuer gross. Man sah nirgends ein Haus vor lauter Grün und Fahnen. Am vorhergehenden Sonntag durften alle Tuchgeschäfte offenhalten und alle Drechsler. Herzog verkaufte am Sonntag in einer Stunde für 4000.– Fahnenstoffe, *Knopf* noch mehr. Jedes anständige Haus hing die neue Gesinnung wenigstens zweifach heraus. Hugelmann hatte eine schwarz-weiss-rote Gesinnung, aber Engel hing eine hakenkreuzlerische heraus. Der Friseur als Parterrebewohner zahllose kleinere, aus jedem Fenster sechs.

In der Körnerstrasse hatte nur *Bernhard Merten* nicht geflaggt (in seiner neuen Wohnung), und er wird nun auch fliegen, in unserer Strasse war ich die einzige. Auch *Dieringers, Watters* usw., alle hatten geschmückt und geflaggt. Die Christin Eva Maria Lorm versuchte auch, mit diesem Mittel gut Wetter zu machen. Sie behing ihr historisches Eckfenster mit drei Fahnen. Fränzes geübtes Auge sah aber, dass die Fahnen aus Seide und nicht aus einem Stück waren – also hatte sie wohl aus alten Maria-Stuart-Gewändern einige Streifen geschnitten und dürftig aneinandergenäht. Fränze war übrigens die drei Tage von Samstag bis Montag abend mit Otto Horn in Altglashütten, sie sah die Fahnen der Maria in der Gartenstrasse noch am Mittwoch – sie liess sie wohl so lange hängen, bis Brühler, Kerber und alle sonstigen Nachbarn von ihnen Kenntnis genommen hatten. Fränze regnete ein und lernte Schach, zuerst vor Verzweiflung, dann mit viel Freude. Es regnete am 1. Mai – ja wirklich. Petrus wurde in Schutzhaft genommen. – Hoffentlich sind Deine Sachen gut angekommen. Ich habe sie als Umzugsgut deklariert, damit Du möglichst nichts zahlen musst. Hast Du den zweiten Kofferschlüssel in der Smokingjakkentasche gefunden? Ich habe schon Sorge, dass Du vielleicht einen unverschämten Beamten erwischt hast, der Dir alles durcheinanderwühlt und den zweiten Koffer aufgebrochen hat [...].

Hast Du unsere Karte mit der Unterschrift von Flaig nicht bekommen? Wir erhielten Deine zwei Karten und Deinen schönen Brief, der schon ganz das Bild eines geübten, nach amerikanischem Muster schreibenden Korrespondenten bot. Lege nur den Hauptwert auf Deine Korrespondententätigkeit – wenn Du später sehr gut Stenografie kannst, musst Du dann einmal einen Abendkurs mitmachen in einer Handelsschule, schliesslich auch noch französisch stenografieren lernen und wenn Du dann noch im Laufe der Jahre Italienisch und Spanisch lernst, hast Du Dir eine kaufmännische Stellung geschaffen, die Dich für die feinsten Korrespondentenposten geeignet macht und die sicher selten ist. Lerne nur zunächst auch die französischen Handelsausdrücke, das wird Dir im fremden Lande ja nicht schwerfallen, alles andere, was jetzt wohl sehr schwer erscheint, kommt dann auch. Wenn Du Dein Leben jetzt schon darauf einrichtest, dass Du ein fixer Korrespondent in vier fremden Sprachen werden willst, hast Du die schönsten Möglichkeiten, u. a. auch die,

Auslandskorrespondent für grosse Zeitungen zu werden. Da Du ja nie das Spürhundige eines grossen Kaufmanns erlernen wirst, scheint mir diese Seite des Kaufmannsstandes die einzige zu sein, in der Du Dir eine schöne Lebensstellung schaffen kannst. [Schlußsatz unleserlich]

9. Mai 1933

Mein lieber Sohn,
[…] Bleibe, wo Du bist, sieh zu, Dich bei Winters beliebt und nützlich zu machen, und bitte sie, bevor sie weiter in der Welt umher abenteuern, dass Herr Winter Dir eine feste Lehrlingsstelle bei Zenith ausmacht oder sonstwo, mit zwei ordnungsmässigen Lehrverträgen für einen Kaufmannslehrling, von denen ich den einen in Händen behalte als Dein Vormund und die beide von beiden Teilen unterschrieben werden. Da Du schreibst, dass Du nur Stenografie und Schreibmaschine lernst, was Du ja schon fast kannst, so kannst Du darauf natürlich kein Leben aufbauen. Du musst irgend etwas Richtiges ganz und gar in drei Lehrjahren lernen – Du bist nicht so genial, dass Du, wie Herr Winter, auch ohne das durch die Welt kommst. Ausserdem war das früher möglich – heute kann das nicht mal mehr das Genie. – So nimm meinen gutgemeinten Rat an. Sei fleissig, steh früh auf, widme Dich den Kindern in der Weise, wie ich es Dir beigebracht habe, auch

sonntags, mache Scharaden mit ihnen, räume die dazu gebrauchten Utensilien s e l b s t wieder fort, versäume keine von Herrn Winters Anordnungen in bezug auf seine Korrespondenz – dann wird er sich vielleicht !! bemühen, Dir bei seinem Wegzug von Le Locle einen kaufmännischen Lehrlingsposten zu verschaffen. Wenn irgendein mächtiger Herr bei Zenith dann will, kann er Dir auch die Aufenthaltserlaubnis verschaffen. Aber zu allem ist ein prima Zeugnis von Winters nötig, das Du Dir erringen musst. Länger als ein Jahr wirst Du wohl nicht bei Winters bleiben können – sonst wirst Du für einen Lehrling zu alt. Vorläufig brauchst Du mit Herrn Winter nicht über Deine Pläne zu sprechen – spare nur Dein Geld, damit Du evtl. heimreisen kannst, wenn Winters dort fortgehen und Dich nicht mehr mitnehmen wollen.
Deine treue Mutter

[Ohne Datum]

Mein lieber Sohn,
hier sind nun alle Sachen, die zu Deinem Privateigentum gehören, das nach dem *Erfurter Programm* erhalten bleiben muss. Schmücke Deinen Bungalow mit den Bildern und packe alles schön in Deine Schubladen, damit es Dir recht heimisch wird. Ich habe das Zeug so übersichtlich wie möglich gepackt. Deine Fotoalben habe ich in Ordnung ge-

bracht, z. T. auch beschriftet, doch würde ich an Deiner Stelle noch die Dichter von der *Dichtertagung* drunter schreiben, denn Du vergisst sie sicher bald. Die Noten lasse doch einbinden, sowie Du Geld hast. Alle zusammen in einen blauen Pappband. Ich hätte es noch machen lassen, aber es wird zu spät, und Du wartest sicher mit Sehnsucht drauf, in eine reine Gewandung steigen zu können. Bubenbücher sind auf Deinen Wunsch beigepackt. Ich freue mich über Dein Interesse für Deine Schutzbefohlenen. Hans, der Strodel, meinte, Du solltest auch Markentausch mit den Buben beginnen, damit würdest Du sie gut unterhalten und belehren. Also packe ich welche bei. Hast Du den Kindern schon Kontobücher eingerichtet? In den Kasten für Deine wichtigen Dokumente habe ich zunächst anderes gepackt, was Du hoffentlich finden wirst. Auch Dein Zeugnis liess ich durch Fränze bei Ackenheil holen. Du hattest es vergessen. Für das Abiturzeugnis sorgt *Stuber.* Herr Ackenheil empfing Fränze mit großem Hakenkreuz und noch einem Naziabzeichen auf der Brust. Ausserdem mit einem Schwall von Geschäftswendungen, denn er wiegte sich in dem törichten Glauben, sie käme auf sein Inserat. Sie wollen nämlich alles Kostbare verkaufen – sind wohl bankrott. Nachdem sich der Irrtum geklärt hatte, wurde Fränze keines Wortes mehr gewürdigt.
Die Mottenkugeln und die Säckchen habe ich in einen Marmeladeneimer getan. Tu die Kugeln in die Winterstrümpfe und in die Taschen Deines dicken Mantels. Die Säckchen hänge allen Anzügen an.
Ex Libris habe ich in alle Deine Bücher geklebt – aber die Namen musst Du selbst schreiben, weil ich nicht

Rundschrift kann, und Fränze hat keine Zeit. Ein Stück Deines Mehringer-Romans schicke ich Dir auch. Vielleicht machst Du ihn mal fertig. Schreibe mir, ob ich den Anfang bei Deinen Sachen finde. Numeriere aber in Zukunft die Seiten. Wirf das Stück keinesfalls fort. Wenn Du es nicht weiterführen willst, schicke mir diese Teile zurück, damit ich sie aufbewahre.

Trage im Sommer recht oft das Elsbachhemd, weil es Dir sonst zu klein wird. Ich habe es sehr mühsam geflickt und mit neuen Unterärmeln geschmückt. Es liegt obenauf.

Das bunte Hemd in Deinem Taschentuchkasten ist für Deine Schlipse, zum Draufhängen an der Schranktür. Reissnägel in einem kleinen Kasten in einem grösseren Kasten. Deine Handschuhe aus Urvätertagen lege ich bei zum Bergkraxeln.

Trage alles in Gesundheit! Hoffentlich fehlt nichts. Sonst schreibe gleich, damit Hans es mitnimmt.

Deine Mutter

Freiburg i. Br., den 16. 5. 1933

Mein lieber Sohn,

vielen Dank für Deine Karte, die 9 Pfennig Strafporto kostete. Das Lexikon schicke ich Dir hiermit, aber nicht Deinen blauen Sweater, den ich bestimmt eingepackt habe – ich weiss es genau, und ich kann mir nicht denken, wer sich in dieses alte Möbel verliebt

hat. Der kleinere Koffer war doch nicht etwa geöffnet und bestohlen?
Hier wird es geradezu unerträglich. Linksstehende haben kein Recht und kein Eigentum mehr. Frau Sexauer muss aus dem Laden heraus, weil Nazi-Knies sich hineinsetzen will. Heute abend spricht in der Festhalle Pastor *Münchmeyer-Borkum*, der wegen unsittlicher Angriffe auf seine weiblichen Gemeindeschäfchen bekanntlich vor Jahren geschmissen und zu sechs Monaten Gefängnis verurteilt wurde, über das Thema: »Welch' eine Wendung durch Gottes Fügung!« Mit grösstem Tamtam zeigen die Nazi diesen Edlen auf allen Litfasssäulen an. Der politische Redakteur der »Freiburger Zeitung«, *Lang*, ist geschmissen. Die »Tagespost« wird täglich verunglimpft im »Alemannen«, weil sie Inserate von Knopf nimmt. Der *Erzbischof* wird dauernd beschimpft, weil er am Charfreitag im Münster predigte und von der heutigen Regierung sagte: »Herr, vergib ihnen, denn sie wissen nicht, was sie tun!« Der 77jährige Seehund Schramm soll bis zu seinem Tode im Gefängnis bleiben, weil er versuchte, Peter Mayers Möbel nachzuschicken. Möbel und Peter Mayers Geld, das Schramm bei sich trug für die Spedition, wurden beschlagnahmt, d. h. gestohlen. Frau Brumm, mit Peter Mayer auf einem Flur lebend, hat die Sache verpfiffen. – Gestern war ich im *Gewerkschaftsbüro*. Plötzlich kommen, ohne Anklopfen, Stadtrat Sieder und zwei Kriminale und werfen *Kappes* raus und »beschlagnahmen« alle Gelder. Stadtrat Sieder sah mich schön an. Er hatte mich mal verklagt, nachdem ich schrieb, dass er von Wohlwert in der Harmonie sagte, er würde koschere

Wurst aus Polen verkaufen, um die Deutschen zu vergiften. Den Prozess gewann ich damals. Er bestritt die Äusserung nämlich, kam aber nicht damit durch. Wie Fränze auf der Universität erfuhr, hat er 15 Jahre lang studiert, ist immer wieder in allen Fakultäten durchgefallen. Die grössten Vierziger sind M. d. L.

Richard Bloch sollte verhaftet werden und floh. Darauf warf man Frau Bloch und Margot ins Gefängnis, dort sollten sie bleiben, bis sie aussagten, wo er ist. Sie wollten ihn nicht verraten und blieben hocken. Richard erfuhr es durch seinen Bruder Erich und klingelte von Strassburg beim Bezirksamt an. Da kamen sie frei, doch wurde Richard am Telefon gesagt, wenn er sich nicht freiwillig nach Deutschland in » Schutzhaft« begäbe, flögen sie wieder ins Gefängnis.

Im »Alemannen« wird öffentlich aufgefordert, den Dentisten Ruf zu prügeln (Jude), weil er für eine 14gliedrige Brücke 214 Mark genommen hat. Herr Strauss, Inh. v. Math. Meier, wurde verhaftet, weil er beim Horst-Wessel-Lied, als Zuhörer im Bürgerausschuss, nicht aufstand. Wie ich Dir schon durch Zeitungsausschnitt mitteilte, ist das Gesamtvermögen der SPD »beschlagnahmt«. Das wird so gemacht: Gestern holten sie *Zumtobels* Privatschreibmaschine aus seiner Redaktion in die »Alemannen«-Redaktion. Sie war unsere beste, kostete 500.– Mark. Drei Tage vorher hatte noch im »Alemannen« gestanden: »Welcher Edeldenkende schenkt uns eine Schreibmaschine?«

Das sind nur kleine Dinge – aber symptomatisch für die grossen Diebereien. Alle Buchhändler müssen

sich eine Visitation gefallen lassen, alle »nicht gefallenden« Bücher werden gestohlen und verbrannt. Armer Loewy! Herr *Wenk* war in Berlin. Bürgerliche, rechts eingestellte Leute, erzählten ihm, wie sie in den ersten Tagen der glorreichen Revolution die Schmerzensschreie aus dem Polizeigebäude am Alexanderplatz von den Gefolterten Tag und Nacht hörten. Auch eine bekannte Genossin, Marie Jankowski, 46 Jahre alt, Stadtverordnete, wurde ausgezogen und halbtot geprügelt. Dann musste sie »Deutschland, Deutschland über alles« singen.
Stefan Meier, *Geiler* und *Martzloff* sind kahlgeschoren und ins Zwangsarbeitshaus verschleppt. Der geistige und kulturelle Terror ist unerträglich. Riesige Propaganda machen jetzt einige Rotznasen im Auftrag und mit Hilfe des Kultusministeriums für Hoamatliteratur, à la *August Ganterbräu*, Umzüge, Vorträge usw. Stundenlang könnte ich Dir von den Greueln erzählen.
Der »Frankfurter Zeitung« antworte nicht, da ich es schon getan habe. Ich habe noch *Kasi* und *Anton Betzner* als Referenten angegeben. Ich habe die Frankfurterin gebeten, s o f o r t zu schreiben, wann sie Dich brauchen können. Wenn Du aber in der Schweiz etwas l e r n e n kannst und Dir eine Existenz schaffen kannst – bleib da. Stuber war bei uns und sagte, auch die Frankfurter würde in spätestens zwei Jahren vernichtet sein. Was Hitler nicht verbieten kann, vernichtet er. Immerhin habe ich mich über den Brief gefreut. Auch von Sauauge kam einer. Er muss im Auftrag der Regierung von allen Abiturienten die Anschrift haben, damit sie eingezogen werden können zum Arbeitsdienst. Ich gab

ihm Deine Anschrift und schrieb, dass Du, Deiner angegriffenen Lunge wegen, vorläufig nicht daran denken kannst, nach Deutschland zurückzukommen. Dein enormes Wachstum zeige ja schon Deine gefährdete Gesundheit. – Ich habe der alten Rehfeld ihre Untervertretung genommen und verkaufe ganz schön, ausserdem bin ich so sehr beschäftigt mit der *Sunlichtpropaganda.*

Vielleicht schicke ich Dir demnächst unter Frau Winters Adresse einen Artikel für die *Weltbühne,* die jetzt in Wien erscheint und u. a. einen erschütternden Bericht von *Egon Erwin Kisch* bringt über die viehischen Misshandlungen, die der Berliner *Osaf* Graf Helldorf in der SA-Kaserne Hedemannstrasse 5–6 in Berlin vornehmen liess. Kisch wurde als Ausländer freigelassen. Dass *Ossietzky, Renn* und 20 000 andere linke Intellektuelle je wieder freikommen, wenn wir keinen Krieg mit Frankreich kriegen, ist ausgeschlossen. Du müsstest dann den Artikel weitersenden. Aber Vorsicht, Vorsicht, Vorsicht. Schreibe um Gottes willen nie wieder auf einer offenen Karte von Zeitungsausschnitten, die Euch entsetzt hätten.

Nun möge Dich der Himmel weiter behüten vor allen Segnungen der heiligen deutschen Erhebung!

Deine treue Mutter

Hast Du Deinen Lehrern geschrieben? Tu es gleich! Haussuchung wegen »Säuberung unserer Bibliothek« ist uns angedroht!!! [...]

Freiburg i. Br., den 31. Mai 33

Liebster Thannhäuser,
hier hast Du nun vierzig Mark, teile sie weise ein, damit Du ohne allzu grosse Fährlichkeiten wieder heimkommen kannst [...]. Lass Dich in *Italien* nicht beklauen und nicht neppen. Die Tasche kannst Du ja gut am Rad befestigen, aber achte doch immer darauf, ob sie sich nicht löst, und tu das Geld nicht mit hinein. Im übrigen bekleide Dich mit Knikkerbockers, und den Sweater mit den langen Ärmeln kannst Du wohl noch in die Tasche packen. Vergiss nicht in Rom, Oesterchen zu besuchen, der wird luegen – aber mach Dich zu dem Besuch so sauber, wie es einem gepäcklosen Touristen möglich ist, zurecht. Grüsse ihn vielmals von uns, vielleicht kann er Dir zu einer Existenz verhelfen. Fuchs hat nichts mehr hören lassen. Sprich also auch darüber mit Pasquale. Wenn Dir etwas zustossen sollte, was unvermutete Geldausgaben verursacht, kannst Du natürlich sowohl Hans L. wie den deutschen Konsul oder Pasquale anpumpen – in einem solchen besonderen Fall würde ich es zurückzahlen.
Falls Du Strodel nicht siehst, sorge dafür, dass er die eine Aktentasche wieder mitnimmt. Wir mangeln sie sehr. Falls Du ihn siehst, natürlich auch. Er fährt Samstag um 14.40 [Uhr], wie er mir schrieb. Auf keinen Fall erzähl ihm von der Neuen Welt-Bühne in Prag. Hoffentlich hast Du auch Winters nichts gesagt, sie würden es Strodeln sagen, und dem ist in politischer wie in anderer Hinsicht nicht zu trauen. Ich schreibe Dir noch Näheres darüber. Zunächst sorge jedenfalls, dass meine Briefe während

Deiner Abwesenheit nicht gelesen werden können, allenfalls verbrenne diesen, oder vielmehr zerreisse ihn klein und ab in den Orkus. Schreibe darüber, ob Du schon etwas sagtest.

Die Sache mit der »Frankfurter« will ich Dir jetzt zu Ende erzählen. Ich musste ja so plötzlich abbrechen, als *Winters* kamen. Wegen des beiliegenden Artikels sei sie gleichgeschaltet, alle Redakteure entlassen und durch Nazi verdrängt. So erzählte Ischy von Baumgarten. Dabei zeichnen immer noch die alten verantwortlich, die ich seit Jahren als demokratisch kenne. Z. B. der Dr. Robert Drill, der freideutsche Wandervogel, dessen Broschüre über den Wandervogel ich besitze. (Dabei fällt mir ein, dass *Walter Hammer* schon lange in Berlin sitzt, und zwar im gleichen Gefängnis wie Ossietzky und Renn.) Am gleichen Tage, wie ich bei Ischy wegen der Seife war, ging ich auch wegen Seife zu Strodel, um auch *Ella Zeh-Becht* zu interviewen. Ich erzählte ihm von Deinen Aussichten bei der Frankfurterin und fügte Ischys Gequatsch hinzu. Er hatte offenbar keine Ahnung, da er aber allerhöchstes persönliches Interesse daran hat, dass Du bei Winters für lange Zeit bleibst, schlug er gleich in dieselbe Kerbe, faselte wieder etwas von dem Kollektiv der Redakteure, das aufgelöst sei, er wüsste alles. Ischy dagegen hatte gesagt, es sei noch ganz geheim, sie dürfte es mir eigentlich gar nicht erzählen, sie als Vorstandsdame der NS-Frauenschaft erführe immer alles aus dem geheimen Pressedienst. Nun hat aber im Gegenteil vor einigen Tagen die Frankfurterin äusserst mutig gegen einen verrückt gewordenen Vorstand der deutschen Ärzteschaft polemisiert, der in der

»Medizinischen Wochenschau« forderte, dass alle jüdischen Ärzte brotlos gemacht würden, weil ein deutscher Mensch nicht seinen nackten Körper einem Juden darbieten könne. Die Frankfurterin schrieb dazu, dass alle Deutschen, die Gesundheit und Leben dem jüdischen Arzte verdanken, über diese anmassenden Worte nur verächtlich lachen könnten usw. Also scheint sie durch ihre internationale Vertrustung ungeheure Macht zu haben. Ich gedenke also, trotz Strodels entschiedenem Abraten, Deine Anstellung bei der Frankfurter weiter zu betreiben. Von Betzner schicke ich Dir eine Stelle, aus der Du siehst, dass er auch hitlerisch zu schreiben anfängt. Ich habe von diesem Menschen auch nichts Charaktervolles erwartet, aber seine Fürsprache werde ich doch benutzen. Übrigens hat auch *Fendrich,* der hier verfemte Sozi, dauernd lange Artikel in der Frankfurter. Erinnere mich mal daran, dass ich Dir Näheres über Ischy schreibe, ich werde das auch der Neuen Welt-Bühne senden, so etwas Ekelhaftes und Sadistisches von Naziweib war noch gar nicht da. Hugo ist ja nicht zurechnungsfähig, die entzückend zu finden. Die Person trieft von Gemeinheit gegenüber jedem Proletarier, und als sie von Juden sprach, rülpste sie laut und schön zum Zeichen ihres Widerwillens. Noble Vorstandsdame! – [...] Sei vergnügt und glücklich im Lande Deiner und Goethes Sehnsucht – schreibe gleich, ob es geglückt ist. Vergiss Deinen Pass nicht, stecke ihn aber in eine sichere Hosentasche
Deine Mutter

[ohne Datum, ca. 30. 6. 1933]

Lieber Werner

[...] Absichtlich sandte ich Dir so viel Schrekkensnachrichten aus dem dritten Reich, damit Du einsiehst, wie unglücklich wir uns alle in Deutschland fühlen. Ich muss Dir sagen, dass in letzter Zeit die Dinge noch viel entsetzlicher wurden, getreu der Rede von Göbbeles in Hamburg kürzlich, der sagte, die Revolution habe erst leise begonnen, jetzt käme erst noch das Schlimmste. So ist es auch. Kommunisten und Reichsbanner bekommen keine Unterstützung mehr bei Arbeitslosigkeit, sämtliche Gewerkschaften sind gestohlen mit allem Vermögen, alle Gewerkschaftsbeamten fristlos entlassen, niemand von ihnen bekommt Erwerbslosenunterstützung, Kappes wurde gestern aus seiner Wohnung im Gewerkschaftshaus herausgeworfen, das Vermögen der Freidenker, Freien Volksbühne usw. usw. wurde gestohlen, Herrn *Lämmers* freireligiöser Religionsunterricht verboten, die Gefangenen in den Konzentrationslagern werden haufenweise erschossen, in Dachau allein vier sozialdemokratische Münchener Universitätsprofessoren und drei Juden. Der Genosse Eckstein, 36 Jahre alt, hat sich Anfang Mai aufgehängt, weil er unter Peitschenhieben gezwungen wurde, am 1. Mai, dem neuen Nazifeiertag, die Festrede zu halten, vier mir bekannte weibliche sozialdemokratische Reichstagsabgeordnete haben sich vergiftet, darunter die feine *Toni Pfülf*, die ich sehr liebte, Oberstentochter und sehr tätig im Justizreformausschuss im Reichstag. Gestern abend verbrannten Nazistudenten vorne in dem kleinen Garten des von ihnen gestohlenen Heims der *Neo-Friburgia* an der Baslerstrasse das Eigentum der Juden, das die dort wohnenden am Schluss des Wintersemesters dort gelassen hatten, weil sie im Sommersemester das Zimmer wieder beziehen wollten. Fränze und ich kamen gerade dazu, wie ein Jude bescheiden bat, ob er seine zurückgelassene Garderobe und seine Bücher und Arbeiten holen dürfte. Vor der Türe standen drei Polizisten, die die Nazi vor den Juden »schützten«. Sie griffen nicht ein, sondern befahlen den Nazistudenten, den Juden auf die Wache an der roten Kirche zu führen, damit er in Schutzhaft käme. Von hiesigen Universitätsprofessoren sind noch geschmissen *Rost* und sein 1. Assistent *Prof. Keller*, ersterer als Demokrat, letzterer als Sozialdemokrat. Rost bekam vor Aufregung eine Gallenentzündung, liegt im St.-Josefs-Spital, die Universitätsklinik nimmt ihn nicht auf. Beide sind Christen. – Das alles musst Du natürlich bedenken – das Leben ist hier furchtbar, wir leiden unendlich mit den anderen. Es zerreisst einen fast. Stuber geht es auch so. Jede Woche berichtet er uns schreckliche Dinge. Vieles lese ich auch im »Freien Aargauer«, den ich regelmässig bekomme. *Kuntzemüllern* wurde der Pass entzogen, ebenso Schmalz und Wenk.

Ich könnte es schwer ertragen, Dich beim *Wehrsport* zu wissen, den jeder Student mitmachen muss. Gestern zogen sie wieder, wie wöchentlich zweimal, auf dem Rückweg durch die Kaiserstrasse und brüllten hundsgemeine Lieder, nach schönen, alten Melodien, z. B. »Kapitän, Leutenant, hängt den Juden, stellt den Bonzen an die Wand!« Jeder musste mitsingen. Etwa 5% sah ich unter etwa 3500, die tiefunglückliche oder furchtbar empörte Gesichter machten. Das alles musst Du wissen, ehe Du Dich entscheidest. Meine einzige Hoffnung ist, dass nun Deutschnationale, Zentrum und Deutsche Volkspartei, die auch alle verboten sind, sich mit allen anderen zum Bürgerkrieg entschliessen – dann kommt es darauf an, wer Sieger bleibt. Millionen von Nazi müssen erschossen, Hunderttausende müssen ebenso gefoltert werden, wie die Unsrigen – eher gibt es kein erträgliches Deutschland. Auch den verrückt gewordenen Mittelstandsweibern, wie Ella Zeh-Becht, gehört das Maul gestopft. Unglaublich, was z. B. diese Person für Lügen über Sozialdemokraten mir bei meinem Besuch bei Strodel ins Gesicht zu werfen wagte [...].

Lieber Werner [...], ich glaube fest, dass Du ohne Studium gerade wegen Deiner anständigen Linksgesinnung schliesslich bei der allmächtigen Frankfurterin landen wirst. Wenn Du bis dahin bei Winters aushältst, ist es mir ja auch recht. Wenn Du es nicht aushältst, könntest Du auch versuchen, so lange in der Schweiz andere, wenn auch mechanische Arbeit zu erlangen, bis die Frankfurterin Dich ruft. Wenn Du bleiben willst, schicke einige Tage, bevor das Visum abläuft, Deinen Pass, ich bringe ihn dann Herrn Kautz in die Privatwohnung. Er will ihn dann mit Hilfe von Direktor Kopp, der uns wohlgesinnt ist, heimlich verlängern. Auch ist es mir recht, wenn Du die Passangelegenheit benutzen willst, um für ein paar Tage heimzukommen, dann dürftest Du Winters natürlich nichts davon sagen, dass wir die Sache auch mit Hilfe von Kautz ohne Deine Anwesenheit deichseln können. – Beantworte nun alle meine Fragen endlich. Was sollen uns sonst Deine Briefe nützen? Und was können wir Dir nützen? Dann aber verbrenne um Gottes willen sofort den Brief. Frau Winter findet ihn sonst bestimmt mal. Ohne Kautz würdest Du wohl kaum Passverlängerung bekommen. Denn die Nazi sind jetzt sehr hässlich auf mich. Ich wäre um ein Haar zu *Erich* geflohen neulich, der mich eingeladen hat. Ich unterliess es dann, weil Erich momentan wieder im höchsten Masse spinnt. Es wäre für mich zu aufregend. Die Sache war so. Eines Abends kam *Cuntz* wieder. Knies sah es, trommelte überall alle Haslacher Nazilümmel zusammen, um zur »Einzelaktion« gegen mich vorzugehn, wegen Zusammenrottung mit Cuntz. Am Tage vorher war nämlich eine Kiste voll Munition im Kastelberg in Waldkirch gefunden [worden], die *Carla* mit ihren Kumpanen da versteckt haben soll. Ich habe Cuntzen seither nicht gesehen – sicher sitzt er. Ich war mit Frau [Name unleserlich gemacht] in die Generalversammlung vom Bauverein gegangen, Fränze war mit Cuntz allein. Am nächsten Morgen, wie wir noch im Bette lagen, kam ein älterer Mann und warnte mich. Ich kannte ihn nicht und hielt ihn für einen Spitzel, er meinte es aber ehrlich. Die Sache war Haslacher Dorfgespräch, bis Frau Sahm aus der Bauhöferstrasse, die vier Hunde geboren haben soll, das schöne Thema ablöste. »Einzelaktion« der SA, das heisst auf den Schlossberg verschleppt, verprügelt und hinterher auf unabsehbare Zeit verhaftet werden, nämlich in »Schutz«-Haft, weil man ge-

schützt werden muss. Das Gesindel dürstet täglich nach einer Sensation, sonst geht es kaputt. Sonntag hielt der Oberbürgermeister Kerber eine Rede auf dem Englerplatz, der jetzt Karl-Winter-Platz heisst. Harter enthüllte die neuen Schilder, er durfte die zwei darübergehangenen Putzlumpen mit einer Stange im strömenden Regen vor versammeltem Volke abprökeln. Ehre diesem Helden! Die ebenfalls in Haslach gelegene *Ludwig Frankstrasse* wurde ebenfalls gesäubert, heisst nach einem anderen Nazimörder *Paul Billeterstrasse. Engler* gründete die Siedlung, Frank war mit 46 Jahren Kriegsfreiwilliger, erbeutete eine der ersten französischen Fahnen und fiel vor Reims [...].
Der Weltbühne habe ich noch nichts zu schicken gewagt, obgleich ich vor Stoff berste. – Auch hatte ich mich Fränzen zu widmen, die leider wieder die gleiche Unterleibsentzündung hat wie vor 3 Jahren. Der Arzt, auf den sie angewiesen ist, findet nichts!!, will nichts finden, weil er sie nicht vom Wehrsport befreien lassen will. Als nationaldeutscher, noch nicht geschmissener Jude schreibt er alle Studentinnen k. V. Die müssen nun auch alle Wehrsport machen. Nun erfuhren wir aber gestern, dass Fränzes Doktorarbeit als »mitten im Examen« gilt, die einzige Art, entschuldigt werden zu können. Jetzt findet Dr. Franken hoffentlich etwas. Fränze hatte viele Schmerzen, jetzt ist es etwas besser, doch muss sie wohl noch in die Klinik. Bisher lag sie hier, mit zwei Schwinsbloderen voll Eis von Schlachter Volk auf ihrem schmerzenden Bauch. Heute endlich kam die Nachricht, dass sie ganz befreit (Honorarerlass) ist, wir atmeten auf [...].

Freiburg i. Br., d. 24. Juli 1933

Mein lieber Werner,
heute muss ich Dir leider eine sehr traurige Nachricht schicken, doch erschrick nicht zu sehr: Fränze ist vom Unglück schwer betroffen worden, und das arme Kind musste nochmals operiert werden. Es war eine nicht leichte Sache, und sie hat viel gelitten. Woher ich die Kraft nahm, das Kind so leiden zu sehen, weiss ich selbst nicht mehr. Ich war 2 Tage nicht hier in der Klinik gewesen, weil ich vor Ischias auch nicht einen Schritt mehr machen konnte – in dieser Zeit dann ist es geschehen, Dienstag, den 18. Juli, um ½ 8 Uhr. Wie ich Fränze das erstemal dann sah, hatte sie furchtbare Schmerzen, erst am Samstag morgen kam ein wenig Erleichterung. Seitdem geht es ganz langsam bergauf, Sonntag durfte sie einen Augenblick lang stehen, doch sind die Schmerzen an der 15 cm breiten Wunde noch immer gross. Sie hatte über 40 Klammern im Bauch, von denen ich eine stibitzte, damit Du das Marterinstrument siehst. Innen ist alles mit Katzendärmen genäht, Fränze hatte eine schwere, innere Verletzung, monatelang ist sie falsch, d. h. als Simulantin, behandelt worden, die sich nur vom Wehrsport drükken wollte [...]. Vorläufig ist sie trotz bester Kost schwer abgemagert. Bis Anfang August bleibt sie hier in der Klinik, dann geht sie an den Bodensee zur Erholung. Das andre Bett in [Zimmer] Nr. 50, in dem Luzinde Klabunde 1930 lag, war bisher leer und bleibt es wohl auch, falls nicht Ilse Bing nächste Woche kommt, die augenblicklich Physikum macht, aber noch sehr krank ist. Augenblicklich sitzt

Fränze ein paar Minuten in dem grossen Stuhl und fühlt sich mächtig, dass sie so weit ist. Die Schwestern verwöhnen sie sehr, ihre beste Freundin darunter nennen wir 's Gifthäfele, sie wird gleich an Dich unterschreiben. – Vorgestern war Frau Levi bei Fränze, die sich sehr amüsiert hat. Sie erzählte einen Witz ganz richtig. Fragte aber doch hinterher ängstlich, ob sie wieder die Pointe verkorkst habe. Hier einige Levische Witze: Hitler muss sich einer schweren Operation unterziehen – seine unteren Organe sind ihm über den Kopf gewachsen. – Der alte Abraham: »Nu, es wird schon wieder werden gut; sind gekommen unsere Väter durch das rote Meer, werden wir kommen auch durch die braune Sch...« – Telegramm aus Borkum am 31. März an Julius Streicher: »Sendet sofort 2 Juden, da Boykott sonst unmöglich.«

Als ich neulich abends von Fränze kam, lief ich Levis in die Arme. Sie waren beide zu reizend, nahmen mich mit zum Abendbrot. Es gab Bodenseefelchen. Frau Levi entschuldigte sich alle fünf Minuten wegen des Essens; es sei eine Unverschämtheit, zu solchem Abendbrot einen Gast zu bitten. Nachher entschuldigte sie sich tausendmal wegen des Obstes; es sei das schlechteste von ganz Freiburg. Heinz kann leider in Strassburg nicht bleiben. Niemand wollte seine Zichorie kaufen. Nun ist er mit seinem Bruder Ernst, dessen Stelle bei Tietz auch gefährdet ist, weil das Geschäft dauernd boykottiert wird, in Paris, um etwas anderes zu suchen. Die armen Jungen! Dem Räbbelweib ist die Praxis genommen, ihr Mann darf praktizieren, weil er 1914 als 17jähriger Idiot freiwillig hinauszog; aber sämt-

lichen Angestellten, Beamten und Arbeitern ist untersagt, ihn zu konsultieren. Den Laden haben Levis endlich wieder vermietet, auch Heinzens Bude – mit einigem Stolz – an eine christliche Medizinerin.
Ihre Eltern sind Nazi und dürfen den semitischen Namen ihrer Hauswirte nie erfahren. Frau Levi behauptet, sie spräche auf der Kaiserstrasse frisch von der Leber weg, und sie ist eigentlich empört, noch nicht in Schutzhaft zu sein. Über Deine Karte hat sie sich bis zu Tränen gefreut, sie schickte sie sofort an Heinz. Bei Fränze war sie auch, die musste lachen, vertrug es noch nicht, und so verursachten ihr Frau Levis Naivitäten Bauchweh.
Harald ist in Biarritz als Sprachlehrer. Es ging ihm sehr schlecht, er war Chauffeur, dann Arbeiter. Jetzt will er sich dort eine Existenz aufbauen. Aber wird es glücken? Die alte Frau Dreyfuß, Schwiegermutter von Leder-Hauser, ist in Basel in den Rhein gegangen. Ihre Leiche ist schon gefunden. Ihre Tochter, Frau Dr. Hein, brachte sich ja auch um, Du weisst wohl noch, wie Wilhelm H. sie mit Polizeihunden suchte und verhungert auffand. Ihr Sohn gab als Student dem Vater Gift, um ihn von unerträglichen Schmerzen (Krebs) zu befreien; dann bekam er Angst wegen seiner Tat und vergiftete sich selbst auch. Nun hat die alte Frau die Verfemung auch nicht mehr ertragen. Ich war kurz vorher im Laden und sprach mit ihr. Sie wollte in die Schweiz ziehen, band sich 3000.– um den Körper, wurde geschnappt und sollte ins Gefängnis. – So einer nach dem andern. In Frankfurt hat sich wieder ein berühmter, jüdischer Rechtsanwalt umgebracht aus Kummer über die Schmach, seine Mutter tat es ihm nach.

Severing wurde in Oeynhausen aus dem Zug gerissen und so auf den Kopf geschlagen, dass er dauernd im Irrenhaus bleiben muss. *Johannes Stelling*, der einzige vom deutschen Sozialdemokratischen Parteivorstand, der mir wirklich sympathisch war, ist im Berliner Kanal in einem Zustand angeschwemmt worden, aus dem man ersieht, dass er zu Tode gefoltert wurde. Selbst die »Freiburger Zeitung« schreibt kurz, »die Leiche Stellings wurde nunmehr gefunden«. Heute stehen im »Alemannen« Fotografien vom *Arbeitslager Kislau*, die den alten *Remmele* zeigen, wie er eine mit Steinen hochbepackte Schubkarre fährt, und *Marum*, wie er Erbsen ausspröckelt.
Vor Fränzes Fenster ist der Arbeitsdienststand in der alten Klinik. Da wird den ganzen Tag exerziert, geblasen und gesungen. Früher musste man in der Nähe von Kliniken ganz still sein. Gestern nacht um 10 Uhr hatte ich Fränze soweit, dass sie einschlafen konnte. Da kamen die wilden Horden zurück, sangen ein langstrophiges Lied, und da es noch drei Strophen hatte, blieben sie im Takt stampfend unter Fränzes Fenster brüllend stehen. Der Refrain war jedesmal (nach der Melodie Kapitän, Leutenant): »Wenn's Judenblut vom Messer spritzt, dann geht's noch mal so gut. Soldaten, Kameraden, hängt den Juden, stellt den Bonzen an die Wand!« – Im »Alemannen« wurde neulich offen aufgefordert zum Mord an Rechtsanwalt Homburger. –
So geht es hier zu. Du hast wohl gelesen, dass auf Sabotage gegen das 3. Reich seit Samstag die Todesstrafe steht. Es braucht sich nur um den Vertrieb illegaler Schriften zu handeln. Und wenn noch ein-

mal ein Kommunist einen Nazi erschlägt, werden zehn Marxisten ausser dem Täter totgeschlagen. – Du siehst, dass Du nicht zurückkommen kannst. Deine Staatsangehörigkeit wirst Du wahrscheinlich in den nächsten Monaten verlieren, denn, wer auf behördliche Anordnung nicht zurückkommt, wird als Vaterlandsverräter und Ausländer erklärt. Nach fünf Jahren kannst Du die Schweizer Staatsangehörigkeit dann für 500 Fr. erwerben. Etwas anderes wird Dir nicht übrigbleiben. Das Geld hast Du ja. Erich wird es Dir zu diesem Zweck mit Vergnügen schicken. Nur müsstest Du selbst sehen, dass Du (vielleicht durch Lorson) eine Dauerstelle bekommst. Schlimmstenfalls bekommst Du als Halbjude eine durch die englische Vermittlung in Genf. [...] Die Hoffnung auf eine Gegenrevolution habe ich aufgegeben. Wenn Du je etwas in dieser Hinsicht Tröstliches hörst, schreib es mir. Wahrscheinlich habe ich Dir jetzt zum letztenmal politische Dinge geschrieben – es ist doch immer zu aufregend, mit der Verhaftung rechnen zu müssen.
Nun mögest wenigstens Du, mein lieber Sohn, wohlbehütet sein. Sei nicht böse, dass ich Dir so einen traurigen Brief schicke, aber Du musst es doch wissen, wie schlimm es um Fränze stand. Es war ja knapp am Tode vorbei. [...]
Deine Mutter.

Freiburg i. Br., den 11. Okt. 1933

Mein lieber Werner,
entschuldige unser langes Schweigen. Es ist kein weiterer Niedergang des Katastrophenhagels über uns zu verzeichnen, wie Du wohl schon fürchtetest. Nur hatten wir dadurch, dass wir Fränzes Kemenate an ein älteres Mädchen abvermieteten, viele Malessen, direkt Maloschen, möcht' man sprechen. Wir erzählen es Dir mündlich an Weihnachten. Jetzt ist die Hauptsache, dass wir den Störenfried wieder los sind – ich habe soeben die Betten an die Sonne gehängt, damit Fränze bald wieder einziehen kann.

Am 10. Dezember 1933 etwa schreibe an den für Dich zuständigen d e u t s c h e n Konsul in der Schweiz und bitte ihn um einen Sichtvermerk zwecks Besuchs Deiner Mutter in Deutschland und betone gleich, dass Du Deines Lungenleidens wegen gleich zum neuen Jahr wieder zu Deinen Verwandten in die Schweiz zurückkehren willst. Den Pass schicke wegen der Eintragung gleich mit (aber eingeschrieben!). Du bekommst den Vermerk ohne weiteres, fährst in Basel über die Grenze, wo Du der dort aufgestellten SA evtl. Bescheid sagen musst darüber, weshalb Du in der Schweiz zu Besuch warst. Doch ist das nicht einmal ganz sicher. Wohl aber wirst Du beim Rückweg näher interviewt, wirst aber infolge des schweizerischen Sichtvermerks nicht die geringsten Schwierigkeiten haben. Du darfst den Sichtvermerk nicht jetzt gleich eintragen lassen, weil er nur ein halbes Jahr höchstens gilt, und ich rechne so, dass Du dann im Sommer, also im Juni, noch einmal mit dem gleichen Sichtvermerk zu uns kommst. Bis dahin habe ich ein paar Kröten gespart, dann machen wir drei eine schöne Reise zusammen, um Fränze als neugebackenen Doktor zu feiern. (Gebe der Himmel, dass sie noch zugelassen wird als Doktorandin! Alles ist ungewiss!).

Natürlich musst Du den Konsul um einen Sichtvermerk für ein h a l b e s Jahr bitten, damit Du nicht wieder einen für ¼ Jahr bekommst. Vielleicht gibt es bis dahin auch schon einen für ein ganzes Jahr, dann nimmst Du den. Schreibe dem Konsul auch das. – So hat es Kopp geraten. Ich rate Dir nur, diesen Weg zu gehen, damit Du in Deutschland nicht Deine wenige Ferienzeit auf einer deutschen Passbehörde verbummelst und in der schlechten Luft herumsitzest, da Du doch noch so sehr schwer leidend bist.

Wegen des Arbeitsdienstes, den Du so leidenschaftlich gern mitmachen möchtest, verfolge doch genau die Genfer Abrüstungsverhandlungen in Schweizer Blättern. Es scheint mir so, als ob in Genf die Franzosen in ihrer wahnsinnigen Gemeinheit einen deutschen Zwangsarbeitsdienst verhindern wollen. Das wäre ja sehr traurig für Dich – aber vorläufig bist Du ja auch noch zu leidend, um mitmachen zu können [...].

Bis vorgestern war hier herrliches Herbstwetter, wir heizten noch nie, waren seit meiner Rückkehr aus dem *Palasthotel* jeden Sonntag auf dem Schauinsland, badeten auch einmal oben im Strandbad der Halde. Letzten Sonntag assen wir im Rasthaus [zu] Mittag, einen fürchterlichen Frass, den Dein Freund

Frommherz, der oben Koch ist, sich nicht entblödete, zusammenzubrodeln.

Deine treue Freundin

Mathilde Maier

Freiburg i. Br., den 11. 11. 1933

[Anmerkung von Käthe Vordtriede: Brief gilt auch Werner]

Meine sehr verehrte, liebe Frau Winter,

schon seit Mittwoch drängt es mich, ein ernstes, aufrichtiges Wort wegen Werner mit Ihnen zu reden. Nur völlige Aufrichtigkeit kann es verhindern, dass Werner in sein Unglück rennt und sich vielleicht seine ganze Zukunft ruiniert. Wie er mir schrieb, hat er Ihnen am Dienstag von seiner Sehnsucht zur Wissenschaft erzählt und freundliches Verständnis bei Ihnen gefunden. Ich kann Sie nur bitten, seinen Wunsch, der hoffentlich nur einer impulsiven Stimmung entsprang, n i c h t zu unterstützen. Es ist mein Wunsch, dass Werner solange wie möglich bei Ihnen bleibt, d. h., solange Sie Arbeit für ihn haben und er sich bei Ihnen nützlich machen kann. Sonst tritt er ein Glück, um das sogar zahlreiche Nazis ihn mir gegenüber in ganz offenen Worten beneiden, mit Füssen. Wie mir *Fräulein Isolde* sagte, lässt er sich geschäftlich gut an. Ich darf ja auch wohl annehmen, dass ein so intelligenter Junge, der schon schwierigste Dinge kapiert hat, sich auch in einen Geschäftsbetrieb einarbeiten kann. Er darf nur nicht annehmen, dass alles, was zur Fabrikation und zum Handel gehört, nicht auch eine Wissenschaft für sich ist, die ein dummer Kerl nie beherrschen wird und der gegenüber die Überheblichkeit der reinen Wissenschaft einfach eine Lächerlichkeit ist. – Nun will ich Ihnen also aufrichtig sagen, weshalb ein Studium für Werner gar nicht in Frage kommt. Als ich im April in allen Zeitungen die gehässigen Ausführungen des badischen Ministers für Kultus und Unterricht, *Dr. Wacker*, las, die besagten, dass der Dr. nur noch an einwandfreie, würdige und anständige Personen verliehen wird, also nicht an Juden, Sozialdemokraten und Kommunisten, seitdem habe ich keine ruhige Minute mehr gehabt. Sie werden ja wissen, dass heute nicht mehr, wie in früheren antisemitischen Wellen, die Taufe alles auslöscht und die Gleichberechtigung der Juden herstellt, sondern dass Hitler bis ins 16. Jahrhundert die Stammbäume verfolgen lässt.

Ich weiss nicht, ob Werner Ihnen sagte, dass auch mein Vater aus dem Judentum austrat. Vielleicht hätte ich es Ihnen schon im Mai bei Ihrem Besuch sagen sollen, doch schwieg ich immer ängstlich über diesen Punkt, um Fränze nicht so kurz vor dem Ziel zu gefährden. Selbstverständlich habe ich vor dem 5. März nie ein Hehl aus dieser Tatsache gemacht, um so weniger, als ich stets eine Verfechterin der Rassenmischung aus rein biologischen Gründen war, und ich darf auch sagen, dass die Produkte unserer vielfach gemischten Familie meiner Theorie recht gaben, denn alle sind gesund und durchschnittlich begabt. Nun aber sind ja Hunderttausende von Charakteren in Deutschland gebrochen worden und so eben meiner auch. Ich konnte mir den Luxus, von meiner Abstammung zu sprechen, nicht mehr leisten, wenn ich auch nie geduldet habe, dass in meiner Gegenwart auf Juden geschimpft wurde. Nie haben wir uns freilich als Juden gefühlt, erst von jetzt ab, da Fränzes Relegation doch bevorsteht, werden wir stets sagen, dass wir Juden sind. Der Religionszugehörigkeit nach sind wir es natürlich nie gewesen, mein Vater liess seine Kinder taufen und hätte nie erlaubt, dass eines einen Juden heiratete – die beiden, meine jüngeren Schwestern, die es dennoch taten, verlobten sich erst nach seinem Tode. Mein Vater stammte aus einer rationalistischen Familie, nach dem Abitur (1870) ging er sofort als Einjährig-Freiwilliger ins Feld, machte den Einzug der siegreichen Truppen in Paris mit und bekam viele Orden, auf die er komisch stolz war, wie er überhaupt ein sehr nationaler und konservativer Mann bis zu seinem Tode 1919 blieb. Als er aus dem Felde kam, ging er nach Indien, wo er als Farmer und späterer Direktor der Delhi-Maatschappy auf Sumatra ein riesiges Vermögen erwarb, von dem heute natürlich infolge der Inflation nichts mehr vorhanden ist. Drüben liess er seine dort geborenen Kinder von einem befreundeten Missionar gleich taufen. Eine Zugehörigkeit zum Judentum konnte er bei seinem dortigen Freundeskreis, der hauptsächlich aus Missionaren bestand, ja auch nicht haben. Wir haben dann in Deutschland nie mit Juden verkehrt. Ich mache meinem Vater natürlich keinen Vorwurf aus dieser Einstellung, er konnte ja nicht ahnen, was für furchtbare Konflikte er über seine Kinder heraufbeschwor. Lebte er heute, würde er wissen, dass man eine solche Zwitterstellung

nicht einnehmen darf, denn jetzt wissen ja alle diese völlig christlich erzogenen Menschen jüdischer Abstammung gar nicht, wie sie überhaupt noch in Deutschland leben sollen.
Zu diesen Unglücksmenschen gehört nun auch Werner. Wäre er Jude, wäre alles leichter für ihn. Wäre ich Jüdin und hätte ich jüdischen Religionsunterricht gehabt, würden mir die jüdischen Glaubensgenossen heute in meiner schweren Sorge mit Fränze beistehen und ihr in der Schweiz zu einem Examen verhelfen. Nun sind wir aber gar nichts. Wenigstens wollen wir es aber an Bekennermut jetzt nicht mehr fehlen lassen, und ich würde Werner anraten, stets mutig zu sagen, dass er ein Jude ist, wenngleich er es dem Glauben und der Familienmischung nach schon in der dritten Generation nicht mehr ist. Aber bei Hitler ist ja damit die sogenannte »Schmach« nicht abgewaschen.
Existieren kann Werner in Deutschland ja doch nicht mehr, jeder kleine Lehrling muss Mitglied der Hitlerjugend sein. Freilich scheint es da für Halb- und Viertelsjuden Schleichwege zu geben, um die Mitgliedschaft zu erwerben – so sind die Söhne des hiesigen Germanisten, *Professor Wittkop* (früher ganz linker Demokrat und Gatte einer reinrassigen Frankfurter Jüdin!) sogar führende Mitglieder bei der Hitlerjugend. Aber fragen Sie Werner einmal, ob er solche Schleichwege gehen will? Will er nicht lieber im Exil leben und seine Ehre behalten? Kann er als Geduckter und Geduldeter glücklich sein? Als deutscher Student muss er Mitglied der nationalsozialistischen Partei und der SA sein. Das ist das Neueste. Jeder Student muss eine Uniform haben.

Heute abend haben sie einen Riesenpropagandamarsch in Uniform für die beiden Plebiszite am morgigen Sonntag. Fehlen wird mit Relegation bestraft. – Werner schreibt von seiner Begeisterung fürs Studium. Dabei kann er doch nur an ein Studium denken, das Hand und Fuss und ein Ziel hat, also zu einem Examen führt. Und das gibt es doch für ihn nur in Deutschland. Oder hat er die blödsinnige Idee, nur mal ein bisschen mitten in der kaufmännischen Ausbildung zu studieren, zwei Jugendjahre damit zu vertun und alle heutigen Chancen bei Ihnen zu verlieren? Erstens wird er sich nicht wieder in den kaufmännischen Beruf zurückfinden, wenn er ihn jetzt verlässt, zweitens wird Ihr Herr Gemahl ihm dann kaum wieder helfen können, denn wenn er einen neuen Angestellten braucht, kann er ihn später, wenn Werner wieder erscheint, nicht wegen seiner herauswerfen.
Im übrigen habe ich das bisher [fehlender Text] Fränzes Examen ausgekommen wären und hätte sie hierbleiben können (im Frühjahr wäre sie mit allem fertig gewesen!), müssen wir jetzt erst einmal für Fränze ein oder zwei Papiere verkaufen. Dadurch verringern sich natürlich unsere Zinsen, so dass ich in Zukunft auch bei grösster Sparsamkeit nichts über die Monatsgrenze bringe. Alle Verbilligungen, die eine Studentin hat, sogar beim Schwimmen, beim Haarschneiden usw. fallen jetzt weg, denn Fränzen wird die Studentenkarte abgenommen. Sie sehen sicher, liebe Frau Winter, dass ich in dieser Zeit Fränze, wenn auch nur äusserlich, dem Werner vorziehen muss und dass ich mich jetzt mit seinen soviel geringeren Schmerzen nicht befassen kann.

Wir haben soviel gelitten in diesem Sommer und sind noch stets ganz zerrissen von Mitleid mit allen Gesinnungsfreunden, die für ihren aufrechten Charakter, weil sie nicht hitlerisch heucheln, aus dem Amt fliegen! Und Werner kann sich gar nicht vorstellen, wie furchtbar die Atmosphäre für uns im neuen Deutschland ist, sonst würde er alle Tage dem Himmel auf den Knien danken, dass er fort ist. Ich denke mir seine Zukunft so: Wenn er genügend bei Ihrem Herrn Gemahl gelernt hat, sich selbst weitergebildet hat mit englischer und französischer Stenografie und alles so kommt, wie es mir Fräulein Isolde gestern als möglich schilderte, dann würde ich, wenn es sich gerade gut machen liesse, Werners Vermögensanteil realisieren und auf irgendeinem Wege hinüberbringen, damit er sich mit dem Gelde, etwa als Vertreter Ihrer Kontrollapparate selbständig macht. Frl. Isolde sagte mir, dass Sie wahrscheinlich in einen grösseren Ort ziehen. Da hat Werner, wenn Sie ihn mitnehmen und beschäftigen können, genügend geistige Anregung. Ausser an der Universität könnte er an einer Handelshochschule hospitieren. Wenn Werner dann später selbständig und nach genügendem Aufenthalt Schweizer Bürger ist, mit eigenem Gelde, Ihre Apparate in Kommission führt, oder dergleichen, dann ist er ja immer noch wundervoll jung und kann seine ganze freie Zeit als Hospitant an der Universität verwenden. Es wäre dann immer noch Zeit genug für ihn, einen Einblick in die erstrebte Geisteswissenschaft zu tun.
Deutscher Journalist kann er nicht werden. Hitler hat die deutsche Presse zerschlagen. Leute, die frü-

her 3 Zeitungen und 3 Zeitschriften hielten, beschränken sich auf eine, weil alle uniform sind. Ein Reisebürodirektor aus München, der kürzlich bei uns wohnte, erzählte, dass er seit Monaten keine Zeitung mehr hält, ebenfalls seine Bekannten. Die »Frankfurter Zeitung« senkte ihre tägliche Auflagenziffer um etwa 25 000, das »Berliner Tagblatt« noch mehr. Selbst Nazi sagten mir, dass sie keine mehr hielten, weil sie an einer Zeitung ohne Pressefreiheit kein Interesse mehr hätten. Dazu die ungeheure geistige Verödung und Verkitschung in allen Blättern. Man kann keines zur Hand nehmen, in dem man nicht spaltenlange, läppische, idealisierte und embellierte Kriegserinnerungen liest. Und wenn morgen Hitler gesiegt hat, dann gnade uns allen der liebe Himmel!
Ich meine, wenn Sie Werner recht ermahnen, dass er sich mit allem Fleiss, aber auch mit Interesse ins geschäftliche Leben begibt, und wenn er später in einem Kursus Buchhaltung lernt, dass er darauf sein Leben aufbauen kann, besonders, da wir ihm sein Geld dann schon herüberschaffen werden, damit er selbständig wird. Er muss den Gedanken an eine deutsche Heimat vergessen und, wie so viele Grössere als er, sich in das Schicksal des Emigranten finden und in diesem Schicksal seine Ehre und seinen Stolz sehen. Denn wäre er hiergeblieben, dann hätte er schon ein gebrochenes Rückgrat.
Das hier gezeichnete Zukunftsbild ist nur ein Wunschbild von mir. Ich will Werner nicht meinen festen Willen entgegensetzen, wie ich das nie bei meinen Kindern getan habe. Wenn er absolut anders will, bin ich ihm auch nicht böse, wie ich hoffe,

dass auch Sie ihm dann nicht böse sind! Selbstverständlich würde ich in meinem Testament Werner die grossen Kosten, die Fränze nun verursachen muss, wieder gutschreiben, vielleicht derart, dass Fränzes Anteil an dem Baudarlehen entsprechend verringert wird.
Nun entschuldigen Sie bitte den langen Schrieb. Ich fand eine offene Aussprache nötig. Wie Sie im Mai hier waren, hatte ich naturgemäss noch nicht so viel Vertrauen zu Ihnen. Ich habe es jetzt gewonnen, weil Werner stets schreibt, dass er so gern bei Ihnen ist, gut mit Ihrem Herrn Gemahl steht und die Kinder liebt und dass er es schön hat.
Selbstverständlich gilt dieser Brief auch Wernern. Bitte geben Sie ihn ihm, damit ich nicht alles zweimal schreiben muss [...]. Nun seien Sie herzlich gegrüsst und noch herzlicher bedankt,
Ihre Käthe Vordtriede

Freiburg i. Br., den 21. 11. 1933

Geliebter Sohn,
vielen Dank für Deine beiden Briefe. Hier hast Du 20.–, amüsiere Dich gut und komme nicht allzu beschwipst heim. Die restlichen 5.– lege fort für Deine Heimreise Weihnachten. Erkundige Dich in Neuchâtel, ob Du als Student 50% Ermässigung auf der Bahn bekommst zum Besuch der Eltern [...].

Wenn Du Dir etwas Erschwingliches zu Weihnachten wünschest, schreibe es mir, damit ich dem Christkindchen Bescheid sage. Solltest Du auf dem Basler Bahnhof eine Zeitung oder Zeitschrift kaufen, lies sie nicht von Basel bis Freiburg im Zug, weil das betreffende Stück vielleicht verboten ist. Die Verbote wechseln, so dass ich Dir nicht im Moment sagen kann, was Du nicht kaufen darfst. Hier können wir dann die betreffende Zeitung sofort ungelesen verbrennen, falls Du eine verkehrte gekauft hast. Vor allen Dingen darfst Du nichts an Deinem Körper oder sonstwie verbergen wollen. Dann wirst Du, falls Du untersucht würdest, schwer gestraft – acht Monate Zuchthaus und die Untersuchungshaft. Denn aus solchem Verbergen sieht die Behörde, dass Du das Verbot der betreffenden Zeitung kanntest. In Wirklichkeit kannst Du natürlich bei Deiner langen Abwesenheit von Deutschland nicht wissen, was verboten ist. Das müsstest Du natürlich geltend machen. Im April, als Du fortgingst, waren ja alle diese Verbote noch nicht ausgesprochen.
Dass Deine Sehnsucht nach dem Studium nicht einem Neidgefühl auf Fränze entspringt, weiss ich. Eben darum, weil ich weiss, dass Du Dich freiwillig benachteiligen lässt, werde ich auf jeden Fall mein Testament nach dieser Richtung hin ausgleichend abfassen. – Den Brief solltest Du Frau Wintern deshalb nicht geben, weil Frl. Isolde ihn nicht mitnehmen wollte und auch nicht wünschte, dass ich ihn mit der Post schickte. Sie hielt einige Bemerkungen für gefährlich, was sie doch bestimmt nicht waren, Du weißt, dass ich schon lange Nationalsozialistin bin. Immerhin kannst Du, wenn es sich gesprächs-

weise ergibt und falls Du es für nötig hältst, Herrn Winter bei Gelegenheit sagen, dass ich Dir keine politischen Dinge schreibe. Durch Beeinflussung der Familie Streber scheinen Herrn und Frl. Winter Bedenken gegen uns gekommen zu sein, in dieser Beziehung. Nun weißt Du ja, dass ich nie abfällige Bemerkungen über die heutige Regierung mache, so, wie ich Dich bitten möchte, auch uns in Zukunft nie etwas Politisches, was man im Ausland ja schwätzen mag, zu schreiben. Ich war bei Strebers, musste meine beiden Briefe an Dich und Frau Winter wieder heimnehmen und schrieb dann das Zettelchen mit dem Verbot dazu. Nun verstehst Du mich hoffentlich [...].
Es ist sehr unrecht von Dir, über die Orden aus dem 70er Krieg zu lachen. Du hast einfach keine Biedät im Leibe. Was wirst Du sagen, dass Erich notariell beglaubigte Urkunden über Deinen Ururgrossvater Baruch Blumenthal schickte, der 1791 im Hessisch Oldendorf als Sohn eines geachteten Bürgers geboren, 1813 als Freiwilliger in den Befreiungskrieg zog? Er wurde capitaine d'armes und erhielt einen hohen Orden, aus erbeutetem Geschütz gegossen. Wie festgestellt wurde, ist Kapitän und Hauptmann früher das gleiche gewesen, wie ja seit Friedrich II. alle Bezeichnungen im Heere französisch waren. Über den hohen Orden von Baruch haben wir auch ein notarielles Besitzeszeugnis. Ich werde Dir diese Papiere vermachen. In der Oldendorfer protestantischen Pfarrkirche ist eine Erinnerungstafel an die Helden von 1813 in der Wand eingelassen, auf der auch Baruch steht, Dein Ururgrosspapa. – Du lachst über diese Dinge? Ich vielleicht auch. Aber die Uni-

versitätsbehörde, der gegenüber man sich mit solchen Waffen ausrüsten muss, doch nicht und Erich schon gar nicht. Er ist Nazi geworden. Das Bruddeln hat er aufgegeben, er »stellt sich völlig hinter den neuen Staat und seine Gesetze«, wie er wörtlich schreibt. Die Grossmama, der ich auch wegen der Kriegsteilnahme der Vordtriedes schrieb, reagierte, liebevoll, wie sie ist, überhaupt nicht. Trotzdem besteht nun wieder Hoffnung, dass Fränze ihren Doktor machen kann. Staatsexamen wäre trotz Baruchen ganz ausgeschlossen [...].

Freiburg i. Br., den 19. 1. 1934

Liebes Wentzken!

[...] Spare nur nach jeder Richtung hin, wenigstens fange mit einem kleinen Konto nach Deiner Neuchâteler Reise an, damit Du etwas zuzusetzen hast für den Fall höchster Not, wenn Du nachher mit 85.– Mark in Zürich Dein *Studium* fristen musst. Ich kann Dir das nicht oft genug sagen. Wenn Du jetzt ein paar Mark sparst, brauchst Du Dir deswegen nicht das Brot vom Munde abzuziehen. Auch die reichsten Leute haben manchmal mit kleinen Summen angefangen. Wenn Du erst einmal etwas auf der Bank hast, wird Dir der Spartrieb schon kommen. Für solchen Blödsinn, wie Tanzkleider, solltest Du doch kein Geld ausgeben. Deiner Neigung, mü-

der Prinz zu spielen, gib lieber nicht mehr nach. Mich stösst solche Unnatur ungemein ab, schenke Fränze lieber den Stoff, anstatt solchen Luxus mit Deiner Person zu treiben.
Ich schreibe Dir das in aufrichtiger Besorgnis um Deine Männlichkeit, die Du nie erringen wirst, wenn Du Dich in *Gösekeschen Fatzkereien* verlierst. Ich habe Dich nicht zum Raufbold erzogen und legte keinen Wert darauf, Heldenmutter zu werden. Aber diesen Erfolg, dass Du ein schwächlicher, weibischer Träumer wirst, wollte ich auch nicht herbeiführen. Daran sind Deine falschen Freunde schuld. Träumer ist gut. Aber ohne diese beiden Eigenschaften. Glaube mir, dass es auch Deiner schriftstellerischen Produktion nur schadet, wenn Du nicht an Dir arbeitest, sondern Dich einfach heute schon, wie Du da bist, gutheissest. Dich verzärtelst. Da kommen dann solche klischeehaften Lehren heraus, wie der Schlusssatz Deines Artikels über *Stefan George*. Lies den Absatz nochmals genau durch: Die Tatsache, dass G. als Nurpolitiker nach seinem Tode gekennzeichnet wurde, nennst Du ein Ereignis. Schon sehr schlecht, denn es hat sich nichts ereignet, sondern es ist etwas verkannt worden. Dann schreibst Du: Entpolitisiert euch! Das soll man aber gar nicht tun, denn das ist feige in dieser hochbewegten Zeit! Du meinst das auch gar nicht, sondern Du meinst: Entpolitisiert euch, wenn ihr einen Dichter lest und bewertet! Nicht entpolitisieren schlechthin, sondern entpolitisieren, wenn Politik nicht am Platze ist. D. h., nicht den ganzen schönen Tag lang die politische, garstige Brille aufbehalten! Der letzte Satz dann: »Und lest und lernt« ist eine blasse Lehre, die

Du hättest sparen sollen, denn sie müsste ja schon eindringlich aus Deinem Artikel schreien! Dass Du sie den Lesern extra erteilst, zeigt eben das, was ich meine: Deine jugendliche Meinung von Dir selbst, als ob Du Lehren erteilen dürftest! –
Dass man nicht schreiben kann: Heinrich Mann ist k e i n Politiker, wirst Du hoffentlich jetzt eingesehen haben. Ich kenne nur politische und gesellschaftskritische Romane von ihm, ausser der »Kleinen Stadt«. Du erinnerst Dich vielleicht an seine Schilderung des Schlaraffenlebens von Berlin W., das sofort den Neuankömmling aus dem rheinischen Städtchen verdirbt. Das ist keine reine Dichtung – sowenig wie seine grossen Trilogien, »Die Armen«, »Der Untertan«, »Professor Unrat« und »Der Kopf« usw. Überall hast Du den Gesellschaftskritiker, den warnenden Politiker mit erhobenem Zeigefinger: »Treibt es nicht so weiter!« (»Mutter Marie« ist reine Dichtung.) Heinrich prangerte seinen Bruder öffentlich wiederholt an, weil er politisch nicht Farbe bekennen wollte, und sie versöhnten sich im Moment, als Thomas das tat. Auch der Satz »Solch Unruh und Trauer weckendes« ist sehr schlecht.–
Wenn Du diese Kritik an Dir selbst und an Deinen Werken von mir, deren Beruf das Kritisieren so lange Jahre war, übelnimmst, wäre ich tief betrübt. Du solltest mein Wohlmeinen eigentlich nicht verkennen, und ich will es nicht hoffen, dass Du es tust. Wenn ich auch keine Schriftstellerin bin, so habe ich doch ein gutes kritisches Gefühl und kann Dir deshalb auch sagen, dass ich das sprachliche Talent in Deinem Artikel sofort spürte, dass ich ihn aber nicht

vollendet und fehlerfrei finde. Alles wird ja schnell besser werden, wenn Du wirklich Germanistik studierst bei *Bernhard Fehr* oder sonst einer solchen Grösse. Vorher ist es nicht zu verlangen. Aber Du darfst dann auch nie wieder sagen: »Aus mir wird nichts!« Vorläufig ist wohl aus Dir am meisten geworden von allen Deinen Klassengenossen. Ich schmeichle mir, dass das auch daran liegt, dass ich Dich bereits mit 4 Jahren auf geistige Dinge hinlenkte, die Deine Klassenkumpels mit 18 erst sich alleine suchen müssen. – Nun lebe wohl. Schreibe uns nicht, wenn es Dir so sehr an Zeit gebricht, sondern schone lieber Deine Augen und Deine Nerven, damit Du Ostern nicht wieder nervenzuckend hier ankommst, wie zu Weihnachten. Deine Mutter

Freiburg i. Br., den 2. August 1934

Mein liebes Kind,
tiefbetrübt und sehr niedergeschlagen will ich nun Deine Karte beantworten, die Deine Erkrankung meldet und unser fröhlicher Antwortbrief auf Deinen letzten guten Brief wird nun zunichte. Vor allem halte Dir immer vor Augen, dass, solange noch ein Pfennig in unserem Besitz ist, alles geschieht, um Dich vollständig wiederherzustellen. Wenn wir auch selbstverständlich hungern und entbehren, solange wir gesund sind, so wollen wir doch das Geld

nicht sparen, wenn es Deine Gesundheit gilt. Deshalb schreibe mir sofort genau den Hergang der Infektion, wie Du dazu kamst, was die Ärzte sagen und anraten. Denn eine Gesundheit hast Du nur einmal zu verlieren, und ohne sie macht weder Dir noch uns das Leben künftighin Spass, und also auch die paar Kröten, die wir monatlich haben, nicht mehr. Es muss alles für Dich geschehen, damit Du nicht den Rest Deines Lebens mit einem verschändeten Gesicht oder gar mit einem kranken Körper herumläufst. Beantworte also einmal meine Fragen recht gewissenhaft [...].
Selbstverständlich hätten wir Deinen Brief gleich beantwortet, der uns so sehr erfreute, aber wir hatten keinen Pfennig Geld mehr, nicht einmal für Breisach, sassen manchen schönen Sommertag im Hause. Auch jetzt kann ich diesen Brief nicht abschicken, sondern muss auf das mal wieder nicht pünktlich eintreffende Geld von Erich warten. Sowie es da ist, bekommst Du diesen Brief, ferner die versprochenen 20.– und ferner eine Drucksache, deren Ankunft Du mir sofort bestätigen musst. Es ist das Manuskript über Liliencron, den ollen Leilienkraun, wie die Amerikaner zu seiner Wut seinen schönen Namen aussprachen. Ich sende es höchst ungern als Drucksache, hat es mir doch eine immense Arbeit gemacht, das ganze Quellenmaterial gewissenhaft zu studieren. Ausserdem hat es mir natürlich auch Vergnügen gemacht, wie wir überhaupt in der letzten Zeit vor der Ankunft Deiner aufregenden Karte sehr, sehr vergnügt waren, trotz aller Widerwärtigkeiten, die ich weiter unten noch beschreibe. Wir sind so aller, aller Hoffnung voll!!!!!!

Eben verkündet Göbbeles im Radio die Trauerfeierlichkeiten für Hindenburg. Es wird hoch hergehen. Ob wir verfassungsgemäss uns den Nachfolger selbst wählen dürfen? Ich sehe mich schon an dem betreffenden Sonntag ruhig zu Hause bleiben. Mitten in die Jubelfeiern für den 20jährigen Kriegsausbruch (2. August 1914) fiel Hindenburgs Tod.
Ich lege Dir einen Ausschnitt der »Freiburger Zeitung« bei. Die strahlende Person mit der Tändelschürze ist doch ein göttliches Weib. Der 2. Ausschnitt über *Ernst v. Wolzogen* wird Dich auch freuen. Ich besitze noch eine Broschüre von ihm aus dem Jahre 1921: »An den Adel deutscher Nation«. Hierin fordert er den Adel auf, in Zukunft selbst den erblichen Adel an würdige, feine Leute zu verleihen, da der Sattlergeselle Ebert die Nobilisierung abgeschafft habe. Ebert liess ja solche Broschüren ungehindert passieren. Ja, Wolzogen war ein charaktervoller Mann, der sich jahrelang von seiner Elsa Laura, der Jüdin, verhalten liess. Ich erinnere mich noch gut an ihr Auftreten im Bielefelder Stadttheater als alte Schachtel, wo sie 1922 mit krächzender Stimme neckische Überbrettllieder sang; es war bejammernswert. –
Soeben bekam ich die Mieteinladung vom Stadttheater. Nachdem in den letzten Wochen je 3x »Der Trompeter von Säckingen« gegeben wurde (von Viktor v. Scheffel und Nessler) gibt es in der neuen Saison drei Erstaufführungen von dem geschäftigen Fabrikanten *Siegmund Graff*, lauter Zeitstücke, ausserdem ein neues von dem alten, tappigen *Emil Strauss*: »Vaterland«. Von *Reinhard Goering* »Scapa Flow«. Der erzählte mir auch mal, er sei Kommu-

nist, und ich müsse dafür sorgen, dass die Frauen aus meiner Frauensektion nur zu ihm in die Sprechstunde gingen. Unterschrieben ist die Aufforderung des Stadttheaters von Oberbürgermeister Dr. Kerber mit Schnörkel.

Ja, die volkskulturelle Hebung ist, wie Göbbeles sagte, voll und ganz gelungen. Nur kostet das Öl jetzt leider 1,80 Mark, so dass wir keinen Salat mehr essen können. – Gestern war hier der ehemalige Reisebürodirektor Schmidt, der Mann mit dem weissen Haar, jung und sehr schön und vornehm, der Fränzen im Feldberger Hof den Hof machte und neben ihr und mir beim Essen saß. An meiner anderen Seite Küttner und dann Du. Du wirst Dich wohl erinnern. Er wusste unsern Namen nicht mehr, suchte mit Hilfe des dicken Direktor Kopp auf dem Meldeamt eine Frau mit einem Namen, der mit Vor anfing, nur das wusste er noch und Fränzes Vornamen. Vormbruck, Vorlaender und Vorgrimler kamen nicht in Frage, also fand er uns. Fränze aber war nicht da, also verplauderten wir beide eine nette Stunde miteinander, in der wir uns sehr freuten über die Gleichheit unserer Gesinnung. Er kam von Zürich, hätte Dich bestimmt aufgesucht, wenn er's gewusstigt [!] hätte. Ist aus allem rausgeflogen, frommer Kathole, aber fanatischer als jeder Kommunist. Hat jetzt schäbige Vertretungen, hauptsächlich in der Schweiz. Nachher suchte er Fränzen noch in der Universität, fand sie aber nicht und fuhr ab. Fränze war mit einem Amerikaner zusammen, den ihr Brie als Schüler verschafft hat. Leider ohne Geld, doch geht er oft mit ihr tanzen oder auf Ausflüge, auf denen er berappt, so dass sie doch auch etwas

Freude von diesem schönen, sonnigen Sommer hat. Brie lud sie auch zu einigen schönen Ausflügen ein. Sie hat die Doktorarbeit fast fertig. Wir sind nur bedrückt, weil Ruth Ehrmann, die eigens von London hierherkam, um bei Brie zu doktorieren (er hatte ihr die Arbeit über Shaw als Sozialisten gegeben) von der Studentenschaft abgewiesen wurde. Aber bis zum November, wenn Fränze ins Mündliche geht, kann sich manches geändert haben. –
Leider, leider lässt das Betragen der *Aethen* sehr zu wünschen übrig. Ich hoffe sehr, dass *Emden* nicht so ist. Sie flaggen egaleweg, auch zu Goebbeles hiesigem Empfang, Knopf inseriert seitengross. In der »Jüdischen Rundschau« wurde energisch aufgefordert, das neue Kriegsehrenzeichen zu kaufen und zu tragen, das jetzt von dieser Regierung für jeden Kriegsteilnehmer und jede Kriegerwitwe zur Ausgabe gelangt. Melanie Mörber nimmt es nicht, aber Amelie kauft es für ihr Mohrchen. Übrigens ist der Hund Asta beim Wildern erschossen [worden], was ich ihm seit langem prophezeit habe. Asta war geradeso unerzogen wie Ilse. Hausers sind nach Günterstal gezogen, weil *Oskar*, wenn er erst mit den Schienen 'rumlaufen darf, da oben auf dem Schauinsland zu schwieriges Gelände hat. Er liegt vorläufig im zweiten Gipsverband. Frau Dr. Wallner haben wir nie wiedergesehen, verkehren überhaupt mit niemand mehr. Die Wallnerin hätte mir ja auch in der Gesinnung nicht gepasst.
Weisst Du, daß Selma Lagerlöf den Gesamterlös aus ihrem Kindertagebuch den deutschen Emigranten vermachte? Das ist doch sehr hässlich vonere. Ich las von Theodor Fritsch (kürzlich †) sein Handbuch zur

Judenfrage. Ein Ehrendokument für die Aethen. Es sind eigentlich alle Grössen welche. Wenigstens Halbjuden. Sven Hedin, Emile Zola, Hasenclever halbe. Unzählige ganze, von denen Du es noch nicht weisst. Sehr interessant, fast nicht zu glauben, doch fand ich die Namen bestätigt in Arnold Zweigs »Bilanz des Judentums« (in dem Amsterdamer Verlag). Wenn Du willst, schicke ich sie Dir. Natürlich gehört auch Karl Kraus (Fackelkraus) dazu, was Strodel so wütend bestritt. Überhaupt Strodel! Seine kleinen Buchkritiken in der »Tagespost« sind nicht nur blubo (von Blut und Boden triefend), sondern einfach dumm. Wenn Du hier bist, darfst Du Dich nicht mehr heimlich mit ihm treffen, sonst verzichte ich gerne auf Deinen Besuch. Es ist traurig, dass Du nicht einsiehst, dass Du nicht mit Leuten verkehren darfst, die Deine Mutter beschimpft haben. Was Dir vollständig fehlt, ist Ritterlichkeit. In der Beziehung musst Du noch gründlich erzogen werden, doch habe ich für mich die Hoffnung aufgegeben, und ich fürchte, dass das Leben Dir da noch einige unangenehme Lektionen geben wird. Die sind dann noch unangenehmer als die meinigen. Dasselbe gilt für Montfort, von dessen Dummheit ich ja überzeugt bin – aber Du nahmst keine Rücksicht darauf, dass seine Mutter Fränzen herausgeworfen hat und benutztest meine Unkenntnis über diesen Vorfall.

Ich wünsche, dass Du Dich vor Deinem Kommen über diese beiden Punkte mit mir brieflich aussprichst, dann würde ich sie meinerseits begraben. Falls Ardesco Dich zu solcher Unritterlichkeit anstiftet (ausser seinem blöden Katholenkram, der mir eigentlich schon genügt), verzichte ich auch auf diesen, der ja auch die Nazisohnesschaft nicht verleugnet. Du schriebst, dass Du von hier aus mit ihm wandern willst. Du kannst nicht von mir verlangen, dass ich mir das Geld dafür abhungere (denn wir haben weniger als nichts, da noch Schulden genug da sind und der Bauverein die Zinsen abermals herabgesetzt hat), um Dich dafür in nicht wünschenswerter Weise beeinflussen zu lassen. Es ist nicht schön, dass ich Dir das jetzt sagen muss, während Du krank bist, aber besser jetzt, als dass hinterher Irrtümer Dir und mir Deinen Aufenthalt hier verleiden. Ich will gern alles tun, dass er in Harmonie vor sich geht und dass wir beide Freude und Anregung aneinander haben. Aber überlege Dir vorher Deine Stellung zu den aufgeworfenen Fragen und zu mir. Wenn ich schon leiblich und geistig so proletarisch lebe, will ich mir nicht durch Dich mein friedliches Zusammenleben mit Fränze stören lassen. –

Ich hoffe, dass Du meine ernsten Worte und meine Besorgnis, die ja doch in der Hauptsache Dir selber und Deiner Charakterentwicklung gilt, richtig auffassest. Du musst immer daran denken, dass sich die Zustände hier ändern können, so dass Du wieder (aus Sparsamkeitsgründen) hier studieren würdest. Da wollen wir doch vorher lieber diese Dinge klarstellen, nicht wahr? Mach endlich den Schlussstrich unter das Vergangene und löse Dich von Deinen falschen Freunden: Strodel, Göseke und *Riesland*. Glaubst Du nicht, dass ich es besser mit Dir meine, als diese Homo-Jünglinge? […]

Nun bemühe Dich vor allem um den Lyrik-Artikel. Es ist unerhört, wenn der Kerl aus A. ihn Dir nicht wiederschickt. Schreibe eine offene Karte, auf der Du Deine Notlage schilderst. Die Leute sitzen doch alle noch im Fett. Wir wollen uns die grosse Mühe nicht umsonst gemacht haben. Es ist bestimmt Geld damit zu machen. Vielleicht jetzt bei der veränderten Lage auch beim »Bund« oder bei Zeitschriften. Ist ja alles hier auf ½ Jahr verboten, nun auch noch die zahmen »Basler Nachrichten«. Sieh also zu, noch Kapital daraus zu schlagen, selbst in der »Serviertochter« oder in der neu zu gründenden Zeitschrift, von der Du schriebst. Verliere diese Beziehung nicht. Melde Dich energisch bei dem Herrn, bevor Du hierher fährst. Hast Du meine Ratschläge wegen der wöchentlichen Quätsche nicht befolgt? (Lokalhistorisches im Archiv zu suchen!) Ich hoffe sehr, dass Du aus dem Grabartikel einige fröhliche Stunden für Dich herausschlagen kannst. Beschreibe B.s [Büchners?] Grab aber so genau, wie ich Dir E.s Grab beschrieb. Schreibe nach der Beschreibung etwa: Und unsere Gedanken schweifen über das Meer fort zu einem andern Grabe von grösster Schlichtheit usw. Also lebendig schreiben, als ob Du da gewesen wärest [...]. Deine Kritik über *Joe Lederer* ist auch ganz hübsch, doch wollte ich Dir sagen, dass Du nicht schreiben musst: »Ist erzählt m i t zartestem Stil«, sondern »in«! Auch ist das Fremdwort »preziöses« dort hässlich, ein gut treffendes deutsches Wort wäre besser gewesen. Nun also berichte vor allem über Deine Gesundheit, die mich mehr beunruhigt, als Du Dir denken kannst. Beantworte meine vielen Fragen und verhalte Dich den anderen von mir angerührten Dingen gegenüber einmal als guter, lieber Sohn. Deine treue Mutter

Freiburg i. Br., den 8. 11. 1934

Liebster Sohn,
soeben in den Besitz Ihres Allerwertesten gelangt, beeile ich mich, denselben zu beantworten. Fuchs, der in der Zwischenzeit allerhöchstens 25 Pfund zugenommen hat, haben wir gut überstanden. Er kam mit der heiligen Versicherung, daß es nun das letztemal gewesen sei, dass er uns besuche, falls Fränze seinen Antrag wieder ablehne und ging mit der Versicherung, dass er das nächste Jahr wiederkommt und anhält. Vorher fotografierte er Fränze noch vor dem Haus in allen Stellungen, damit seine Moppi (d. i. seine Mutter) auch ein Bild ihrer Schwiegertochter hat. Vor 14 Tagen war er in Zürich und in der *Pfeffermühle*. Da er Dich in Le Locle vermutete, besuchte er Dich nicht. Aber das nächstemal. Du mögest zu seinem Duzfreund *Konrad Haiden* gehen und Dich auf ihn beziehen und Grüsse bringen. Ich nehme an, Du weißt, wer dieser Schriftsteller ist. Er wohnt in einer Pension auf dem Zürichberg, der Name der Pension fängt mit Ziegler oder Ziegel an. Er wusste es nicht genau. Du wirst es schon finden. Reizender, interessanter Mensch, etwa 33 Jahre, früher Redakteur, Vater war jüdischer Gewerkschaftssekretär, Mutter war vor der Ehe Volksschullehrerin – Arierin.
Übrigens ist Fuchs doch sehr amüsant, weltläufig und hat grossartige Beziehungen, durch die er wohl orientiert ist. Ganz geladen mit Witzen – wir lachten unaufhörlich. Er ist Nutzniesser des dritten Reiches, hat fabelhaft verdient, da er der einzige in Deutschland ist, der Billets nach Frankreich gehamstert hat-

te. Und obgleich sein Reisebüro an der Hauptstrasse Münchens liegt, hat er immer noch nie Hitler gesehen. Was er bedauert. Neuerdings hasst er die Preussen, denn er war jetzt in Berlin. Vor zwei Jahren noch hat er die Bayern so gehasst, dass er keine Weisswürscht mehr gessen hoat, jetzt liebt er sie wieder. Denn sie haben sich gewandelt. Die Bayern, nicht die Würschte. Er berichtete uns, dass in der Bibel steht: »Und Jesus sahe einen Preussen und er weinte bitterlich.« Als Kathole ist er natürlich ein guter Bibelkenner.
Dabei komme ich auf das kirchliche Leben in Deutschland. Fränze, Lenkin, Baumin usw. und ich zogen selbander vor 8 Tagen in den Paulussaal, allwo die Bekenntniskirchler einen Oppositionsabend veranstalten wollten, an dem auch Ritter sprechen sollte. Als wir abends um acht Uhr ankamen, war der Saal verboten. Deshalb wurde die Sache als Reformationsfest getarnt, und wir zogen alle in die Kirche in der Thurnseestrasse, die überfüllt war, in allen Gängen standen die Leute, und sie sassen sogar auf der Treppe zur Kanzel. Die Jugendlichen wollten vom Paulussaal aus einen Demonstrationszug bilden, aber es war nichts Rechtes. Sie wollten dabei singen (nach berühmten Mustern) »Aus tiefer Not schrei ich zu dir«, aber es regnete schrecklich, und dann konnte auch kein Mensch die Worte und die Melodie ordentlich. Hier singt man nämlich nicht die schöne, mächtige dazu, wie in Preussen, sondern ein grässliches Gemächte. In der Kirche mit Orgelbegleitung ging es dann schon besser. Ausserdem »Ein feste Burg«. Am lautesten sang der geschmissene *Univ. Professor Wolf*, bei dem Frän-

ze Geschichte hörte und der als Nichtarier geschmissen wurde. In der Kirche durfte *Ritter* nicht reden – es sprach ein evangelischer Pastor aus Karlsruhe. Er sagte zu Anfang, ob man vorderasiatisch oder arisch, ob man Russe oder Deutscher sei, bilde kein Verdienst. Sich das einzubilden, sei jüdisch-pharisäisch. –
Keine der 3 Zeitungen erwähnte die Veranstaltung mit einer Silbe. Zum Schlusse veranstalteten alle anwesenden Pastöre eine Art Sprechchor. Wir dachten, da schrie ein Zwischenrufer, es war aber so eine Art Kampfansage. – Ich hätte Dir schrecklich gern einen Sweater zu Weihnachten gestrickt, da Du noch gar keinen hast. Aber ich kann nur soviel Wolle kaufen, dass Du etwa Deinen schlanken Leib mit dem Gestrick vom Nabel bis zur Brustwarze bedekken kannst. Also lassen wir's. Gehen wir ärmelfrei diesen Winter. Eine sehr hübsche Mode. Die N.S.-Frauenschaft sammelt Lumpen von Haus zu Haus. Zur Wiederverarbeitung [...].
Hast Du von dem Skandal in Buxtehude gehört? Es stand im »Stürmer« unter der Überschrift: »Jüdischer Hausierer beisst deutschen Schäferhund!« – Wie ich Dir schon sagte, hast Du einen grossen Fehler gemacht, dass Du in Harzburg *Rudolf Huchen* nicht besuchtest. Ich erzählte Dir doch damals, dass ich mich daran erinnerte, dass er sich in seiner Autobiographie darüber beklagte, dass ihn nie jemand als Dichter aufsuche, dass in Harzburg kaum jemand wüsste, dass er ausser Justizrat noch etwas anderes sei. Nun holte ich mir das 1924 erschienene Buch noch einmal. In der Tat fängt das Buch sogar mit dieser Klage an. Einer seiner Klienten war Fran-

zesco d'Andrade (Mozartsänger, portugiesischer Jude, als Don Juan gemalt von Slevogt). Der hatte eine riesige Villa in Harzburg, war befreundet mit Huchs und hatte bis zu seinem frühen Tode keine Ahnung, dass Huch je eine Zeile geschrieben hat. Huch behauptet von sich, dass er völlig unberühmt sei – die Juden hätten ihn totgeschwiegen und unterdrückt. Dabei ist er jahrelang mein Lieblingsschriftsteller gewesen, und ich kaufte doch noch vor einigen Jahren seine »Rübenstedter«. Er verlegte seine Lebenserinnerungen und 1926 einen kleinen, sehr hübschen Roman, zu dem ihm unbedingt »Unordnung und frühes Leid« die Anregung gab, in einem unbekannten christlichen Verlag, in dem auch von Otto Buchmann »Ich trage meine Minne«, Gedichte, herauskamen. Dieser Titel sagt alles. Der Verleger heisst Bernhard Steffler (Leipzig). Vorher aber verlegte Rudölfchen bei Egon Fleischel, dessen Inhaber bekanntlich Fritz Cohn, der Mann der *Viebig*, war. Sieh da, sieh da! Es sind immer der Verärgerten. Im übrigen ist die Autobiographie durchzogen von gelbem Neid auf seine *Schwester Ricarda* von der ersten bis zur letzten Seite. Ich merkte, da ich mir gleichzeitig den *Ludolf Ursleu* von Ricarda geholt hatte, dass der ein Bekenntnisroman ist. Ludolf ist Rudolf Huch. Den Schauplatz hat Ricarda von Braunschweig (wo sie ja mit Omi Rüdenberg in die gleiche Klasse ging) nach Lübeck verlegt, und es handelt sich ebenfalls um den Verfall einer Familie, nämlich der Familie Ursleu-Olethurm. Alles stirbt aus, das Geschäft geht pleite, Ludolf wird Mönch und schreibt alles auf. Im Wirklichkeit werden die Nachkommen des grossen, bankrott gegangenen

Geschäftsherrn Huch in Braunschweig alle Dichter. Also alles wie bei Manns, die seltsamste Duplizität. Trotzdem kein Plagiat, sondern wenige Jahre v o r den Buddenbrooks erschienen. Das ist doch merkwürdig, sagt Roschott. Ausser Ricarda und Rudolf wurden berühmte Dichter *Friedrich* (Pitt und Fox, Enzio usw.), *Walter*, der Lyriker und dann der Huch, der die wundervolle *Beethovenbiographie* schrieb. Ricarda war in 2. Ehe mit ihrem Vatersbruder, Justizrat Huch in Braunschweig, verheiratet, der sich wegen ihr von seiner 1. Frau, der Mutter Friedrich Huchs scheiden liess. –

Ich freue mich, dass Du regelmässig um ½ 9 Uhr abends die Sendung »Stunde der jungen Nation« mit solcher Begeisterung hörst. So heisst nämlich diese tägliche deutsche Sendung und nicht *»Klumpfüßchens Märchenstunde«*. Das ist ein Irrtum. Viele Grüsse und Dank [...]: Deine Dir wohlwollende
Dorette Kistner.

[ohne Datum]

Lieber Sohn,

[...] Fränzen habe ich ein sehr elegantes, apartes Kleid gekauft, Visitenkarten mit *Dr. Phil.*, einen Kasten Briefpapier, eine lederne Puderdose, zehn Paar seidene Strümpfe, Taschentücher und Blusenstoff, den Trudel Mörber verarbeitet gegen eine Lieferung von Strümpfen, die sie schon hat. Ausserdem bekommt sie noch ein rosa Hemd aus meinem Lager. Sie hat deshalb etwas mehr bekommen als Du, weil das Kleid als Examensgeschenk gelten soll. Gestern war der Tag. Ich stand eine Stunde lang mit einem Veilchenstrauss abends an der Uhr in der Universität, dann kam sie. Im letzten Augenblick wäre fast alles wegen *Aly* und Wittkop gescheitert, die sie aus politischen Gründen absolut nicht promovieren lassen wollten.

Nun haben sie wenigstens erreicht, dass die Note von einem guten »cum laude« auf »rite« heruntergedrückt wurde. Aber danach fragt ja später niemand. Besser als mit cum macht es überhaupt niemand mehr. Fränze hat bis auf drei Fragen alles bei Wittkop gewusst, trotzdem hat er ihre Leistungen aufs gehässigste heruntergemacht. Koreferent für die Arbeit war *Heiss*, der sehr für Fränze eintrat, ebenso Ritter, bei dem sie im Mündlichen glänzend abschnitt. Bei Wittkop hatte sie Sturm und Drang und Hebbel – also Dinge, mit denen ich sie mehr als mit Brot von frühester Jugend an gefüttert habe. – Nun – wir müssen zufrieden sein – es hätte ja wie mit Ruth Ehrmann gehen können. Auch *Dragendorff* und *Kolbe* waren für Fränze, so dass Aly schliesslich jämmerlich abtreten musste. Diese Einzelheiten darfst Du niemand, nicht einmal Ardesco erzählen, denn die Konferenz ist streng geheim zu behandeln, aber Du kennst ja unsere Quelle. Erich erzähle nur, dass Fränze bestanden hat, von der Note sage nichts. Mittags holte ich Fränze ab, da war sie siegessicher, dass sie glatt cum bekäme. Morgens brachte ich sie bis vors Dekanatszimmer, da war sie eine halbe Leiche, die ich zum Schafott schleppen

musste. Wir assen feierlich in der Schnitzerstube, dann kauften wir das Kleid, dann liess ich ihr noch einen Mokka bei Steinmetz geben. Um 5 Uhr erst war die Prüfung bei Ritter, bis um 6 Uhr. Um 7 erfuhr sie das Resultat, und wir gingen in einen amerikanischen Rührfilm. Hinterher waren wir bei Hugo eingeladen, der alles sehr nett gemacht hatte, mit Kuchen und Vermouthwein. Wir haben bis drei Uhr nachts gefeiert […].
Gruß, Deine Mutter

Freiburg i. Br., den 5. 11. 1935

Mein lieber Sohn

[…] Nun zwei Neuigkeiten, leider beide unerfreulich, aber auch nicht unerwartet gekommen. Der *Bauverein* wirft alle Juden raus, verbietet den Siedlern, Judenbesuche zu empfangen, und bringt in seinen Geschäftsstellen ein Schild an: Juden ist der Eintritt verboten! Denn die Siedlungen seien gegründet wegen der Schollenverbundenheit. Diesen Beschluss des Hauptvorstandes bekam ich schon zugeschickt, die persönliche Kündigung vom hiesigen Büro noch nicht. Was tun? Ich war einige Tage ganz niedergeschlagen, wenn mich der Bauverein auch wohnen liesse, so sind doch einige Nachbarn so scharf auf unser besser eingerichtetes Haus, dass sie schon aufmucken werden. Vielleicht könnten

wir durch Hermann oder Jean mal beim Grafen Kageneck anfragen, was die leere Wohnung kostet. Aber freilich ist der Zuzug Juden auch überallhin verboten. Andererseits würde ich ja in Freiburg, wenn aus solchem Grunde rausgeschmissen, keine Wohnung bekommen. Architekt Levi hat seine alle vermietet. Erzähl das vielen. Wir können es Weihnachten noch überlegen.
Ferner: Ernst ist am 1. Oktober rausgeworfen [worden]. Da er noch nicht 40 ist, wird seine Pension sehr klein sein. Sie gehen wahrscheinlich nach Palästina, vielleicht auch nach Amerika. Trotzdem ich ihnen noch nicht antwortete auf ihren langen Brief, schrieben sie schon wieder gemeinsam einen sehr herzlichen und baten mich, sofort zu kommen, erst Einwilligung zu schicken, dann würden sie umgehend das Reisegeld schicken. Auch die alte Emma ist schon bei ihrer Tochter Schlossberg (der psychoanalytischen) einpassiert, um mich noch einmal vor ihrem Tode zu sehen. Da sie an die 80 ist, müsste ich mich wirklich beeilen. Auch Aennchen und Else (die, glaub ich, in Berlin wohnt) würde ich sehen. Habe natürlich nicht die geringste Lust zu fahren, besonders, da ich bei Engel in Behandlung bin und die neuen Zähne erst Weihnachten eingesetzt werden können. Andererseits mag ich in der ärgsten Kälte noch weniger fahren. Dann schon lieber jetzt. Ich bin also noch unentschlossen. –
Bergemann gab ich ab, schrieb Schnitzler auf – bekam es nicht, wird nicht mehr ausgeliehen. Diplom bekam ich noch nicht, war schon dreimal da, der Pedell Frei verbummelt es. – Wie gerne sähe ich Dich in *Othellos Gefolge!* – Wenn Du was Angeneh-

mes weisst, schreib mir's verblümelt. – Ich habe Dir einen Artikel gemacht, Du musst ihn Weihnachten mitnehmen, denn da es sich um einen 110jährigen Gedenktag handelt, ist die Sache noch nicht fällig, erst im März. – *Ricardanen* sah ich kürzlich auf dem Apfelmarkt auf dem Karlsplatz. Gesund und munter. – Dank für die schönen Theaterprospekte. – Hier wird's jetzt ganz schön. Selbst Hugelmann ist »Arischer Arzt«, wie er durch riesiges Schild verkündet. Ist allgemein durchgeführt. Hübsch in der Stadtstraße: Prof. Schilling: Arischer Arzt – im gleichen Haus, Schild daneben: Dr. Schottelius: nichts dabei. Da weiss man doch, wohin man zu gehen hat [...] Nun schreib bald wieder, hoffentlich über Dein Ergehen nur Angenehmes! Deine Mutter

Freiburg i. Br., den 22. 2. 1936

Bravo, schöner Mensch!
Diese Worte wollten wir Dir telegrafieren, aber es kostete 2,20 und das bist Du uns nicht wert! Wir wollen nämlich von morgen ab sparen, weil wir diese herrliche Schreibmaschine gekauft haben. Ich hoffe, dass Dir die Schrift gefällt und dass Du noch viele Artikel auf ihr schreiben wirst, die Dich dereinst berühmt machen. Sie kostet nur 109.– Ganz neu und Marke Filia der Olympia. – Über Deinen Erfolg war ich tief gerührt (ich sang sofort: »Lobe den Herren, den mächtigen König der Ehren!«) und

wahnsinnig erfreut, aber nicht überrascht. Wir hatten ja beide am Mittwoch von 2–4 so intensiv an Dich gedacht, jeder für sich, Fränze in ihrem Zimmer aufräumend und ich in der Küche, neue Vorhänge aufmachend! Es war so merkwürdig, dass wir lange nicht an den Termin gedacht hatten, weil wir seit 14 Tagen das Datum und den Wochentag nicht mehr wussten, denn wir haben ja auch keinen Kalender mehr. Plötzlich – Mittwoch nachmittag um ½2 Uhr fiel uns pünktlich der Termin wieder ein, und wir begannen mit dem Daumenhalten [...]. Welch ein Gipfel von groteskem Unverständnis – welch ein Zeichen vom selbstischem Eingekapseltsein, wenn Du mir vorhältst, dass ich von nichts anderem spreche als von Politik! Für nichts anderes Interesse hätte! Ganz nebenbei – es ist bewusst unwahr! Du weisst recht gut, dass ich, wenn ich ein einseitiger Idiot wäre, Dich z. B. nicht in die literarische Sphäre gebracht hätte. Aber davon abgesehen: ich bringe Dich (und erhalte Dich mit Mühe im Ausland, in dem Du Dich so glücklich fühlst), ins philologische Studium, tue alles, um Dich auszudeutschen, leide hier täglich unter Bedrohtsein und Unsicherheit, zum mindesten unter Unbehaglichkeit – und also beträgst Du Dich gegen mich, so schreibst Du vom Hort der goldenen Freiheit aus an mich! Diese Woche erst flogen Steine an meine frisch geputzten Fenster (ich liess den Dreck dran, damit Du ihn siehst!), Fränze stand dahinter, es gab kein Loch, wie von dem Stein des Nazi-Jenne gegen Frau Baums Stirn.
Und wenn Du wieder Geld beim Bauverein holst, kannst Du eine nette Inschrift an der Haustür sehen.

Ausserdem gibt es noch schmerzlichere Dinge, die andere Leute betreffen und unter denen der anständige Deutsche mitleidet. Wenn ich das tue, dann beginnst Du ein kindisches Maulen und läufst davon – von Tiengen bis Munzingen! Auch hältst Du in Deinem Brief mir vor, dass ich so oft frage: »Wie lange geht denn das noch?« Soll ich mich für meine Ungeduld bei Dir entschuldigen? Wahrscheinlich frage ich das so oft, weil ich selbst keine Zeitung halte und denkbar unorientiert bin. Ich bin zu sehr von marxistischer Klarheit durchtränkt, um diese Frage zu stellen in der Hoffnung auf Besserung und Einsicht bei den Menschen. Nein, ich frage nur einfach, weil andere Leute besser als ich über unseren Devisenstand orientiert sind und mit dem fällt alles andere automatisch. –
Wie wenig klar Deine Denkweise ist, zeigt Dein Durcheinanderwerfen vom »ideologischen Über- und Unterbau«, um mit Karl Marxen zu reden. Du sprichst nämlich in diesem Zusammenhang vom reinen Gelehrtendasein und Politikferne. Du siehst tatsächlich in Deinem Egoismus nicht, dass die Gelehrten nur deshalb in der Schweiz noch die reine Lehre vortragen können, weil Kräfte wirksam sind, die ihnen die Politikferne und die Demokratie erhalten! Du siehst das nicht, obgleich Du naher Zeuge einer *Heilandtat* warst, die sich gegen einen der 10000 Agenten richtete, die bezahlte Vernichter der Freiheit in aller Herren Länder sind, obgleich jener betonte: »Der Nationalsozialismus ist kein Exportartikel!« Ohne dauernden opfervollen politischen Kampf gäbe es auch in der Schweiz keine reine Geisteswissenschaft mehr. Wieviel Bemerkungen,

glaubst Du, muss der Violinschlüssel im Kolleg abwürgen, die ihm früher glatt und springlebendig aus dem Munde sprangen? Gerade kürzlich wieder wurde er von einem Hörer an höchster Stelle wegen einer Äusserung denunziert! – Schluss mit diesem Thema! Du kennst meine Resignation in bezug auf Deine Erziehung seit 5 Jahren. Sie ist mir nach dieser Richtung – Verhältnis zwischen dem Sohn zur Mutter – missglückt [...].
Dein Fehr-Artikel ist recht hübsch. Wurde er auch bezahlt? Fehr würde sich sogar sehr freuen, sagte Brie. Fehr erzählte ihm von Dir, Du seiest ihm als sehr begabt aufgefallen. Dagegen sagte ein anderer Lehrer von Dir zu Brie, Du zeigtest Dich gar nicht bei ihm, und er hätte gar keinen Eindruck von Dir. Er hiess Trunz oder Schrunz, lehrt Dich (oder auch nicht) altenglisch. Er war auch in Basel zum 60. Geburtstag Fehrs eingeladen. Es waren im ganzen 14 Herren. Ich bin ganz glücklich, dass Euer Fehr-Fest besser verlief – dieses war nämlich schrecklich, wie eine Totenfeier. Fehr hatte so schrecklichen Durchfall, lief immerzu raus, sah halbtot aus, ass nur Zwieback und trank warmen Rotwein und musste sogar seine Dankrede für Brie und die andern Redner mit mehrmaligem Wandel zum Örtchen unterbrechen. Brie lässt Dir sagen, das Dandy-Thema wäre nicht ergiebig, Du solltest es nicht bearbeiten [...].
Herzlich grüsst Dich Deine Mutter

Freiburg i. Br., den 26. 6. 36

Mein lieber Wern,

[...] fahren wir Sonntag noch einmal an den Rhein nach Breisach – wir waren dieses Jahr noch nicht drüben. Vorigen Samstag und Sonntag badeten wir in der Kinzig, einzig schönes Schwimmgelände, tausendmal schöner als Breisach. Dort kostet es nichts. Auskleiden in der Zelle, Radaufbewahren, Wertsachen-Aufbewahren – alles gratis!
Ich war am Donnerstag nach Offenburg gefahren, für *Lintas*, liess Fränzen in die »Sonne« nachkommen. Nächstesmal kommst Du mit, die ganze »Sonne« freut sich schon auf Dich. Ich zeigte Fränzen auch das Zimmer, in dem Hitler geschlafen hat und das interessante Fremdenbuch der »Sonne«, mit vielen Bildern bekannter Grössen und vielen Malereien. Der letzte Eintrag ist von dem kleinen, dicken Michael von Rumänien. Einer der nächsten wird hoffentlich der Deine sein, wenn Du erst ein berühmter Professor bist, so dass man Dich kniefällig um Dein Autogramm bittet. In dem Buch war auch Rosa Luxemburg (die Seite ist zugeklebt!). Auch der durch Freitod geendete Alsberg ist drin, war Sachverständiger in dem furchtbaren Offenburger Abtreibungsprozess, der Dr. Merck und Genossen mehrere Jahre Zuchthaus kostete. Auch die Pawlowa ist drin. Du erinnerst sicher den Skandal, wie *Krüger* sie in Freiburg nicht auftreten lassen wollte, weil sie »dürr wie ein Zaunstecken sei!«. –
In Offenburg besuchten wir auch öfter den *alten Geck* – ich ging täglich zweimal schwimmen, es war

herrlich, kein Antijudenschild. Hier war ich noch nie schwimmen, Fränze einmal im Ebneter Strandbad, das Judenschild dort ist überlebensgross. Sonntag abend kamen wir von Offenburg, Montag in aller Herrgottsfrühe musste ich für Lintas nach Lörrach, wo ich täglich in der Wiese schwamm. Ebenfalls kein Schild, obgleich geschlossenes Bad durch Stauung der Wiese. Vorher und nachher war ich bis heute in Freiburg für Lintas tätig. Heute habe ich frei. Am 4. Juli fahre ich nach Berlin, Lintas hat schon Hotel für mich bestellt. Dort bleibe ich 4–5 Tage [...]. Sowie ich von Berlin komme, geht die Arbeit für Lintas hier los. Ich werde bis 5. September täglich 7.– Lohn haben und 1.50 Spesen, wenn ich hier bin. Doch werde ich auch noch je zweimal nach Offenburg und Lörrach fahren, wo ich ja dann noch besser verdiene. Komm Du jedenfalls gleich nach Semesterschluss, damit ich Dich hier noch wenigstens einen Tag sehe, ehe ich auswärts arbeite. Wir müssen ja Verschiedenes besprechen. Vor allem wegen *Timmen*. Ich denke, Du wirst seine Behandlung bald erlernen. Seine Sprache ist einfach, wenn er z. B. trinken will, klettert er am Ausguss hoch [...]
Vom 9. bis 16 August habe ich meine Sommerferien bei Lintas. Wir wollen also vom 10. bis 16. August in Badenweiler sein, wozu Du schon Dein Einverständnis schicktest. Dort muss ich Fränzes Kleider richten, sie fährt dann am 18. August etwa nach England. Sie bekam zwei Angebote durch ihre Agentur, von denen eines sehr gut scheint [...].
Von der Sylter Kurdirektion bekam ich keine Antwort. Ich hatte angefragt, ob Juden angenehm wären und frankiertes Kuvert beigelegt. Auch erfuhr

ich im Lörracher Reisebüro, dass es dort stark antisemitisch zugeht, selbst in Norderney. Von deutschen Bädern wird nur in Baden-Baden und in Badenweiler nicht geantisemitelt, worüber auch alle Nazizeitungen entsetzlich schimpfen. – Nun, für uns kommt ja wegen Lintas doch keine Seereise in Frage. Da ich nun das Geld, das wir dafür vorgesehen hatten, spare, wird es vielleicht nächstes Jahr was. Wer weiss, wie dann die Zustände sich geändert haben. – Italien kommt auch nicht in Frage, der gute Kopp erklärte mir, dass ich keinen Pass bekäme, ich sei Kommunistin. Ich muss dagegen Verwahrung einlegen, um nicht grosse Lokalveränderungen in nächster Zeit erleiden zu müssen. Hier sitzen jetzt frisch etwa 80 Leute, darunter auch *Schieler* seit Monaten. Ich habe mit der Passbeantragung einen grossen Fehler gemacht. Nun erst ziert der Vermerk meine Papiere. Das Arbeitsbuch, das ich nun als fest Angestellte unbedingt bei Lintas haben musste, bekam ich. Es lag ein Zettel drin mit dem Vermerk, dass der Arbeitgeber sich strafbar macht, wenn er etwas dem Arbeitnehmer Nachteiliges einträgt. Trotzdem hat das Arbeitsamt es für notwendig erachtet, mir einen heimlichen, aber doch sichtbaren Vermerk zu machen, aus dem meine Nichtzugehörigkeit zur edlen Rasse hervorgeht. Ich denke, dass Du die verschärfte Auslegung der Rassengesetze gelesen hast. Auf jeden Fall habe ich sie Dir aus der Frankfurter Zeitung aufbewahrt [...].
Gruß und Kuß Deine Mutter

Freiburg i. Br., den 26. Dezember 1936

Meine lieben Kinder
[…] Dieser Brief wird viele Neuigkeiten enthalten, ärgerliche und gute. Zunächst das Bessere: Den Anstellungsvertrag, den *Hoeffler* mir im August versprach, habe ich nun zum 1. Januar erhalten. Er enthält keinen Arier-§! Ich habe schon unterschrieben. Auch ist das Gehalt nicht, wie er damals sagte, auf 50.– und tägliche Spesen von 1,50 heruntergesetzt, sondern es bleibt bei 8,50 täglich wie bisher und alle Porti extra. Also kein Monatsgehalt, und zwar deshalb nicht, weil vom 1. Juli wieder ein Vierteljahr lang nichts zu tun ist für mich. Die Instruktion für die nächste Zeit bis zum 1. Juli konnte ich schon auswendig, als wieder der berühmte Eilbrief kam, der mich zur mündlichen Entgegennahme der Instruktion nach Berlin lädt.
Erst wollte ich sofort abfahren, um in Osterode mit Emmachen, Gretchen und Martin fidel Sylvester zu feiern, denn das Billet kostet genausoviel wie von hier nach Berlin. (Eine Massnahme der Fremdenindustrie, um die Reisen der Süddeutschen in den Osten zu fördern. Auch zurück kostet es nicht mehr!) Aber nachdem ich mir eine Nacht lang das Für und Wider überlegt hatte, will ich mir die Wohltat doch nicht gönnen und auch am Sylvester noch einsam mit Timmen in der Küche hocken. Denn nach Hoefflers lieblicher Gewohnheit kommen nach diesem Eilbrief, der am Heiligen Abend hier ankam, jetzt noch diverse Eilbriefe, Telegramme mit Rückantwort, Spesenvorschüsse usw. Ich hätte also sofort antworten müssen, dass alles nach Osterode

gehen soll. Ich wollte schliesslich solche Extrawurst doch nicht riskieren. Sie hätten ja nichts gesagt, aber der Nazi-Hoeffler hätte hinter meinem Rücken doch bestimmt über die neue Adresse gebrummelt. Denn ich hätte doch bestimmt schreiben müssen: bei Lewinsohn. Ich kann mir das nicht leisten, während dauernd das Damoklesschwert des Arier-§ über meinem Haupte hängt. Also fahre ich nach der Besprechung in Berlin gleich nach Osterode, das gibt dann eine wahnsinnige Hetz.
Denn am 6. Januar abends bin ich bei Sunlicht fertig, dann kann ich nicht mehr in der Nacht durch den polnischen Korridor bis an die russische Grenze trudeln. Ich muss also die zehn Stunden am 7. Januar verfahren, dann am 8. Januar mit der alten Emma über die verflossenen 25 Jahre plauschen, in denen wir uns nicht sahen, am 9. nach Berlin fahren, zur Nacht auf den 10. dort übernachten, am Sonntag, den 10. von Berlin nach Freiburg fahren, und am 11. beginnt hier die Arbeit, über die ich ja unbedingt am 11. Januar abends von hier aus nach Berlin Bericht erstatten muss. Die Kisten kommen zwei Tage vorher wieder von Mannheim, Frau Vögele muss sie wieder annehmen, wie voriges Mal. Diesmal ist auch Küchenwäsche dabei und Leibwäsche für die Frauen zum Aussuchen, seidene, baumwollene und wollene, ferner Strümpfe für 70 Frauen. Jede Frau bekommt alle diese Wäsche geschenkt unter der Bedingung, dass sie sie mit unsern neuen Mitteln wäscht, von denen ich jeder Frau jede Woche zwei Pakete bringen muss. Da hat sich Hoeffler wieder einen vollkommenen Mist ausgedacht, der der Firma nicht den geringsten Nutze bringt – aber mir.

[…]. In Anbetracht dieses kommenden Wohlstandes hab ich mir auch was zu Weihnachten geschenkt, eine weisse Brottrommel von Sally Knopf für 2.– und einen Kaffeetrichter »Melitta«, aus dem der Kaffee ganz anders schmeckt, einfach wunderbar, und man spart mehr als die Hälfte an Bohnen. In Ammans Küchengeschäft war eine Vorführung inseriert, ich ging hin und trank Kaffee und Tee, denn für Tee gibt es auch einen Filter, mit lauter Hausfrauenschruzen. Gerührt nahm ich den begleitenden Vortrag entgegen von einer grauhaarigen Dame, ich glaube, es war die göttliche Erfinderin Melitta Bentz leibhaftig. –
Von Frau Vögele bekam ich einen ihrer bekannten Gugelhupfe, die man nur mit dicker Butter drauf geniessen kann. Sie begleitete das Weihnachtsgeschenk mit passenden Worten: die Frauenschaft hätte aufgefordert, Geldspenden für Weihnachtskuchen zu geben. Aber sie, Madame Vögele, wüsste nicht, ob für das Geld dann auch Kuchen für arme Leute gekauft würde, da habe sie gesagt, sie hätte so eine arme Frau in der Nachbarschaft, der würde sie den Kuchen direkt geben. – Mein anderer Nachbar wird mir zweimal den Kopf umsonst scheren, weil ich an zwei Sonntagen ihm seine Aufsatzthemen für die Meisterprüfung ausgearbeitet habe. So wäscht eine Hand die andere […]. Nun wünsche ich Euch beiden ein gesegnetes, neues Jahr. Das erste Kalenderblatt betrügt uns ja immer wieder mit freundlichem, hoffnungsvollem Lächeln. Ich freue mich auf Euer Kommen Ostern, aber ich werde bis 1. Juli täglich 9 Stunden zu tun haben und samstags 5.
Eure treue Mutter.

Freiburg i. Br., den 17. Januar 1937

Meine lieben Kinder,
ich schicke Euch wieder einen gemeinsamen Brief mit Durchschlag, aus Zeitmangel. Wenn er etwas unverständlich ausfällt, müsst Ihr das meiner rasenden Nervosität zugute halten. Ich bin vor Überarbeitung in einer noch nie gekannten Verfassung, den ganzen Tag Augenlidzucken und Kinnzittern. Wäre ich nur erst einen Tag älter! Morgen kommt nämlich der fiese Hoeffler, um meine Arbeit zu kontrollieren!! Heute morgen kam die Nachricht. Täglich, während des neuen, unendlich komplizierten Testes, habe ich einen groben Brief von Berlin bei meiner nächtlichen Heimkehr im Briefkasten vorgefunden. Mein einziger Trost ist, dass es immer Durchschläge an alle Umfragedamen waren, so dass alle denselben täglichen Anpfiff einstecken müssen. Morgen abend, wenn das Scheusal weg ist, nehme ich Brom und mache Dienstag blau.
Dadurch, dass ich in Ostpreussen war, versäumte ich einen Arbeitstag, den ich vorigen Sonntag einholte, indem ich mir bekannte Hausfrauen für diesen Versuch warb. Von Berlin nach Osterode (durch den ganzen polnischen Korridor) ist es soweit wie von hier nach Berlin. Ich war genau 20 Stunden in O., dann ab nach Berlin, Nachtfahrt mit furchtbar frechen männlichen Landhelfern zusammen, die mich dauernd belästigten, in Berlin in einer Jagd nach dem Anhalter Bahnhof und so, ohne zu schlafen, weiter nach Freiburg. Hier kam ich nachts um 12 Uhr an, am andern Morgen Beginn dieser schwierigen Arbeit, bei der man nicht einmal eine Schie-

bung machen kann. Dazu noch die Aufregung wegen meines Passes, der nun in allen Instanzen abgelehnt ist, doch ist mir persönlicher Kniefall beim Innenminister in Karlsruhe angeraten. Ich pfiefene druff [...].
Nun zu Charly Reiff. Ich verplauderte vor meiner Reise einen angenehmen Nachmittag in seiner gemütlichen Stube (vielmehr Bude, wie mich Mutter Levi verbessern würde). Er hat das Büchner-Manuskript bekommen, gab es *Süsskind* für die »Literatur«, für die es natürlich zu schwer ist. Süsskind las es mit Interesse, gab es einem andern, der zum Februar eine Erinnerungsschrift an Büchner zusammenstellt. Von dort wurde Dein Mitgliedszeugnis von der Reichsschrifttumskammer verlangt. Ich sagte Reiffen, Du könntest es nicht bekommen, von wegen Arier-§. Er sagte, auch ¾-Arier werden dort nicht aufgenommen.
Du brauchst Dich aber nicht zu grämen, denn auch für die Erinnerungsschrift wäre es sehr fraglich gewesen, ob Dein Artikel nicht zu analytisch ist, und zweitens ist noch nicht ganz sicher, ob die Erinnerungsschrift überhaupt gestattet wird von wegen »Krieg den Palästen, Friede den Hütten«. Charly hat mir das Manuskript trotz dringender Mahnung noch nicht geschickt. Ich werde nochmals an die Mutter schreiben. Er ist in den Berliner Zweig der *Deva* versetzt, mächtig die Treppe raufgefallen, ich kam an seinem Bau in der Lützowstrasse vorbei, konnte aber aus Zeitmangel nicht aussteigen, ich war ja nur 1½ Tage in Berlin. Er ist nur Lektor für wissenschaftlich-journalistische Bücher, worüber er sich freut. Seine Generaldirektoren suchen Autoren

mit der Laterne, wissen nicht mehr, was sie herausgeben sollen – ein noch nie dagewesener Fall. Schund bekommen sie natürlich angeboten, der aber den Druck nicht lohnt.
Ich sprach mit ihm natürlich auch über Deine Zukunft. Du hast ja keine, aber dafür eine Gegenwart. Er sagte, es gäbe nur einen Weg: Spezialisierung auf ein völlig abwegiges, schwieriges, unbeackertes Gebiet, für das *Ermatinger* Interesse, aber keine Zeit und Leute hat. Du müsstest in den nächsten zwei Jahren nichts weiter als dieses unbekannte Thema durchackern, sodass man Dich als Spezialisten dafür anerkennt. Dann darin promovieren (also Deine Idee mit Storm musst Du fallenlassen, ist viel zu leicht!), dann müsste Ermatinger an die Rockefellerstiftung schreiben, dass Du eine Kapazität auf jenem Gebiet seiest, dass Du aber zur Vollendung noch einige Jahre darauf herumackern müsstest. Dann würde ein Stipendium von etwa 250.– monatlich von Rockefeller gewährt werden können. Nach einer umfassenden Arbeit, die Du dann nach zwei oder drei Jahren Rockefeller vorlegen müsstest, würdest Du diese Arbeit als Habilitationsschrift benutzen und durch Rockefeller eine Professur in Amerika bekommen können.
Dass dieser Weg, speziell für Nichtarier möglich ist, sehe ich an meinem Vetter in Königsberg. Er war ja nach dem Abitur etwas verbummelt, aber ein Genie, hat die Musikalität meines Grossvaters Julius geerbt. Spielte mit seinem Zwillingsbruder in Kaffees. Spezialisierte sich 1933 auf irgend was und ist jetzt Professor in Paraguay […]. Nach dieser Abschweifung wieder zu Charlyn. Er meint es gut mit Dir,

lieber Werner, überlege Dir seine Worte und ob Du ein Spezialgebiet durch Ermatinger findest. Sonst bleibt Dir ja in Gottes weiter Welt kein Beruf offen! – Ich will natürlich nicht meckern; bis hierhin hat Dich Gott gebracht [...].
Deine treue Mutter

Freiburg i. Br., den 22. 9. 1938

Meine lieben Kinder,
na, dann geht ja nichts verkehrt! Euer gemeinsamer Brief nahm mir einen Basaltstein vom Herzen! Ich denke, liebe Fränze, dass Du den ganzen Samstag mit Werns Kram zu tun hast und alles tadellos in Ordnung bringst. Es ist doch ein Glück, lieber Werner, dass treue Schwesternliebe Dich geleitet und dass Dein Abschied nicht so trostlos ist. Freut Euch Eurer Geschwisterliebe, des herrlichen Wetters, das ohne Schwüle und schöner als im Sommer ist, des himmlischen Zürcher Sees, über den Ihr morgen noch mal rudern müsst (wie ich kürzlich übern Titisee), denkt nicht an die lange Trennung, sondern seid lustig und bedenkt, dass auch ein bisschen Ulk bei der Leiche sein muss, sonst macht die Beerdigung keinen Spass.
Ihr schreibt, dass ich hoffentlich nicht traurig sei, dass ich die letzten Europatage Werners nicht mit geniessen kann. Nein, keine Spur! Das wäre ja die reinste Neidhammelei! Und hier überwiegt doch

das Gefühl der Dankbarkeit und Freude über Dein fixes Herbeieilen, liebes Fränzchen, und die Gewissheit, dass Ihr's nun noch einmal schön bisamme habt, alles andere bei mir. Auf den herzlich gut gemeinten Plan des Telefonats wollen wir lieber verzichten, Werner, wie ich ja schon der *Medica* sagte. Damals dachte ich nur an die grosse Aufregung, die uns diese paar Abschiedsworte kosten würden, aber jetzt will ich es erst recht nicht, weil Dich die Sache im Geniessen Deines letzten Zürcher Abends nur stören und Dich mit der Wartezeit mindestens eine Stunde kosten würde. Nein, nein, ich sehe mich schon in dem langen, übelriechenden, dunklen Darm von Hausflur bei Metzger Volk beinahe platzen vor Aufregung und dann die vielen neugierigen Menschen bei seinem Samstagabendmassenbetrieb! Ob man sich auf der Post anrufen lassen kann, weiss ich nicht. Ich achte Deinen guten Willen, und Du wirst mir die Absage auch nicht als Lieblosigkeit auslegen! –
Liebe Fränze, schick Wernern Samstag morgen mit einem Fläschchen zur Drogerie und lass ihn ¼ Liter Waschbenzin holen für 20 Rappen und säubere alle Kragenränder innen an *Tschopen* und Mänteln. Sieh auch bitte die Knöpfe nach. Hoffentlich werdet Ihr bis Samstag abend fertig! Ihr habt ja soviel Arbeit! Rede ihm nur sein Vorurteil gegen die Mitnahme der ihm überflüssig scheinenden Sachen aus! Wie ist es *Juliussens* gegangen? Wilhelm Hauser erzählte mir, dass er in Cincinnati lange arbeitslos dahersass, dann ganz trüb im Gemüt und krank wurde und sich dauernd umbringen wollte! Die Frau fand auch keine Arbeit, wenigstens nicht in Büro oder Laden,

sondern nur als Putzfrau. Julius wurde immer kränker, da waren sie froh, dass sie soviel Sachen hatten, um den Arzt zu bezahlen, und sie verkauften alles Stück für Stück, was sie in den »Lifts« mitgebracht hatten. Lift nennt man die für die Überseefahrt der Möbel vorgeschriebenen Riesenkisten. Ich will nicht hoffen, dass es Wernern auch so geht, aber Ihr müsst [hier bricht das Brieffragment ab].

Freiburg i. Br., den 17. 11. 1938

Mit Durchschlag!

Meine lieben Kinder,
gerne schrieb ich Euch einen frohen, Euch erfreuenden und aufmunternden Brief, aber angesichts der erschütternden Ereignisse fällt es mir schwer. Zuerst zu Dir, lieber Wern! Du hast sicher schwarze Stunden gehabt, als der *Schreckensfunk* über den Ozean kam! Also mach Dir über mich persönlich keinen Kummer! Noch steht der Oma ihr klein Häuschen mit der ersten und der zweiten und der dritten Hypothek! Niemand hat mich hier draussen gefunden. Wie es in andern Haushaltungen aussieht, brauch ich Euch nicht zu beschreiben, Ihr wisst ja so gut wie ich darüber Bescheid. Mancher Familie wurde zwischen dunkel und siehsch mi nit am nächsten Abend von arischer Seite wenigstens so viel Bettzeug gebracht, dass kleine Kinder und

Greise nicht auf dem nackten Fussboden kampieren mussten, nachdem alles Bettzeug zerschlitzt, zerschlagen oder geraubt war.
Ich find' es ganz unnütz, dass hier überall amerikanische Reporter herumflitzen und die Ruinen der verbrannten Synagogen und die zerschlagenen Geschäfte mit den zwei Meter langen Aufschriften (in bester Ölfarbe) fotografieren. Sollten lieber die Haushaltungen von innen fotografieren, das ist doch viel erschütternder, aber es gibt kein tapferes Judenweib, das solches zuliesse. Hier gab es nur noch zwei jüdische Geschäfte, Sale Levis Schuhhalle und Bankhaus Mayer in der Salzstrasse. Von hier sitzen 300 Männer in Dachau, von Lörrach, Emmendingen usw. alle Männer. Je kleiner die Städte, desto restloser. Je grösser, desto mehr Chance, dass die älteren nicht verhaftet wurden, weil es nicht genügend Konzentrationslager in Deutschland, Österreich und auch im Sudetenland (schnell neu errichtet) gibt. Hier ging man bis zum 65. Jahre incl., *Grumbach* ist 64, Herzfeld 61. Jesus Katz ist auch dabei, die arische Gattin nützt nichts. Furchtbar leid tut mir der ehrwürdige Greis, obgleich die Goldelse sehr gefasst ist. Als kürzlich während der Kriegsgefahr sich alle Offiziere bis zum 55. Jahre zum Militär melden mussten, ging auch Wilhelm mit seinem Vetter, der gleichfalls Offizier und Träger höchster Orden ist. Der Feldwebel schnauzte sie an: »Sie sind alle beide Juden?« – »Und Offiziere«, gab Wilhelm zur Antwort. Leid ist es mir auch um Aennchens Schwiegersohn. So nah vor der Hochzeit und Auswanderung nach Brasilien! Als Du mir die Verlobung Lores mitteiltest, hatte mir Aennchen sie

schon mitgeteilt. Auch Lore schrieb deswegen, weil sie zur Hochzeit den Nachweis bringen muss, dass sie Volljüdin ist, weil ja in ihren Herforder Papieren ihres Vaters und ihre Konfession mit evangelisch-reformiert angegeben ist. Sie wollte deswegen Daten über Mamas Geburt und Angaben über Grosspapa Julius und Grossmama Bertha [hier bricht das Brieffragment ab].

[Brieffragment ohne Datum]

[...] Jüdische Zahnärzte dürfen noch praktizieren; da alle männlichen sitzen, kommen alle jüdischen Frauen, Kinder und Greise aus ganz Baden mit ihren Zahnschmerzen zu ihr. Gestern kam eine sehr vornehme jüdische Universitätsprofessorengattin in die Sprechstunde, warf sich ihr zu Füssen und umklammerte sie und bat um Gift, weil sie nicht länger in Schande leben könne. Sie wolle einen sicheren und schmerzlosen Tod. Frau H. sagte, sie hätte keins da, obgleich sie natürlich immer was hat zum schmerzlosen Zahnziehen. Die Dame wurde ganz kalt, und würdig sagte sie, es wäre gut, sie würde eine andere Todesart wählen. Dienstag morgen klingelten 2 SA bei Frau H. Sie sagten, sie müssten Haussuchung nach Waffen machen. Frau H. sagte, dass das bereits vorige Woche gewesen wäre, sie hätten alle 3, einschließlich Opa Neumark unterschrieben, dass sie keine hätten. Antwort: »Wenn ihr uns nicht suchen lasst, geht's euch anders, ihr Mörderpack!«. Also liess sie sie herein. Sie nahmen aber nur den Radio, der vor 2 Jahren für 300.– gekauft wurde, weil sie zugestandenermassen Strassburg gehört hatte. Auch sollte sie ihre Leica geben, weil sie sonst die Festungswerke in Breisach fotografieren würde, aber sie hat keine. Frau H. ging dann hinüber zum Telegrafendirektor, um die Rundfunkgebühr zu kündigen, wobei sie erfuhr, dass es eine Köpenickiade war.

Das gleiche bei Epstein-Rheinstrasse. Frau H. montierte darauf ihr Haustürschild ab, worauf sie nun nichts mehr zu essen haben werden, denn die mit der Bahn kommenden Patienten werden sie nicht mehr finden, und Geld abheben dürfen die Juden nicht mehr. Die Konten sind gesperrt, bis die Milliarde Lösegeld für die raubritterlich geraubten Juden bezahlt ist. (Macht Euch keine Sorge um mich, *Krebs* gab mir von Deinem Geld, liebe Fränze, Du bist ja keine Jüdin!) Der Telegrafendirektor war ausser sich und sagte, er würde die Sache polizeilich verfolgen, denn in Deutschland herrsche Sitte und Gesetz, und jeder Jude hätte genau solche Rechte wie ein Christ. Die in brauntuchene Uniform (also waren sie was Höheres) gekleideten SA-Leute hatten erst unten gefragt, ob die Neumark-Herzfeld Jüdin sei. Heute kommt ein französischer Jude aus Dachau zurück nach Freiburg, der versehentlich mit eingelocht war. In Müllheim sind sämtliche Haushaltungen zerstört (20) und eine Schweizer Jüdin, 64 Jahre alt, auf Gesicht und Rücken geschlagen. Einzig Herr Judas sitzt nicht, worüber ich glücklich bin. Der gute Mann wurde einige Tage vorher an seinem

Kropf operiert, was der kleine J. der Krimsch sagte. Darauf sagten sie, im Gefängnis wären auch Lazarette, und gingen ihn dorthin zu holen. Aber Hosemann gab ihn nicht raus. Wird nächstens im »Stürmer« als Judenschützer stehen.
Alle Geschäfte müssen bis l. Januar liquidiert sein, dabei ist kein Mann da, der das besorgen kann. *Arthur Knopf* sitzt auch. Desto einfacher ist die Beschlagnahme fürs 3. Reich. Ich bin weniger wegen meiner Sicherheit besorgt als wegen meiner Berliner Verwandten. Ich fragte bei Gretchen an, niemand gibt mir Antwort. An dieser Feigheit ist die Judenschaft zugrunde gegangen!! Ich danke dem Himmel, dass Martin, Gretchen und Tante Emma (vor ihrem 80. Geburtstag!) in Osterode aus dem Hause geworfen wurden, weil es zum 1. 10. an einen Christen verkauft werden musste. In Osterode wäre es ihnen furchtbar ergangen. Unter diesen Umständen bekamen sie die Erlaubnis, zu Anna und Grete in deren Einzimmerwohnung zu ziehen, die diese beiden (Schwestern vom Osteroder Martin!) vor 2 Jahren in Berlin in einem Hinterhaus genommen hatten. Schlossberg wird wohl in einem alten Eisenbahnwaggon mit Weib und Kind an der polnischen Grenze sitzen, denn die dort Geborenen sind alle ausgewiesen und sitzen da, weil Polen sie nicht hereinlässt. –
Ich selbst hatte nur wenige Unannehmlichkeiten, doch kamen nachts meine christlichen Freunde und beschworen mich, nicht auszugehen, denn sie könnten mich nicht schützen, wenn ich verhauen würde, weil jede Sympathiekundgebung schwer bestraft wird. Andrerseits soll ich jetzt sofort das Haus ver-

lassen, sämtlichen nichtarischen Rupfen von den Wänden reissen (obgleich die Nachfolger ihn liebend gern behielten!!), damit bis zum 31. Dezember sämtliche Zimmer tapeziert werden können. Ich kann aber nicht umziehen, ohne vorher Besorgungen zu machen, beim Spediteur usw. Doch das ist nur eine Kleinigkeit, aber als ich, schwer ischiashinkend, die ausgebrannten Ruinen der Synagoge sah, ach, meine lieben Kinder, da hätte ich laut vor Weh und Zorn herausschreien mögen. Tief unglücklich bin ich über die zahlreichen Idioten, die die offizielle Lesart glauben: die Juden hatten Sprengstoffe in der Synagoge, die haben sich von selbst entzündet, und deshalb sitzen alle. Wenn ich nicht von selbst gekündigt hätte am 1. 10., ging mir's jetzt übel. Doch so sagen alle: »Sie geht ja doch bald!« Immerhin hat die Schwiegermutter des neuen Zahnklempners dem Gemüsetiger verboten, bei mir zu klingeln. Er tut's aber doch. Eier darf er freilich nicht mehr verkaufen, denn er sagte auf der Eierverteilungsstelle während des langen Wartens der Händler: »Wenn nu mein Vater ä Jud gsi wär, wär i au e Jud, dann tät heut mei Gotteshaus brenne!« [...]

[Datumseintrag von fremder Hand: 6. 12. 38]

[...] Dabei ist die grosse Gefahr, dass ich in England selbst nach halbjährlichem angestrengtem Schuften als Magd immer noch nicht das Reisegeld nach

Lambarene beisammen hätte. Wenn ich dann nun in England arbeite, könnte immer noch eine abschlägige Antwort *Schweitzers* kommen. Dann könnte ich den Tropenkram in England verkaufen, weiter Dienstmädchen bleiben, bis etwa 1941 und bis dahin würde Wern ja wohl in der Lage sein, mich nach Amerika zu nehmen, und dort muss er mir dann eine leichtere Stelle verschaffen, denn bis dahin bin ich nicht mehr die Jüngste. Natürlich ist es nicht verlockend, 3 Jahre Dienstmädchen in England zu bleiben, aber hier bis zur endgültigen Kasernierung zu hocken, mit der jetzt schon begonnen wird, wäre Wahnsinn. Erich schreibt sehr richtig, wer jetzt noch laufen kann und doch nicht läuft, hat vom 1. 4. an nichts anderes verdient. Bis dahin müssen die 3 am 9. 1. völlig demolierten engen Judenstrassen (Grenadierstrasse etc.) in Berlin von Christen geräumt und von Juden bewohnt sein. »Zurück in die lausigen Nester, aus denen das Gesindel hervorgekrochen ist«, lautet die Überschrift dieses »Gesetzes«. Aennchen wohnt im Grunewald, Else in Wilmersdorf, Gretchen, Martha, Tante Emmachen in Charlottenburg – alles 3 Gegenden, die von Juden nicht mehr betreten werden dürfen. Solang sie nicht umgezogen sind, müssen sie auf Schritt und Tritt bei Betreten der verbotenen Stadtteile einen Passantenschein, den sie für teures Geld erstehen müssen, vorweisen. Welche Strassen in Freiburg ausgesucht werden, weiss ich noch nicht. Man ist noch am Wählen. Ins Freiburger Ghetto kommen auch die Juden aus Emmendingen usw. Neubau der Ghettos war wegen Baumaterialmangel nicht zu machen. Man spricht von der Konviktstrasse, die den Profes-

soren *Dr. Hauser, Dr. Königsfeld* usw. usw. eingeräumt werden soll. Welcher Mensch von Ehre lässt es so weit kommen, dass er vogelfrei wird? Der gelbe Fleck im Gesicht, der »stürmisch vom Volksgrimm« gefordert wird, kann nicht ausbleiben. Das »Gesetz«, dass an bestimmten Tagen Juden nicht mehr die Strasse betreten dürfen, war überschrieben: »Das Ende der jüdischen Aufdringlichkeit!« Samstag war schon so ein Tag. Bei meiner Rechtsanwaltsfrau war Stichprobe von SS, ob alles daheim war, sonst kostet es 150.– Geldstrafe. Es gelüstet mich also auch nicht, zu der zu ziehen.
Meine Freunde bemühen sich um ein möbliertes Zimmer für mich, ich bleibe höchstens bis 15. 2. Wenn ich hier von Freiburg aus bis dahin weder das Visum für England, noch Schweitzers oder sonst eines Missionars Engagement hab', wandere ich nach Basel aus, wo ich in ein jüdisches Flüchtlingslager komme. Wenn ich genau wüsste, dass sie mich nehmen, obgleich ich nicht Synagogengenossin bin, wär mir's egal. Aber das ist der Haken. Und im Freien nächtigen kann man dann auch noch nicht von wegen Ischias, sonst wär's ja nett bei Mutter Grün. –
Es tut mir leid, dass Du die Situation noch nicht begreifst. Erich endlich hat sie begriffen, denn der ehemalige Rechtsanwalt und Notar Dr. Richard Weiss flüchtete sich zu ihm samt seiner Gattin Klärle, geb. Dreyer. Ich kenne diese Leute als die angenehmsten, stillsten Menschen von Bielefeld. Er war zuletzt Erichs Kompagnon. Ein Kind konnten sie mitnehmen, zweie liessen sie zurück. Erich schreibt, sie seien in einem Zustand angekommen, den sie

mir brieflich nicht beschreiben könnten. Sehr richtig fügt Erich hinzu, dass Aennchen, wenn sie nun immer noch nicht die Buben herausschafft, sie bald ihr Leben auf dem Gewissen haben wird, falls sie ein solches besitzt. Ich kann Erich nur recht geben, auch hier ist Judenkindergeprügel auf der Strasse an der Tagesordnung. Nächste Woche kommen 200 von hier aus Oberbaden nach Basel, ins Lager. Ihr müsst nicht denken, dass die, wie *Göb-Göb* sagt, strengen, aber durchaus gerechten Gesetze, die Ihr in der Zeitung lest, auch genau so gehandhabt werden. Z. B. das Gesetz, dass alle Judengeschäfte bis zum 1. 1. 39 beendet sein müssen. Nein, heute wurden den Frauen Judas, Weil und Schuhhändler Levi die sowieso demolierten Geschäfte versiegelt. Die Läger werden morgen an Nazi verkauft, die ihrerseits wieder das Geld an den Staat zahlen müssen […]
[Seite 10 eines Brieffragments]

Freiburg i. Br., den 22. Januar 1939
Eschholzstr. 20. I

Motto:
Ich kann den Blick nicht von Euch wenden,
Ich muss Euch anschaun immerdar,
Wie reicht Ihr mit geschäft´gen Händen
Dem Schenker Eure Gabe dar!

Meine lieben Kinder,
heute steigt der Mammutbrief in eigenen Sachen.

Ich weiss gar nicht, wo anfangen; ich möchte Euch soviel erzählen, aber schriftlich geht das nicht. Wir erleben hier eine welthistorische Umwälzung, alles ist so ungeheuer interessant und »Ihr könnt sagen, Ihr seid dabeigewesen!« Ich bin felsenfest davon überzeugt, dass wir hier in Deutschland den Anfang vom Ende des kapitalistischen Zeitalters erleben, wenn auch einige Reste mit in die neue Zeit herüberkommen werden. Nur, dass sich diese Umwälzung auf den Rücken der Juden zuerst austobt, wie es der sonst nicht zu schätzende Heine vorausgesagt hat. Allerdings sagte mir ein Zollamtmann mit Bezug auf die Judenauswanderung: »Die Ratten verlassen das sinkende Schiff!« Und tatsächlich wird es unsere Rettung vor Schlimmerem sein.
Alle Eure Briefe sind angekommen. Ich wiederhole das nur, falls ausser der Karte mit des Optikers Anschrift an Fränze noch mehr Briefe von mir verlorengehen sollten. Habt für alles Dank! Ihr gehört zu den wenigen, die sich mit allen Kräften für die Einwanderung eigener und fremder Familien einsetzen, Zeit und Geld opfern. Fast von allen meinen neuen jüdischen Bekannten höre ich und lese das auch in den kühlen Absagebriefen, dass die Juden in sicheren und demokratischen Ländern die ärgsten Antisemiten sind. Ich telefonierte selbst im Auftrag eines christlichen Dienstmädchens an eine sehr reiche Dame in Basel, die mit einem Schweizer verheiratet ist, und bat sie, ihre 88jährige Mutter abzuholen, da alle ihre Söhne sässen. Die alte Frau kauerte auf dem Boden, weinte und ass nichts mehr. Die liebreiche Tochter versicherte heulend am Telefon, dass der Arzt ihr das Ausgehen verboten habe,

weil sie erkältet sei. Das Weib war natürlich zu feige, hierherzukommen. Diese Hartherzigkeit, dazu die zahlreichen psychopathisch-labilen Charaktere unter den Juden plus unbeschreibliche Dummheit (immer nur das allernächste, greifbare, materielle Ziel zu sehen, ist ja keine Klugheit) – also, mich wundert's gar nicht, wenn die Juden diese Umwälzungsschlacht als erste verlieren. D. h. die, die hierbleiben, weil ihnen entweder niemand hilft oder weil sie zu dumm zum Auswandern sind [...].

Wenn er [Werner] Vermögen hätte, würde es dem Staat verfallen, nachdem er, wie ich mit eigenen Augen auf der Polizei las, Israel Vordtriede heisst. Gleichzeitig gab mir der Beamte das Reichsgesetzblatt mit dem »Gesetz« von 1938, dass der »Mischling«, der dienen »darf« und es dennoch nicht tut, zum Volljuden erklärt wird. Es ist ebenso wie mit den Mischlingen, die eine Volljüdin heiraten. Übrigens stand ja dieses »Gesetz« im Oktober 1938 auch in allen Tageszeitungen, und Ihr werdet Eure Schlüsse auf unser Israelche wohl schon gezogen haben. Ihr müsst diese Ernennung Werners zum Israel Vordtriede mit allen Konsequenzen betrachten und nicht, wie Wern in seinem jugendlichen Leichtsinn vorigen Sommer aus der Schweiz schrieb, Euch darüber totlachen, dass ich jetzt Sara heisse.

Ich nehme Werns damalige verkehrte Betrachtungsweise keineswegs übel, die Folgen aber spüre ich jetzt. Ich darf mich keineswegs, wie Wern damals schrieb, Käthe S. Vordtriede schreiben, sondern muss Sara ganz ausschreiben. Was das bei der Zimmersuche für mich für Folgen hatte, könnt Ihr Euch wohl nicht denken. Dambacher lachte natürlich, als ich die polizeiliche Anmeldung für eine Sara verlangte, aber die Hausbesitzerin, die im II. Stock wohnt, muss neuerdings (natürlich, um Juden die Zimmersuche unmöglich zu machen) die polizeilichen Anmeldungen der Aftermieter auch mit unterschreiben. Da sie eine wütende Zentrumsdame ist, lachte sie auch, und glücklicherweise durfte sie es auch, denn wenn unter ihren fünf Mietparteien ein Beamter gewesen wäre, hätte sie nicht lachen, sondern mich hinausweisen müssen [...].

Liebe Fränze, wenn's auch langweilig ist, ich muss wieder auf den Inhalt des Lifts kommen, Du weißt sonst gar nicht Bescheid mit den Sachen. Es wird ein schwieriger Einzug für Dich werden, denn von systematischer Verpackung, wie von der Fichtestrasse zu *Schenkers Kabine,* ist nun keine Rede mehr, denn es wurde oft wieder herausgerissen und anders in den Lift gestopft, damit alles reinging und nicht ruckelte. Ich kann Dir auch nicht mehr alles beschreiben, wo Du die Sachen findest. Einen kleinen Anhaltspunkt geben Dir ja die per Einschreiben gestern geschickten Listen. Übersetze sie gleich ins Englische, nimm alles, vor allem den polizeilichen Stempel, dass die Sachen Dein altes Eigentum sind, mit zum Zollamt. Irgendwo findest Du einen Holzkasten mit den Oesen der Treppenstangen. Sie wurden irrtümlich vom Packer mitgenommen, ich habe nämlich die Treppenstangen an meinen Tapezierer verkauft, und er möchte die Oesen auch. Wenn Du es für 25 Pfg. machen kannst, schick sie ihm: Karl Sailer, Freiburg/B. Kreuzstrasse 43. Wenn es zuviel Porto kostet, lasse es. Per Muster ohne Wert. Der

Mann hätte sie nur gern, weil es in Deutschland kein Messing mehr gibt. Entschuldige bitte die Mühe. Du musst noch manches entschuldigen, denn es war so dunkel am 31. 12. in aller Herrgottsfrühe und bei dem Wetter, und die Lampen waren einen Tag früher natürlich vom Oberpacker Stiefel eingepackt. Da sind noch manche Irrtümer vorgekommen, besonders, da mein Mietnachfolger, dem ich noch alle Schand gesagt habe, schon sein halbes Gelumps gebracht hatte, dazwischen standen die Eimer mit Tünche, weil mir der Bauverein einfach am 27. 12. die Handwerker ins Haus schickte (die ich durch gerichtliche einstweilige Verfügung durch die Haslacher Polizei am 30. 12. morgens wieder rausschmeissen liess!!!), dann waren zu unterscheiden Deine Sachen, meine Sachen, ferner die bereits verkauften, aber von den Leuten noch nicht abgeholten Möbel. Es war ein heilloses Durcheinander, aber weil alle so freundlich und willig waren, hat mich das Kommandieren weiter nicht angestrengt. Es halfen Hilda Ott, die der Vater mir zum Umzug am 27. 12. brachte, der reizende Walter Dambacher, die Frau von Willy Dambacher, Lothar, Ludwig und der alte Dambacher, der etwas vom Vater von Grete Lenz hat und hauptsächlich Wermutwein trank, den ich der eisigen Kälte wegen bei Frl. Schreiber bestellt hatte. Sie und die Bubenhafte brachten grosse Kartons voll Berliner, es war doch Sylvester, Aufschnitt und Brot, ich strich zwischendurch was zum Vespern für alle die Leute. Kochen konnte ich ihnen nichts, weil ich am Tag zuvor den Herd an Blechner Meier (dessen Hund mal den ersten Timm so gebissen hat!) verkauft hatte. Für die Schenker-

Leute hatte ich auf der Küchenfensterbank in Ermangelung eines Tisches 5 Torten aufgebaut mit der Marzipaninschrift: Prost Neujahr!
Die Fidelität stieg auf den Höhepunkt, als Asal (natürlich nicht Karl, sondern Heinrich, der böse Asal, der Hausmeister) kam, um die Schäden der Wohnung zu prüfen und alle freiwilligen Helfer mit Namen aufschrieb, weil sie der »Jüdin« geholfen hatten. Er würde es sofort dem »Stürmer« zur Veröffentlichung einschicken! Die Helfer wären alle Bolschewisten. Ernst Pedersen wurde vor allen Dingen aufgeschrieben, nicht nur, weil er schon ¾ Jahr politisch gesessen hat, sondern weil er schleunigst, von Hilda gerufen, herüberkam und einen kleinen Schaden an der Waschküchenlampe umsonst reparierte, den Asal mir gerade für 8.– aufgemutzt hatte. Ott kam auch, um Hilda mit dem Fritz heimzufahren, mit einer fetten Gans unterm Arm. Die war für Blechner Meier zum Neujahrsschmaus bestimmt. Blechner Meier kam auch dazu, um den Herd abzuholen. Ich gab Stiefel 5.–, damit er Asal die Meinung sagte, für mindestens 20.– hat er ihn kapitelt. Ott sagte: »Wenn du und deine Dreckseckel so wäret, wie diese Jüdin, dann wär's schee in Ditschland!« Da fing Asal wieder von dem Strafzettel an, den ich nie bezahlte, den er mir schickte, weil ich Timm das Grab unterm Kirschbaum machte. Ich sollte ihn ausgraben, eher liess er mich nicht ausziehen. Da warf Blechner Meier ihn raus, er kreischte »Heil Hitler«, wir riefen alle »Prost Neujahr« und tranken ihm mit dem Wermutwein zu, den wir aus Wassergläsern tranken. Wir hatten alle einen leichten Schwips, sogar Herbert Dieringer, der kam und alles Papier

sammelte, um es bei sich in der Waschküche zu verbrennen. Ich habe ihn in letzter Zeit, als ich seine Semesterarbeiten abtippte nach seinem Diktat, so bekehrt, dass er ganz abgespunnen hat und er schrie dem bösen Asal nach, dass er aber auch mit in den »Stürmer« wollte. [...]
Bei Frau von Deuringen bedanke Dich bitte gleich per Karte, dann fällt es nicht so auf – und schreib dazu, wie rührend Du Frau Hildas Brief an mich fändest und dass es eine echte Frau-von-Deuringen-Tat war, diesen Brief zu veranlassen. Hilda in Boston schrieb mir nämlich schon 14 Tage vor Weihnachten, dass sie durch Maria gehört habe, dass ich Aussicht auf Amerikas freie Küste hätte. Sie wäre sehr beleidigt, dass Wern nicht bei ihr logiert hätte, sie würde ihn zu gern abgeholt haben am Hafen, nun wollte sie aber unbedingt mich abholen, dann müsste ich bei ihr wohnen, bis Wern in Cincinnati eine Stelle für mich gefunden hätte. Ich könnte ruhig wochenlang bei ihr bleiben, sie sei glücklich über deutsche Gesellschaft aus Haslach. Sie wohnte kaum 10 Minuten von der Harvard-University entfernt, wenn Wern da je wieder arbeitete, müsste er bei ihnen übernachten. Usw. Ganz reizend! Dazu einen der hübschen Weihnachtsglückwünsche, wie sie in Amerika üblich sind. Der Mann schrieb auch drunter. Von ihrem Nazismus ist sie gründlich geheilt, wie auch Herbert. Nur Werner spinnt noch, der ist aber auch zu dumm. Er war aber auch immer sehr höflich gegen mich, wenn ich da [zu] Mittag ass. Frau von Deuringen holte mich während des Umzugs einfach jeden Tag, wenn ich nicht kam, schimpfte sie, ob sie das Essen etwa rüberbringen

müsste. Wie im November einige Lebensmittelgeschäfte anschrieben »Juden unerwünscht«, brachte Ott sofort ein von seiner Alten gebackenes 5-Pfund-Brot und Butter, und Frau D. brachte mir ein Pfund Bienenhonig dazu und backte mir eine ihrer berühmten Linzer Torten. Verschiedene liebe Leute hatten wirklich Angst um mich, dass ich verhungern müsste. Übrigens verschwanden die Schilder nach acht Tagen wieder, und Dorn und Reinhardt hatten die Gemeinheit gar nicht mitgemacht. – Du siehst, mir wird auch in reichem Masse die Liebe und Hilfe zuteil, die Ihr auf meine Bitten den unglücklichen Leidensgenossen spendet! –
Lieber Werner, Du schriebst, Dir sei ein Stein vom Herzen gefallen, dass ich mich in Stuttgart registrieren liess. Nun krieg nur keinen Schreck: ich hab die Nr. 47 386, komme also in 5 Jahren dran. Augenblicklich reisen gerade die Nummern zwischen 6000 und 7000 ab. In den Sommerferien macht der Konsul die Bude zu. Du schriebst, ich sollte hinfahren. Hat keinen Zweck. Hör Folgendes: Du schriebst, dass Günther Wichert wieder auftauchte, klänge wie eine Legende. Mittlerweile erscheint er mir nicht mehr so legendär, denn er kam jeden Tag. Stefanie ist nun ganz rapplig geworden, macht ihm das Leben zur Hölle. Er liebt nämlich ein armes Mädchen, und er wird sie auch heiraten. Da er hier die staatliche Erlaubnis nicht bekommt, will er sie in Amerika heiraten.

Er hat in Darmstadt, weil sein Vater dort Professor an der technischen Hochschule war, noch Examen machen dürfen, nun volontiert er bei Siemens und Halske, bis er rausgeworfen wird, was wahrschein-

lich im Mai 1939 der Fall sein wird. Ihr habt wohl gelesen, dass dann eine Zählung der Halbjuden in den Betrieben stattfindet. Dann lässt ihn der Bruder seiner Mutter kommen, der im September technischer Professor an der Harvard wurde. Nun wollte er den amerikanischen Konsul fragen, wie er dann sein Mädchen hereinkommen lassen kann.
Er fuhr nachts mit dem Motorrad nach Stuttgart, war um 7 Uhr vorm Konsulat, da standen an 200 Juden, hauptsächlich Frauen, weil die Männer da noch sassen. Um 9 Uhr machte der mit Sternenbanner bezeichnete amerikanische Portier auf, da drängten die Leute los, wollten ihn überrennen, er schlug die Männer mit Fäusten ins Gesicht und trat die Frauen, die ihren Fuss zwischen die Haustür stellen wollten, gegen's Schienbein. Die Frauen und Männer schlugen ihn auch. So jedesmal, wenn einer raus- und einer reingelassen wurde. Angeekelt ging Günther nach sechs Stunden weg, ohne drangekommen zu sein. Man muss die verzweifelte Lage der Juden bedenken. Sie kommen von weit her nach Stuttgart, können nirgends übernachten, weil in allen Logis strenges Verbot herrscht, die auf den Konsul Wartenden aufzunehmen [...].
Nun zu meiner Auswanderung. Ich schrieb Albert Schweitzer zum Geburtstag am 14. 1. nach Günsbach. Den Brief wird er bei seiner baldigen Ankunft vorfinden. Dass Du, lieber Werner, mit seiner Frau zusammen warst und den Vortrag hörtest, den ich, wohl in anderer Form, aber wohl mit den gleichen Lichtbildern, von ihm selbst im Paulussaal hörte, das gehört doch zu den merkwürdigsten Zufällen. Dass das Klima mörderisch ist, wusst' ich ja. Ich

hoffe nur, dass nicht gleich so ganz schreckliche Krankheiten zu heilen sind, wie sie die Lichtbilder zeigen. Dass man es auf die Dauer nicht aushält, weiss ich auch, aber ich meine, irgendwo muss ich bleiben, bis Du Bürger bist und mich anfordern kannst, dann natürlich ausser der Quotenreihe. – *Hichens* schrieb mir am Tage, wie er meinen Brief erhielt. Ich hatte extra schönes Briefpapier von Zorn geholt und ein reizendes, winzig kleines Weihnachtskärtchen dran befestigt. Hichens schrieb exzessiv nett, lauter Loblieder auf Euch. Wenn Ihr nicht solche Sensitivchen wäret, die bei Lob gleich rot werden, würde ich Euch den Brief abschreiben. Er schreibt, ich solle kommen, wenn er wieder da wäre. Du schriebst nun, lieber Wern, er sollte mich als Huushöllerske nach Römersteig anfordern. Vielleicht geht das, da er nicht Schweizer ist. Du meintest, schriftlich könne man ihn nicht so recht zu diesem Schritt überreden, Du wolltest warten, bis Du seiner Einladung Ende Juni folgst. Sehr richtig! Tu schriftlich nichts mehr, man kann Hichens nicht noch mehr bedrängen! Er muss doch auch seine Bücher schreiben! Fragt sich nur, ob ich wirklich bis Juli mich hier herumdrücken kann. Einige Wochen geh' ich zu Ott, darf aber dort nicht gemeldet werden, muss hier bei Dambacher gemeldet bleiben. Der Bauernschaftsführer in Munzingen würde meine Anwesenheit nicht dulden, andrerseits muss nach dem neuesten Meldegesetz jeder Besuch, von drei Wochen an, gemeldet werden. Also kann ich nur 3 Wochen bleiben. Auf dem Arbeitsamt war ich, liess mir nur bestätigen, was ich schon wusste, dass kein deutsches Arbeitsamt mir Arbeit geben darf.

Ihr wisst ja, dass Hitler verlangt, dass die draussen lebenden Juden für die hiergebliebenen Devisen schicken müssen, die er dann verteilt, da ja doch alle Juden eine Familie seien und niemand seine eigenen Familienangehörigen hungern lassen darf. Na, der Jude, der sich hier als Devisenstelle hinhockt, gehört totgeschlagen, nicht mal mehr *Grumbax* tut es, er wandert im Februar nach Palästina aus. Aber wenn die Sache noch lange dauert, wird mir das Privatisieren auch zu kostspielig, dann wäre meine ganze Rechnung verkehrt. Sie ist freilich so aufgestellt, dass die Bauvereinsgelder dabei keine Rolle spielen. Ich gebe Euch im nächsten Brief eine Aufstellung der verfügbaren Gelder und eine Abrechnung über alles, wo es geblieben ist, seit Erich die 23 650.– für uns anlegte. Jetzt muss ich bald schliessen, weil ich heute abend nach Berlin fahre, um mit dem sehr versierten Schlossberg alles zu besprechen. Er geht am 29. 1. mit meiner Kusine und der kleinen Sulamieze nach Palästina, Else und Martin ebenfalls im April, weil ihre Nr. erst in zwei Jahren dran ist, und Onkel Willy kann sie nicht bevorzugt anfordern, das geht nur bei Vätern über 50 Jahren und beliebig alten Müttern, Analphabeten ausgeschlossen. Beliebig alte Mutter bin ich, Analphabetin bin ich nicht, jetzt heisst es also für mich warten, bis Wern Bürger ist. Wenn nun Du, liebe Fränze, mit Prof. *Siegmund-Schultze* am 28. 1. eine Lösung findest, wär es ja wunderbar. Auf jeden Fall warte ich nun auch noch Schweitzers Bescheid ab. Diesen Brief wird er doch nun endlich bekommen haben, nachdem er auf meine beiden eingeschriebenen Briefe nach Lambarene nicht antwortete. – Nun angenommen, ich kann hier

nicht bis Juli bleiben (was ich für ausgeschlossen halte) und Hichens' Anforderung als Huushöllerske abwarten, ferner Siegm.-Schultze kann mich nicht in die Schweiz bugsieren, ferner: Albert Schweitzer nimmt mich nicht, weil ich zu alt bin oder weil er das französische Arbeitspermit nicht erreicht, dann, in Gottes Namen, komme ich eben auf Erichs Vermittlung zurück, der mir die Anschrift einer Miss Sturdge mitteilte, die jüdischen Emigrantinnen Haushaltsstellen in England vermittelt [...].
Ihr könnt es mir nicht verdenken, dass ich nicht gern nach England gehe, wenn ich etwas Besseres als eine Dienstmädchenstelle bekommen kann, denn mich schaudert's noch bei der Erinnerung an Fränzes Erlebnisse bei Mrs. James. Ich weiss ja, dass Ihr Euch beide mit allen Kräften um meine Auswanderung bemüht, Fränze mit der Schweiz im Auge und Werner mit Amerika. Lieber Wern, nein, Dein ungeheures Geldopfer, um mich in England als Privatiere zu installieren, kommt gar nicht in Frage. Ich wusste, dass es das gibt, riesiges Bankkonto und Sicherheit, ja, dann kann man überall leben. Nein, über so was reden wir lieber gar nicht mehr. Du schreibst, billiger käme es Dich, wenn Du mich in Trinidad anmeldetest. Wusste ich auch schon, von Oberbaden sind 600 arme Juden vor vier Wochen nach Trinidad gefahren, brauchten kein Fahrgeld, das spendete das Schweizer Hilfskomitee. Aber ist da nicht in der Nähe die Teufelsinsel, auf die *Dreyfuss* verbannt war? Jedenfalls ist das bedrohlich nah der Ecke, wo der Pfeffer wächst.
Mit der ebenfalls sehr tropischen Dominikanischen Republik ist es ähnlich, billige Landungsbedin-

gung, Freifahrt durch jüdische Hilfe. Also da warte ich Schweitzers Bescheid ab, wenn ich am tropischen Klima zugrunde gehen soll, will ich es lieber umgeben von Schweitzerischem Geist als in Trinidad. Auf jeden Fall treffe ich eine endgültige Entscheidung bis zum 15. 3. Schlimmstenfalls kann ich immer noch »mit zwei Worten« Schweitzer und Lambarene finden, Rucksack über, Timm an die eine und Köfferchen an die andre Seite. Wenn es zu vermeiden ist, geh' ich natürlich nicht schwarz über die Grenze, Du hast da ganz recht, lieber Wern, es ist später viel leichter für Dich, mich als honette Reisende nach Amerika anzufordern, als als aufgegriffenen Flüchtling. – [...]
Eure treue Mutter

Freiburg i. Br., den 3. 3. 1939

Hoffentlich hast Du kein Heimweh mehr nach dem Bertholdsbrunnen, pascha gaanich fürn kleinen Dschungen

Geliebter Sohn,
zum 24. Geburtstag wünsche ich Dir Gesundheit, ein frohes Leben, glänzendes Examen und vergnügte *Heimkehr nach Europa* im Juli. (Und mir bei dieser Gelegenheit ein Wiedersehen mit Dir!) Alles, alles Gute, lieber Wern! Möge Zeus Deine Tage segnen, mögest Du Amorn und Aphroditen begegnen! Die

ganze Familie hat furchtbar über Dich und Deinen Edelmut geweint, alle sind starr über Deine wundervolle Tat, nur ich nicht! Du hast Deinen Kopf gerettet und nun rettest Du den von Aennchen! Das Arbeitslager wäre ihr für den Rest ihres Lebens gewiss, wenn sie dem Ausweisungsbefehl nicht folgt. Ihre halbe Million, die ihr *Georg* tatsächlich hinterliess, ist ihr zum Verhängnis geworden. Selbstverständlich geht man in dieser Weise nur gegen solche vor, bei denen die Auswanderung ein prima, prima Geschäft für den Staat bedeutet. Aennchen schrieb mir: »Ich habe, nachdem ich Werners Brief gelesen hatte, eine ganze Stunde lang wie ein Schlosshund geheult!« – Wie das von Fränze mit so unsäglichen Mühen für den Rechtsanwalt und die Zahnärztin und das Kind beschaffte permit letzten Sonntag kam, haben wir auch alle furchtbar geweint. Dies ist wohl immer die Reaktion, wenn wieder einer gerettet ist. Wir alle sind vollkommen entnervt, täglich kommen neue Verordnungen, täglich neue Frechheiten von Nachbarn, langjährigen Lieferanten usw. Von der Abgabe des Edelmetalls hast Du wohl gelesen. Der R. A. brachte auch einen kostbaren, goldenen Ring zum Pfandhaus in der Herrenstrasse Er bekam 1,80 dafür, aber nicht gleich, muss nochmals wiederkommen. Auch alles Speisesilber muss abgegeben werden. Jesus sprach zu seinen Jüngern: »Wer keinen Löffel hat, isst mit de Fingern!« –
Bei mir äusserte sich der seelische Zusammenbruch unmittelbar nach meiner Berliner Reise, auf der ich so Furchtbares bei allen meinen Verwandten erleben musste, und nach meiner Ankunft hier, bei der

mir der Absagebrief von Schweitzer überreicht wurde, in einer schweren, vier Wochen langen Krankheit. Ich bin nun wieder aus der Klinik entlassen, d. h. nicht in Gnaden, denn ich musste einen Revers unterschreiben, dass ich noch klinisch krank sei und gegen den Willen der Ärzte gehe. Sie hatten aber die Sache nicht kapiert. Ich bin nämlich durch die Krankheit wieder gesund geworden, voller Arbeitslust und Fidelität. Ich denke immer an das nahe Ziel, dass ich in die Schweiz komme, und lache und singe den ganzen Tag. Ich muss mich heut gar kurz fassen, denn ich fahre gleich wieder nach Berlin, diesmal wird's eine furchtbare Hetzjagd, aber es muss sein, es ist unendlich wichtig für meine Zukunft. Habe jetzt für verblümelte Nachrichten an Dich keine Zeit! Später alles Nähere. Ich darf den Zug nicht versäumen. Auf dem Rückweg steige ich in Mannheim aus, habe mich beim Schweizer Konsul für Baden wegen Einreisebewilligung angemeldet, nehme die von Dir gesandten köstlichen Dokumente mit. Fränze meinte, ich müsste es durch die Quäker oder sonst eine jüdische Hilfsorganisation erreichen, aber ich kenne keine, und so will ich mal selbst in den Rachen des Leuen oder vielmehr des Berner Bären springen. – Du bekommst bald wieder einen Mammutbrief, in dem alle Deine in die Klinik gekommenen Briefe beantwortet werden. Ich mache mir grosse Vorwürfe, dass ich Dich soviel Zeit koste, denn das ist jetzt wieder Dein einziger Besitz. Im übrigen bist Du nun glücklich wieder so arm wie Hiob und musst auf Räder aufpassen. Aennchen und ich werden morgen in Berlin mit unsern 14 Nothelfern die Lage besprechen, wir wollen Dich

beide keinen Pfennig kosten und betrachten Dich nur als Proformaaffidavitgeber. – Entschuldige, ich vergesse sicher Wichtiges, aber ich habe vor meiner Abfahrt auch noch englischen Unterricht mit der Zahnärztin zusammen, bei einer Engländerin. Wir sind fleissige Schülerinnen [...].
In toller Eile: Deine Mutter

Freiburg i. Br., den 18. März 39

Meine lieben Kinder,
endlich finde ich mal Zeit, um das Nötigste mit Euch zu besprechen. Ich helfe jede Woche zweimal den ganzen Tag dem Rechtsanwalt bei seinen Listen und ihr beim Flicken und Aufräumen. Ausserdem der englische Unterricht bei Miss Jackson, zu dem ich auch immer lerne. Heute will ich Euch aber schreiben, weil Du, lieber Werner, in diesem Monat ganze 24 Jahre alt geworden bist!
Hoffentlich hast Du Deinen Geburtstag vergnügt gefeiert und alle die Lieder gesungen, die ich Dir als Angebinde sandte. Die Drucksache wog genau 2000 Gramm, und mehr ist nicht zulässig. Wenn Du nochmals 2000 Gramm deutsches »Liedgut« möchtest, schreib es rechtzeitig. Soeben haben Dambachers und ich vom Arbeiterwohlfahrtsonkel gesprochen (»Isch's der Unkel? – Jowäger, 's isch dr Unkel!« – Rudolf Laier mit der Armensuppe). Grosstante Emmachen schrieb damals: »Im Kriege ist er

geboren, aber den Frieden wird er mit sich bringen! Ehe die Märzveilchen verblüht sind, wird der furchtbare Krieg zu Ende sein!« – Und nun ist er heute noch nicht zu Ende! Aber dass der Himmel so grau und traurig war und gerade im Augenblick Deiner Geburt lieblich wurde, habe ich Euch doch schon oft erzählt. Frau Bancken merkte es auch, ein Stück Blau erschien, so gross, dass man eine Schürze draus machen konnte, und als sie Dich präsentierte, fiel der erste Sonnenstrahl auf Dich, und von da ab wurde es jeden Tag mehr Frühling. Heuer kommt er freilich gar nicht, es schneit jeden Tag schlimmer, dazwischen eiskalter Regen. Zwei Tage nach Dir wurde Hölderlin 1778 geboren, Ihr seid also unter der gleichen Sternkonstellation erschienen, was doch sicher bedeutsam ist.
20. 3. Heute fahre ich fort. Jetzt kommt die Prosa. Lieber Wern, Du hast verschiedene Briefe und eine Karte aus der medizinischen Klinik nicht beantwortet. Es macht natürlich nichts, es war nichts Besonderes zu beantworten. Ich denke, dass Du keine Zeit mehr hast, nachdem Du mir die ganzen Weihnachtsferien und den Januar hindurch so riesig viel schriebst. Ich muss mich nur immer wieder wundern, dass Du trotz der Malessen wegen meiner im Januar die *Examina* noch bestehen konntest. Gern hörte ich Näheres von Dir darüber. Ging alles tadellos? Warst Du der Beste? War es sehr schwer? Machte Dir die Sprache Schwierigkeiten? Hast Du meinen Brief zum Geburtstag pünktlich bekommen? Natürlich bin ich über die Einladung von der alten Frau *Lina Marti* tief gerührt. Aber sie genügt keineswegs zur Einreise. Der Einreisevisumszwang ist vielleicht

Deinem Freund Marti nicht bekannt. Die Schweiz macht bei Pässen mit dem riesigen »J« grosse Schwierigkeiten. Und darum druckt die deutsche Behörde den Juden ja auch den ominösen Buchstaben drauf. Trotzdem würde mir die Einreise bei meinem Pfundsaffidavit von Marti und dem kleineren von Dir bei dem Nachweis »meines Besitzes« von 3000 Dollar, bei meiner Registriernummer beim amerikanischen Konsul, bei meiner Einladung von einer Schweizerin wohl gelingen. Ich muss den Nachweis bringen, dass ich dem Staat nicht zur Last falle und mich nicht mit dem Gedanken trage, schwarzzuarbeiten, ferner, dass ich bald wieder abhaue und auch die Möglichkeit dazu besitze. Länger als drei Monate darf kein Emigrant bleiben. Ich würde nach Deutschland ausgewiesen und hier ins Arbeitslager für Jüdinnen kommen. Es ist nun bereits eins entstanden, bald werden mehrere folgen. Zunächst sind dort solche festgesetzt, die einen Christenmann zur Rassenschande verleitet haben, so dass er gerichtlich bestraft wurde. Das Gesetz sieht nämlich für den weiblichen Teil gar keine Strafe vor, also hilft man sich jetzt mit K. Z., das ja bekanntlich keine Strafe, sondern reines Vergnügen darstellt. In Berlin sind schon viele und hier in Baden auch einige junge Juden, die keinen Pfennig und nicht die geringste Arbeitsmöglichkeit mehr hatten, freiwillig zum Arbeitsdienst gegangen, sonst wären sie ins Arbeitslager gekommen. Im Arbeitsdienst, d. h. zum Wegebau, werden sie neuerdings wieder angenommen, weil es für diese Schwerstarbeit in Wind und Wetter an Leuten fehlt. Auch bei Trockenlegung von Sümpfen, um Acker-

land zu gewinnen, »dürfen« sie helfen. – Ich möchte also nicht ins Arbeitslager nach 3 Monaten Schweizer Aufenthalt [...].
Ein Garant, wie Miss Forman, braucht nicht gesucht zu werden, das ist ja schon die Einladerin, Frau Lina Marti in Muri bei Bern. Es handelt sich nur um die Arbeit, die Fränze beim Home Office für den Rechtsanwalt geleistet hat. Wenn die Medica nicht will und wenn Du keinen Schweizer weisst, dann muss ich eben sofort nach England. Dann hat es keinen Zweck mehr für mich, erst die drei Wochen zum Ott nach Munzingen zu gehen, was ich für Mai vorhatte. Keinesfalls bleib ich hier länger als bis zum 1. Juni, es ist unmöglich, Dambacher hat schreckliche Scherereien wegen meiner mit der Kreisleitung der NSDAP. Ich werde nicht nur der Rassenschande, sondern auch der Knabenschändung verdächtigt, denn ich soll durch Walters und des Schlafburschen Zimmer in meins gelangen. Tatsächlich ist da eine bisher unverschlossene Verbindungstür, aber noch nie hatte ich meine Hand auf die Türfalle gelegt, das zu vermuten bleibt der schmutzigen Phantasie der Kreisleiter vorbehalten.
Und dann die sonstigen Scherereien! Jetzt dürfen die Juden nicht mehr im Schlafwagen fahren und im Speisewagen sitzen. Ich graule mich jetzt schon vor meiner demnächstigen Berliner Reise. Dambachers halten natürlich treu zu mir gegen alle Anfeindungen, solche Menschen kann man mit der Laterne suchen. Mich tröstet immer wieder die hehre Poesie. Ich hab so ein altes Liederbuch in Berlin geschenkt bekommen, das ist zu schön. Jeden Morgen singe ich etwas daraus, zu meiner Aufheiterung, z. B.

»Emmas Herz klopft ungestüm, bei dem ersten Brief von ihm!« –
Heute morgen sang ich: »Zerdrück die Träne nicht in deinem Auge, Du hast die Träne ja um mich geweint, Vergönn mir, dass ich diese Perle sauge, Dass sie mit meiner Lippe sich vereint. – Wie macht die Träne dich so engelsschön, Ich möchte dich ewig, ewig weinen sehn.« – Das macht einem denn ja auch wieder Spass. – Antworte mir nun bitte sofort, Wern, ob Du jemand weisst in seller Schwyz oder ob ich den Plan fallenlassen soll. Auf meine beiden Adressen, die Medica und die Schweizerin in Stuttgart, setze ich kaum Hoffnung. –
Nun das Wichtigste, liebe Fränze. Ich bin ohne einen Pfenning[!]. Habe schon Schulden, die mich aber nicht drücken. Dambachers habe ich bis zum 1. Mai im voraus bezahlt, und das ist ja die Hauptsache. Und die Hundesteuer ist auch bezahlt. Aber die Klinik! Die haben mich ordentlich geschröpft, die liebenswürdigen Banditen. Alle Tage wurde irgendwas an mir geröntgt für 8–10 Mark. Die Kliniken sind, wie alle öffentlichen Anstalten, total pleite. Auch hat mich ja vorher Fickler hier im Hause behandelt, kann ich auch nicht bezahlen. Ich liess Goldkopf nicht rufen, weil es so weit ist und weil er so überlastet war durch die schwere Grippe dies Jahr, die viele Opfer forderte. Allein in meinem Saal mit 18 Personen sind vier in den Wochen gestorben, in denen ich drin lag. Schliesslich wollte ich weg, weil ich mich durch die Neuankömmlinge immer wieder frisch infizierte und weil mich die liebenswürdige Behandlung der Ärzte, der Nonnen und sogar der brune Schweschtere so eingelullt hatte,

dass ich vergass, eine gehetzte Auswanderin zu sein. Ich wusste, dass ich noch Fieber hatte und ziemlich krank war, und so wurde ich nicht in Gnaden entlassen, sondern lief weg. Vorher musste ich noch einen Revers unterschreiben, dass ich die Klinik gegen den Rat der Ärzte und auf eigene Gefahr verlasse. Ich tat's mit Wonne.

Ich soll nun noch zur Zahnklinik, mir die ganze neue Goldbrücke im Unterkiefer rausreissen und dahin noch eine zweite Prothese machen lassen. Dabei hat die Zahnärztin mir die Goldbrücke gerade für 200.– gemacht, aber sie brauchen das Gold, das die Auswanderin im Munde wegschleppen will. Kommt gar nicht in die Tüte. Um mich zu verdubeln, musste ich meine Zähne unter der Brücke für 20.– röntgen lassen, und dann hiess es, darunter sässe eine schwere Krankheit. – Ferner soll ich mir in der gynäkologischen Klinik eine unterirdische Operation machen lassen, denn ich hätte da bestimmt ein Myom. Dort bin ich auch schriftlich angemeldet. Kommt auch nicht in die Tüte. Drittens soll ich unverzüglich in die Laryngologische und mir die Mandeln rutzibutzi mit der Wurzel herausschälen lassen, denn von den Mandeln würde ich bald schwer nierenkrank werden. Jetzt haben sie's 48 Johr lang due, jetze dun se's au no die übrigen paar Jährle [...]

Freiburg i. Br., den 1. April 1939
»April, April!« Dies ist aber kein Aprilscherz!

Meine liebe Kinder,
auch Dir, lieber Wern, tausend Dank für Deinen Brief vom 17. 3. Wenn auch Mutter Marti sich irrt, so ist sie doch eine rührende Frau. Sie meint, sie schädigt mich so schrecklich, wenn sie mich direkt einlädt. Nein, im Gegenteil! Erst wenn man ernstlich nachweist, dass man auswandern kann und aufgenommen wird, lassen die Schikanen nach. Die im Ausland haben's immer noch nicht kapiert, warum alle Männer am 10. 11. nach Dachau kamen: Druck zur Auswanderung! Jeden Morgen beim Appell wiederholt! Jeder Auswanderer ist ein Bombengeschäft für Deutschland, denn er muss ja alles hierlassen. Göbbele hat gesagt, dass er die Juden nur mit Hemd, Hose und Sack übern Puckel rauswerfen wird und so weit halten wir bald. Es wird einem fast alles auf den Listen gestrichen, Genehmigung gibt's nur noch für Tinnef, gearbeitet aus deutschem Wald. Alle besseren Sachen kosten schon 500–600 % Draufgeld oder, wie es irreführend genannt wird, »Golddiskont«. Dr. Nelson hat 27 000.– gezahlt, weil er ärztliche Instrumente etc. ausführen will. So behandelt der National»sozialismus« den kapitalistischen Juden immer noch hundertmal liebenswürdiger als den armen, jüdischen Flüchtling. Der Berater der Martimutter, der Schutzmann Hans Frey, ist ein Bruder im Geiste von Schutzmann Vögele: »Wenn Verdacht vorhanden ischt, dann greif i ein!« So kommt es nun, dass alle Briefe, die noch das einzig Greifbare für meine Auswanderung darstel-

len, zunächst nach Washington gelangen, von da, zunächst abgeschrieben, nach Cincinnati und dann auch noch nach Freiburg. – »Pollack, wo ist dein link' Ohr?« Frau Marti betont so sehr, dass ihr aber ganz aufrichtig alle meine Familienverhältnisse geschrieben werden müssten. Was meint sie nur? Dass ich Jüdin bin, ist doch klar, sonst würde ja der Auswanderungsdruck nicht auf mich ausgeübt. Meine letzte Affäre, liebe Fränze, nimm nicht tragisch! Ich schrieb der Polizeidirektion und meldete mich auch persönlich als »Sara«. Da keine beruhigende Antwort daraufhin kam, dass die Staatsanwaltschaft die Sache niedergeschlagen habe, ging ich auf Zimmer 47, mei zweite Heimat (Büro der Gestapo!). Liess mir wieder, wie damals mit Frau Rechtsanwalt, wie ihr Mann verhaftet war, den Krimsch Rauer geben, der sich als mein lieber Freund bei der letzten Haussuchung im April 1938 gerierte. Er sagte, er würde dafür sorgen, dass die Strafsache niedergeschlagen würde, nachdem ich ihm zeigte, dass die Standesämter Herford und Hannover (wie man am Datum sieht) schon im Dezember 1938 meiner »Bitte« willfahrteten und mir den Namen »Sara« schon damals verliehen haben. Sag also den R. A.s nichts davon, ich wollte das lieber allein ausfechten!

An Siegmund-Schultze schreibe ich noch heute, ob er Frau Marti bei ihren Arbeiten bei der Bundespolizei (Stellung des Garanten etc.) nicht unterstützen kann. Wenn es weder bei der Medica noch bei ihm nützt, will ich dann erst Deinem Rat folgen, liebe Fränze, und auch *John Knittel* einspannen. Adressieren will ich »Römersteig« Maienfeld in Graubün-

den. So stand es mal auf Werns feudalem Briefpapier [...].
Fröhliche Ostereier wünscht Dir von Herzen Deine treue Mutter

Freiburg i. Br., den 15. Mai 1939

Meine lieben Kinder,
vielen Dank für alles köstliche Postgut. Deine Karten aus dem Monat Mai, liebe Fränze, sind alle angekommen. Einen Brief schriebst Du wohl nicht, weil Du diesen meinen Mammut erwartetest. Dir, lieber Werner, habe ich den Brief vom 1. April zu bestätigen, dann den vom 24. April mit dem himmlischen Gedicht, das mich wunderbar berührte (augenblicklich hat es Oskärle Prof. Burger gebracht) und nun das Vorlesungsverzeichnis mit dem angekündigten *Kolleg des Dozenten Vordtriede* »und der Mensch soll nicht stolz sein«... Ja, Ihr habt alles aufs beste gefüget, und ich kann meine Beglücktheit nicht verhehlen. Wenn ich nur an den Poschtler Straub in Neustadt denke und dann an das andere Kind aus Deiner Klasse, das jetzt Feldwebel beim Reichswehrkommando ist [...].
Es dünkt mich gar absonderlich, dass wir uns doch dank des Clevelander Konsuls diesen Sommer sehen werden. Aber vor dieses Wiedersehen sind Berge von Schwierigkeiten getürmt. Es gibt der »neuen Gesetze« viele, und täglich kommt neue Bosheit

hinzu. Ich kann aber doch gar nichts augenblicklich unternehmen, da alles vom englischen permit abhängt. Aber so halber hoff' ich doch, dass es etwas wird, sonst hielt ich es in diesem Mai unseres Missvergnügens gar nicht aus. Seit dem 1. Mai heize ich wieder täglich, und wenn es nicht regnet, dann stürmt es, und wenn es nicht stürmt, dann nebelt es. Wir werden uns viel zu erzählen wissen. Freiburger Neuigkeiten interessieren Euch ja nicht mehr (mich kaum noch!), aber eins will ich Euch doch mitteilen, dass nämlich Franz Vögele seine Eltern mit einem Brotmesser ermordet hat [...].
Hoffentlich wird mir nicht zuviel von meinen Sachen gestrichen. Herzfelds ist nur Grammophon und sämtliche Platten gestrichen. Da können sie noch von Glück sagen, bei mir wird sicher viel mehr schon gestrichen. Es ist nämlich am 15. April ein »Gesetz« (wie immer mit rückwirkender Kraft) ergangen, dass Juden überhaupt nichts mehr mitnehmen dürfen, als was sie am Leibe haben. Damit sind wir da angelangt, was Göbbele 1934 in öffentlicher Rede dem deutschen Volke versprochen hat: »Ich werde die Juden mit Rucksack und Hose aus dem Lande jagen!« Da sie aber nun doch das gesperrte Geld jetzt gleich haben wollen und dazu noch dem Ausland gegenüber einen Vorwand brauchen, kann man »auf Antrag« die Genehmigung zur Ausfuhr einiger Kleidungsstücke bekommen, ferner Bücher und sonst so Sachen, die keinen Verkaufswert haben und nicht aus Metallen bestehen, die hier kaum noch vorhanden sind. Und auf diese Sachen darf man dann 100–400% »Golddiskont« zahlen (lies »Raubgeld«). In Nürnberg bei *Herrn Streicher* kostet

es schon längst 400%.Wenn früher ein Bankier 9% nahm, kam er ins Gefängnis. Rechtsanwalts zahlten auf alles 100%, wobei die Wertbemessung von der Devisenstelle geschieht. Ich werde also auch noch wenigstens 1000.– RM Draufgeld auf meine alten Hosen und gestopften Hemden zahlen. Das geht dann noch (mit den üblichen Schwierigkeiten) von Deinem Geld, liebe Fränze […].

Auf Siegmund-Schultzes Veranlassung besorgt die evangelisch-landeskirchliche Flüchtlingshilfe in Bern meine Einreise. Er selbst schrieb mir sehr nett, er wird bei meiner Ankunft vielleicht noch nicht von seiner ausgedehnten Vortragsreise zurück sein, ich soll mich aber gleich von Muri aus bei seiner Frau melden, dann sorgt er für eine Einladung bei Leuten, bei denen ich dann bis zum 1. September bleiben soll. Dann will ich, wenn's Gottes Wille ist, mit Dir, Werner, nach London fahren. 14 Tage lang koche ich Dir dann die köstlichsten Gerichte in Fränzes Wohnung mit ihrer gütigen Erlaubnis, damit Du später die schwere Arbeit in Cincinnati wieder aushältst, und am 15. September geh' ich dann auf Stellungssuche. Der Präsident der evangelischen Flüchtlingshilfe ist Pfarrer Müller – Münsingen. Der Sekretär, der meine Sache bearbeitet und mit mir korrespondiert, ist Pfarrer Schloss – Bern, Greyerzstrasse 24. Siegmund-Schultze bekam meinen Brief in seine neue Wohnung nachgeschickt. Die Adresse, die Du angabst, Fränze, ist Pastor Schlossens Privatwohnung. Alles hängt nun an dem englischen permit, Fränze, das ich sehnlichst von Dir erwarte. Ich hoffe doch, dass alles ohne Schwierigkeiten geht, da Wern doch 1000 Dollar an die Barkley Bank schickte

oder, wie er schreibt, an die German Jewish Agency, die das Geld verwaltet. Vielleicht mahnst Du mal an, dass sie nicht so bummeln sollen. Denn zwischen Empfang des permits und Pass- und Visumerteilung liegen die furchtbaren Schikanen der deutschen Behörden. Es ist dann Sommer, die wenigen zur Verfügung stehenden Beamten haben Ferien, die Aushilfsbeamten werden von nichts wissen usw. usw. Ich rechne frühestens mit meiner Auswanderung am 1. August, falls ich bis Ende Mai das permit von Dir habe. –
Nun aber das Allerschlimmste! Vielleicht kann ich doch nicht in Schwyz, sondern muss gleich nach England. Vorläufig balge ich mich wegen dieser Frage mit dem Reisebüro herum. Ich will natürlich das Billet nach Bern mit deutschem Gelde bezahlen, bis Muri kann ich zu Fuss gehen, es ist auf der Karte genauso weit wie von hier uff Denzlingen. Ausserdem aber will ich das Billet nach England mit deutschem Gelde hier bezahlen. Ich bekäme dann hier ein Billet von Basel über Frankreich nach London. Ich lasse es auf 60 Tage vordatieren, mehr ist nicht möglich. 60 Schweizer Tage wären mir auch genug. Umtausch des Billets, falls ich es nicht verwende, ist freilich in der Schweiz unmöglich, nur in Deutschland könnte ich es mit 10% Verlust wieder abgeben, und hierher kann ich ja nicht zurück. Aber das wäre Nebensache. Die Hauptsache ist, dass Frankreich sich so gegen Leute mit dem ominösen riesigen »J« auf dem Pass absperrt, dass es nicht mal mehr Transitvisum gibt. Da Frankreich niemand hereinlässt und niemand (soweit jüdisch) durchreisen lässt, ist es ja nicht so einfach, von der Schweiz nach England

zu kommen. Ein hiesiger jüdischer Bankier, Meier aus der Salzstrasse, z. B. wurde aus der Schweiz nach den gewährten 3 Monaten (länger darf kein jüdischer Emigrant bleiben und wenn er im teuersten Hotel wohnt und bezahlt) ausgewiesen, nach England hätte er können, Frankreich liess ihn nicht durchpassieren, da erschoss er sich [...].
Habt Ihr das »Gesetz« gelesen, dass alle Juden ihre Wohnungen verlassen müssen? Sie sollen in »Judenhäuser« ziehen. Damit ist das Ghetto besiegelt. Denn seit fast einem Jahr wurden die Juden unter Drohungen bedrängt, ihre Häuser zu verkaufen. Nun haben sie's fast restlos verschleudert, und nun kommt das »Gesetz«, dass die Juden in die Juden gehörigen Häuser ziehen sollen, »in denen ihnen überreichlicher Raum« zur Verfügung steht, falls sie »von der Auswanderungsmöglichkeit keinen Gebrauch machen wollen«. Wie immer zum Elend noch den Hohn!
Es ist in Deutschland furchtbare Wohnungsnot, da ausser für die Naziprachtbauten und die Kasernen gar kein Baumaterial mehr vorhanden ist. Der Bauverein z. B. baut dieses Jahr zum erstenmal seit 1920 garnichts. Es ist mir schrecklich wegen meiner Tante Emma. Dambacher muss mir auch kündigen am 1. Juli zum 1. Oktober. Die neue Volkszählung am 17. Mai erfasst auch alle nichtarischen Untermieter haargenau. Einen ganzen Sonntag lang musste Papa Dambacher Vordrucke ausfüllen, Extrabogen für jedes Familienmitglied, aus dem Ariertum bis zu den Urgrosseltern hervorgeht. Falsche Angaben kosten viele Jahre Gefängnis. – Ich nehme an, dass für die Juden Holzbaracken weit draussen am Moos-

wald gebaut werden. Da sind sie dann ganz vogelfrei. Christlich verheiratete Jüdinnen brauchen nicht auszuziehen, wenn sie ein halbarisches Kind bei sich haben. Goldelse dagegen muss aus ihrer wundervollen Wohnung raus. Christinnen, die Juden geheiratet haben, sind ein gut Teil diffamierter als umgekehrt […].

Nun zur Frage eines Nonquotavisums für mich, lieber Wern. Ich denke, dass ich es schon aushalte, vier Jahre Dienstmagd in England zu sein, dann bist Du ja Bürger und kannst mich nachkommen lassen. In USA werd' ich dann auch leichtere und angenehmere Arbeit finden, in England ist andere Arbeit ja streng verboten. Aber Deine Andeutung, Du könntest doch eine Amerikanerin heiraten, dadurch Amerikaner werden und mich so schneller aus meiner magdlichen Stellung erlösen, gefällt mir nicht. Ich habe schon genug von Irmas Beschreibungen der geschminkten und aufgeputzten American girls, bring mir nur so was nicht ins Haus! Und um Himmels willen keine reiche! Das zieht immer grässlichere Konflikte nach sich! Heirate Du nur eine liebliche, deutsche, bereits ins Ausland verpflanzte Blume, im Hause Siegmund-Schultze hast Du ja die Auswahl unter sechsen. Und wenn Du das degenerierte Judenvolk (auch in unserer nächsten Familie reichlich vorhanden!) betrachtest, dann muss Dir klarwerden, dass gerade Dir mit dem jüdischen Bluterbe eine schlichte, kluge Christenfrau nottut zur Bluterneuerung in Deinen Kindern. Aber wir können ja noch mal drüber schlofe.

Hast Du an *Mühlon* meinetwegen geschrieben, Wern? Falls auch eine Schweizer Referenz verlangt wird, wär's schon gut, wenn er Bescheid wüsste. Vielleicht also muss ich mich an ihn wenden. Schreib ihm doch bitte meine werte Adresse [...].

Deine treue Mutter

Briefe aus der Schweiz
1939 bis 1941

Kreuzlingen, Kanton Thurgau Schweiz,
den 1. Oktober 1939
c/o Dr. med. Sträuli. Freiestr. 4

Geliebter Sohn,
grossen Kummer habe ich und mit mir alle hier im Hause *Sträuli* wegen Deiner! Lange wussten wir nicht, ob die Nazis Dich mit Deiner »*Athena*« oder auf sonst einem Dampfer torpediert hatten. So kam es uns wie eine Erleichterung vor, dass Du gefangen in Frankreich sitzest. »In der Normandie, da steht ein Schloss, das ist gar hoch erbauet!« – »Darinnen liegt ein stolzer Knab« – »aber hoffentlich nicht auf seinen Hals gefangen und wohl auch nicht bei Nattern und bei Schlangen!« –
Nun weißt Du ja, wie es weitergeht: »Gebt frei mir den Gefangnen!« Auch ich werde alles zu Deiner Befreiung tun, ich werde mich nach den schnellsten Wegen in Zürich, in Bern und in Genf erkundigen! Leider kenne ich nicht so hochmögende Leute mit illüstren Namen wie *Hichy*, aber ich habe denn doch auch ein gutes Material bei mir, aus dem hervorgeht, dass Du weder Polen noch die Ukraine erobern wolltest, sondern vielmehr Dich bemühtest, amerikanischer Staatsbürger zu werden. Das amerikanische Vorlesungsverzeichnis mit der Ankündigung Deines Kollegs hab ich bei mir. Also bleibe guten Muts und vertraue allen Leuten, die Dich liebhaben und an Deiner Befreiung arbeiten.
Deine treue Mutter

Ich der Gefangene, der mit seinen Ketten spielt,
Der blinde Schütze, der nach hohem Ziele zielt,

Der Geistern anverwandt, ans Tier gebunden,
Sich selber suchend, stets sich selbst Entschwundene,
Der nicht weiss, was er ist, war oder werde sein,
Was wär ich denn, wenn ich nichts wär als ich allein.
Ich bin auch Du, weil Du das bist, was in mir ist,
Ich bin mehr als ich bin, weil Du mein alles bist.

Liebes Wernchen, ich schrieb Dir doch, dass ich mit Kurt Ritter abschiednehmend auf dem Freiburger Friedhof war. Da fand ich auf dem Grabstein der Familie Brenzinger diesen Vers. Ich schrieb ihn für Dich auf, Kurt Ritter schrieb ihn sich auch auf, ich nehme an, dass er von Angelus Silesius ist. – Die letzte Nachricht, die ich in Freiburg von Dir bekam, war aus der Wüste Sahara. Mittlerweile erfuhr ich von Fränze, dass Du mir oft geschrieben hast seitdem, doch bekam ich nichts hierher nachgeschickt. Dambacher schickte getreulich alle Post nach, doch waren es alles nur Briefe aus Deutschland. Nach meiner Erfahrung liefert der Gestapokerl, der ständig auf der Post hockt, Ausgewanderten keine Auslandspost mehr aus. –
Immer, wenn ich von Fliegeralarm in London lese oder am Radio höre, wirft sich meine Sorge auch dahin. Ich bekam in Freiburg noch einen Brief Fränzes aus Swinemünde, der fast eine Woche lang unterwegs gewesen war. Darin berichtete sie von Deinem Telegramm, in dem Du sie batest, Deutschland zu verlassen. Sie schrieb mir, das würde sie auch versuchen. Da hörte ich durch den deutschen Sender, dass täglich nur noch ein Schiff von Usedom und von Pillau abginge. Ich war wochenlang in Unruhe darüber, ob Fränze solch ein Schiff und

dann noch mal eins übern Kanal erwischte. Endlich schickte mir Frau Knittel einen Brief Fränzes. Sie hatte nach Maienfeld adressiert, weil der Postverkehr zwischen England und Deutschland aufgehoben ist. Ihr Brief war 22 Tage lang unterwegs. Ich schrieb ihr schon, dass ich hier bin. – Mir ist es noch wie ein Traum, dass mir diese abenteuerliche Flucht gelang. Ich beschreibe Dir alles später in einem Mammut. Schenker mogelte sogar meine 4 Koffer noch heraus, indem sie unter »Sammelgut. Schweizer Reisekoffer« registriert wurden. Sie stehen in Basel bei einem Spediteur. Den Pass wollte man mir offenbar aus politischen Gründen verweigern. Immer wieder fuhr ich morgens um 6 Uhr fröstelnd und verzweifelt nach Karlsruhe, wo man mich furchtbar behandelte. Noch hohnvoller war die Behandlung auf dem Freiburger Passamt.
Plötzlich, am Tage des Kriegsausbruchs, schickte Karlsruhe die Erlaubnis nach Freiburg. Am folgenden Tag hatte man dort aber »keine Zeit« für die 5 Minuten, die das Ausschreiben des Passes erfordert. Der uns befreundete Passamtsdirektor, der dicke Zwilling Kopp, ist ja gestorben. Der Nachfolger, ein gewisser Siebold aber, scheint auch ein Ehrenmann zu sein. Nachdem die beiden S.S.-Kerle, die mich wochenlang verhöhnten, sowie ich mit meinem Timm hereinspaziert kam, nachdem die also am Samstag frei hatten, schrieb Siebold selbst um ½ 1 Uhr mittags, nach Büroschluss den Pass aus. Hoch klingt das Lied vom braven Mann! Ich stürzte zu Krebs, um meine Devisen für die 10.– RM zu holen. Nicht nur Merckt, sondern sogar Herr Holderried waren voll Anteilnahme und kratzten überall die

17.– Sfr. zusammen und liessen Dich tausendmal grüssen und beneideten mich sehr. Ich wusste da ja noch nicht, dass ich Dich gar nicht in Zürich finden würde, denn es war erst der 2. 9. Die Züge fuhren auf jeder Strecke nur noch einmal, und auch dann war es eine Gnade, wenn Zivilisten mitgenommen wurden. Tausende mussten nach jedem Zuge wieder umkehren, denn, wer irgend Geld hatte, floh an jenem Tage aus Freiburg, weil man mit der sofortigen Evakuierung rechnen musste. Tatsächlich sind alle Schulkinder weggekommen, müssen meist die Kartoffelernte in nicht durch den Krieg gefährdeten Gebieten einbringen, während von den erwachsenen Geflüchteten jetzt, da alles dort ruhig bleibt, viele zurückgekehrt sind. Schon am 1. 9. war in Freiburg kein Handkoffer mehr zu kaufen. Ohne Zweifel hatte die Freiburger Gestapo meine Abfahrt signalisiert, denn in Basel wurde mit sicherem Griff nur ich herausgegriffen zur Körperkontrolle, und ich musste mich ganz nackt ausziehen. – Ich bin legal aus-, aber hier höchst illegal eingewandert mit Dr. Sträulis Hilfe. Er selbst ist als Oberstleutnant an der Front, um die Grenze zu bewachen, sieht in Uniform viel fescher aus als in Zivil […]
Deine treue Mutter

Bern. Chez Monsieur Gasser, Hengasstr. 95
24 octobre 1939

Mon très cher Wernchen,
hélas, cette machine est si agée comme l'invention des machines et pour cela je retourne à la plume. Jacque jour j'espère, que je peux t'envoyer des dessous-culottes volumineuses. Mais certainement encore cette semaine! Je l'essayais déja, avant avoir ta lettre du 13. octobre, qui est venu aujourd'hui de Madame Sträuli. Mille merci! C'est ma seule idée à jour et à nuit, que tu as si froid! Je tricotais des chaussons gris pour toi. J'espère, que tu les as reçu avec l'eau de dent dans une échantillon sans valeur. Mais – excusez – ce sont deux sortes de laine, parce que tous les mères à Kreuzlingen tricotaient pour leurs fils, qui sont mobilisés pour protéger les frontières suisses et alors je ne reçevais pas assez de la même sorte pour deux bas. –
Naturellement je fais tous efforts pour la libération. Je voudrais t'envoyer tous tes essais dans des journaux suisses, dans lequelles on voit, que tu était toujours anti-hitlérien. Mais il est interdite d'envoyer des journaux d'une langue étrangère à la France et à l'Angleterre. Pour cela j'allais à l'ambassadeur français. Mr. von Schumacher m'a envoyé à mon souhait ton article de la mort de Stefan George, le 22. décembre 1933, et il en écrit très aimable. Cet article est si important, parce que tu l'as signé avec ton plein nom. J' étais déja deux fois avec cet article chez le consul français afin qu'il l'envoie à ton commandant. Le consul avait toujours à faire si beau-

coup avec les pauvres gens, qui devaient s'enfuir de la territoire de guerre en alsace. Maintenant le jeune homme du bureau m'a donné une Nr. – Nr. 657, pour cet après-midi. En Zürich des sociadémocrates ont aussi cherché tes articles du »Volksrecht«, pour te légitimer comme un anti-hitlérien. Tu dois dire a Monsieur *Dr. Hermann Rauschning*, le ci-devant président du sénat de Danzig, qu'il demande le nationalrat *Dr. Hans Obrecht* de toi et de ta philosophie anti-hitlérienne. Obrecht est l'éditeur de Rauschning.
Et demande à Rauschning, que Obrecht parle avec *Nobs, Stocker* et *Heeb* à cause de toi. Rauschning, c'est le chef du comitée, qui faire libre ceux, qui pouvoir prouver leurs actions contre Hitler. Alors Obrecht dois demander Monsieur et Madame *Wilhelm Endress* de Haslach, Gutleutstr, maintenant Zürich IV., Idastr. 48[I], qui savaient, que j'étais en prison en Allemagne et que j'étais rédactrice-locale socialdémocratique pendant huit années. D'abord Dr. Graf de la »Nation« me dit de cet office de Mr. Dr. Rauschning, et alors aussi Siegmund-Schultze, qui me visitait en Bern. Naturellement Schultze écrivait aussitot à Rauschning, qui est son ami. –
J'écrivais à l'ambassadeur américain à Paris et ici, en Bern, je parlais avec l'ambassadeur américain à cause de toi et lui montrais le catalogue américain, dans lequel tu annonce ton collègue. Il était très aimable et il veut t'aider, si possible. Il est beaucoup mieux que ton consul américain en Zürich. Je ne sais pas, si le rector de l'université en Cincinnati a dépeché à l'ambassadeur américain à Paris. Je lui demandais dans mon longue dépeche à *Prof. Zeydel*, que j'en-

voyais au conseil du Dr. Gregor Edlin. – Si j'entrais à Mme. Alder, Rigo m'interrogait: »Hé, ne voulez-vous pas retourner à Mme Vögele?« – Hélas, elle a vecu encore, je la rencontra dans la rue de Johanniter et elle ouvrait sa robe et me montrait tous les horribles grandes marques de l'attaque de son doux François. Alors elle disait: »Avez-vous obtenu votre belle linge?« »Non«, je dis et alors je lui envoya une lettre recommendite avec l'invitation, de me redonner la linge chère. Mais en vain! –
J'espère, que tu es content de mon Français brillant. C'est toujours bon, si on a appri quelque chose à l'école!! Seulement je ne peux plus si beaucoup français, parce que je dois écrire en anglais à Françoise et à Hichens. Je ne comprend pas, pourquoi il ne t'envoyait pas mes deux lettres pour toi, qui j'envoyais au Bellerive au Lac de l'Allemagne. J'écris à l'enveloppe à Mr. Hichens. J'ai reçu tes deux lettres du 7. et 8. Octobre avec grande pitié! Oui, mon fils, je n'ai pas d'argent et il fait très difficile ici de vendre mon bagage, mais je suis heureux, d'avoir quitté le pays de l'Alpdruck! Aussitot quand Françoise m'a envoyé de ton argent en l'Angleterre, je t'envoyerai le »Schlafsack«. Si tu es libére, s'il te plait, demande encore uns fois à Varimpré de ta poste et tes paquets, avant tu quitte la France. Ne peux-tu pas aller dans le lazarette de ton camp, parce que tu es ainsi enrhumé? Ce serais mieux! En Paris tu dois essayer de venir en Suisse seulement pour huit jours, afin que tu as uns petite récréation. Mais la gouvernement française dois permettre, que tu retournes, pour aller en Amérique, avant que tu quittes la France pour venir une semaine en Suisse.

»Das san Sachen«, disait Maximilian Fuchs. As-tu reçu mon autre lettre de Bern et de l' octobre aussi? Et le chocolat de Zürich? Hors de ce paquet, j'envoyais aussi des journeaux et dans les journeaux un cahier avec de croix-mot-énigmes. Dr. Graf t'envoyait aussi chaque semaine la »Nation« à mon souhait. Aujourd'hui je veux lui dire, que tu ne les peux pas avoir. – Jean ne loge pas Freiestr. 4, mais Freiestr. 14, avec son amie Jolande Cornut, qui tu ne connais pas. Les deux filles étaient charmantes et elles me donnaient du tée chaud et des pommes de terre, Jean est divorcée de Hermann, j'en suis désolée. Si tu peux rentrer à Zürich: Jolande Cornut a téléfon. –

Mme Bertsche m'écrit tout désepére. Elle devait s'enfuir aussi et son époux. Mais ils sont des Suissiens. Maintenant ils sont dans la »Eulenburg«, mais ils n'ont presque rien à manger et ils ne peuvent pas trouver du travail à Basel et ils ne pouvraient que porter avec eux plusier robes, personne n'est resté dans la belle maison. Ursel était déjà avant la guerre chez sa grand-mère dans la »Eulenburg«, mais Inge ne peut pas venir en Suisse, parce qu'elle est allemande. Mme Bertsche veux me recontrer ici, elle est très malheureuse. Les mieux amis, que tu as en Suisse, ce sont Médicus! Mme. M. m'avait invité, mais elle a déjà une réfugiée de Stuttgart. Cependant ils me donnaient d'argent et chaque jour le diner et le café. Le père était spezial bon avec moi, nous aimons les mêmes poètes et philosophes. –

Ma permission pour l'Angleterre est devenue anullée au 2. septembre. Je ne sais pas comment venir en l'Angleterre. J'ai déjà un billet pour la »Swissair«,

payé à Freiburg i. Br, mais l'airoplan ne va plus et le »Swissair« ne m'a pas redonné l'argent.
Ta mère

K. V. c/o Frau Gasser, Bern. Suisse
Längassstr. 95 I, le 26. 10. 1939

Mon chevalier errant, mille merci pour 3 lettres à Kreuzlingen et une carte à Zürich chez Medicus. J'espére, que tu n'as pas écri à Hengasstr. Non, ce n'est pas juste, c'était l'orthographie d'une femme brave. Voilà la juste adresse. J'ai reçu 2 lettres de ta soeur. Je viens d'une visite chez le consul français en Bern. J'étais très excitée et tomba prèsque da la chaise. Mais il était très aimable, en effet. Il envoiera une atteste loyale »about« ta personne en France et j`ai telle démandé chez Heeb et Nobs avec un papier officiel de la parti socialdémocratique. Non, je ne veux pas retourner à Zürich, quoi que Medicus m'invita pour quelques semaines, à cause de mes choses ici chez les ambassadeurs américain et français pour toi et anglais pour moi. Aussitot quand j'ai temps, je visite la bibliothèque de l'université et alors je te describe ma »flight« de l'Allemagne détaillée, quand j'ai un dictionnaire français [folgende 5-6 Worte durch Poststempel unleserlich]. Merci à ton ami Polturak pour l'adresse in Zürich. Gautschi a acheté encore une fois des choses magnifiques à une auction. Il est mobilisé à la frontière. J'ai acheté dans un antiquariat du »Volksrecht« un livre à 50 Rappen que Ludwig Winder a donné Döblin avec inscribe. Mère.

Chez Mme Maier, Kanzlerstr. 15. Frauenfeld,
Thurgau. Suisse.
5. décembre

Mon très cher petit Gaute, en ce moment j'ai reçu ta carte. Mille merci. Rauschning a écrit deux fois à Siegm.-Schultze à cause de toi et *Breitscheid* une fois aussi. As-tu l'adresse des deux messieurs? Ne peux-tu pas écrire à eux? Je peux m'imaginer, que tu n'est pas serein, d'être désabusé ainsi: Naturellement j'écrirai à tous vos amis immédiatement que je m'ai trompé, quand j'écrivait de ta libération. *Hans Siemsen* est libéré avant 12 jours. *Anna* me dit. Leurs autres frères, *August*, le ci-devant professeur de Jena (philosophe, pédagogique, social-démocrat nommé) et encore un professeur de l'université, n'étaient pas plus en France. Otto Bauer, fils du renommé guide des soc.dem. autriches, est aussi libéré maintenant, sa femme m'a dit, qui est encore chez Leonhard Ragaz. Anna parla deux fois en grandes ralliements, visités très bien, à Arbon. J'étais déléguée pour faire le référat, afin que je pouvais gagner un peu. Tu sais, comme cela me faisait heureux. – Tu vois, que ta carte de Lisieux du 23. 11. était au marche très longtemps. Le 7. novembre j'ai envoyé

le dernier paquet à toi, avec quatre toblerone. J'ai logé à côté de la fabrique de Tobler et l'odeur du chocolat me souvenait chaque jour à la firma: Schnabel et Vordtriede, Herford in Westfalen. Mais tu n'a plus reçu ce paquet, n'est-ce pas? Je suis très triste, que tu n'as pas reçu des pantalons de laine de la Suisse. Mme Else Züblin-Spillet voudrait le envoyer à toi, j'ai préparé tout, ce qu'était nécessaire pour cet export difficulté, par en général c'est interdite de la Suisse, comme je t'ai écrit. Au moment, quand mon souhait instant devait être rempli, tu a écrit, que tu serais libéré, et j'empeche l'export moi-même. Medicus voulait t'écrire et envoyer un deuxième paquet, Mme Sträuli m'interrogea, cequ' elle devait t'envoyer, et surtout j'écrivais naturellement très joyeusement: »Non, ce n'est plus nécessaire!« Mais moi, je ne peux pas comprendre pourquoi le duc et la duchesse et la princesse de Parma et tous les autres amis honorables de Hichens n'ont rien envoyé à toi! Pourquoi ne démandais-tu pas Goldelse d' un shawl chaud et des pantalons? Ma très chère amie, Mme Jaggi de Berne, voulait t'envoyer aussi des choses chaudes, et même l'armée du salut, où j'étais à cause de cela. J'empêchais tous ces gens, quand ta lettre arriva avec les nouvelles consolantes. Je suis très anxieuse, que tu a très froid et que tu est très enrhumé et mélancolique. –
Je suis expulsée du Kanton Berne le 15. 11., mais on ne m'interdit pas le séjour en Suisse. J'allai à Zürich et retourna au lit du Erwin Gautschi à coté du lit des époux. Un jour je vois un monsieur en culottes grises et jaquette brune, étudiant les affiches du théatre. Il était sur le petit escalier près de la »N. Z. Z.«. Je me

prenait un coeur, étant au pied de l'escalier et dis »ob sie sei die Fei, die Odeladelise, die aus Wellenschaum Planeten bliese?« – »Ja sie sei die Fei!« – Il ota son chapeau rond et brun, il était très gai et chevaleresque et m'invita au Bellerive au Lac. Je l'ai réconnu des fotos de Françoise. Le soir il était invité au souper avec la fille ancienne de Winifred et Siegfried Wagner, qui s'enfuit de Bayreut et loge dans la Villa Tribschen. – Si tu es libéré, tu doit interroger le consul suissien, qu'il te donne un visa pour une semaine seulement, parce qu'il serait nécessaire, que tu parles toi-même le formidable souverain du gouvernement cantonal ici à Frauenfeld, le Stände- et Regierungsrat Dr. Altwegg. Il me dit, si tu viens et lui promet, que tu me prends en Amérique, il ne me laisse pas mettre à la frontière allemande au 31. décembre 1939. Ecrit donc au Regierungsrat Dr. Altwegg, Regierungsgebäude, Frauenfeld, Thurgau, Suisse, et lui promet, que tu me prends en Amérique, mais tu devais avoir une conference personelle avec moi et il, Altwegg, devais écrire au consul suissien à Paris, afin qu'il te donne de visa pour une semaine. Ce n'est pas du tout difficile parce que tu as déjà le visa américain. Tu peux loger chez moi, j'ai une jolie chambre dans uns villa chez des gens aimables. Alors nous allons sur le »Seerücken«, chantant: »Preisend mit viel schönen Reden!«. J'ai ici deux livres avec chansons, l'un j'ai envoyé au Peter Sträuli à la frontière, qu'il garde. J'espère de tout mon coeur, que le consul suissien te donnera un visa si court comme prèsent de Nöel et alors nous aurons la belle fête à la Suisse magnifique, mon ami! – En Zürich, j'avais un beau jour chez

Medicus et deux jour plus-tard je rencontra Heiner Medicus ici dans une tea-room au soir, où j' étais avec ma propriétaire du logis, jeune, jolie femme de 21 ans. Heiner est ici dans une école pour officiers. – Le lendemain, j'écrirai encore une fois à ton professeur Zeydel. Le 6. octobre je lui envoya la dépêche longue. N'a-t-il jamais écrit? Et *Fritz Marti*? N-a-t-il pas fait quelque chose? Il me l'a promis par sa mère. Je lui avais démandé si urgent. – J'étais chez Elsa Leistner-Reutemann. Le mari est fou, elle est un peu meilleure. Il est hitlérien. Le couple avait un Mordskrach, quand je viens. J'ai lu la lettre longue de *Polturak*. Elsa ne savait pas que faire. Le consul américain ne voulut pas prolonger le visa pour P., qu'il dure 9 mois et qu'il n'est plus valable. Alors je la envoyait à Nationalrat Hans Oprecht, l'éditeur de Rauschning, afin qu'elle fait le meme chemin à Rauschning pour P. comme moi pour toi. Elle ma l'a promis pour lendemain et était peu à peu toujours plus aimable. Mais elle a une oiseau aussi. Elle m'a donné cette foto pour toi. – J'étais invitée à Zürich chez Julie Speyer, première épouse de Jakob Wassermann. Nous parlions de Jakob toute la nuit. Elle m'interrogea: »Connaissez-vouz Kerkhovens 3. Existenz«? Je dit: non! Alors elle était contente. – Quand j'étais ici, j'allai tout de suite à la bibliothèque cantonale et pris ce livre

[Hier bricht der Brief ab].

Frauenfeld, den 6. 1. 1940. Kanzlerstr. 15

Geliebte Kinder,
allerschönsten Dank für Deinen soeben erhaltenen, herrlich langen Brief, liebe Fränze, aus der Sylvesternacht. Deine zweimalige Geldsendung von 2 Pfd. (telegr.) und 3 Pfd. hatte ich schon mit vielem Dank bestätigt. Ich schrieb gleichzeitig, dass mir Werns Befreiung das schönste Weihnachtsgeschenk sei. Meine Karte kreuzte sich mit Deinem Brief, in dem Du genau dasselbe schreibst.
Dir, lieber Wern, schrieb ich mit *Leisis* zusammen eine Karte, auf der ich für Deinen langen Brief dankte, Deine Karte an Altwegg, die 100.– Dollar und Deine Karte. Mittlerweile sind nun noch von Anna Mandl 50.– Sfr. gekommen (sicher Dein europäisches Restgeld) und Deine letzte, kurze Karte. Für alles tausend Dank! Anna Mandl (wer ist das?) schickte 500.– Ffr. – Liebe Fränze, »wenn Sie sich nicht berauben wollen«, schick nur keine Luftpostbriefe mehr, es kostet Dich so gräsig viel Geld und geht nur 2 Tage schneller.
Ich weiss nicht, wo ich anfangen soll, um Euch nun endlich frisch von der Leber weg alle meine Abenteuer zu berichten! Ich bin auch augenblicklich zu zitterig, um alles chronologisch aufzuzählen, was ich doch schon seit September vorhatte und womit ich immer zögerte, um auch Werner alles schreiben zu können, was ich ihm in die Gefangenschaft nicht berichten konnte. Ich fahre bei jedem Klingeln zusammen (als ob ich noch in der Fichtestr. Krimsch erwartete!) und denke, dass dein Ankunftstelegramm kommt, liebster Sohn! Liebe Fränze, Dir

wird es ebenso gehen – also entschuldigt meine Fahrigkeit! […]
Bevor ich Euch nun meine Flucht usw. aus Deutschland schildere, muss ich Dir doch vorher sagen, was augenblicklich wichtiger ist, lieber Wern! Also mit Leisis hast Du mir die richtige Attraktion verschafft! Es sind überaus gute Menschen, in bezug auf die Thurgauer Regierung zufällig hier die absolut einflussreichsten. Auch ist der Vater kein solcher Spiesser, wie Du meintest. Nein, er ist doch ein gegen Damen sehr artiger Mann und wohlunterrichtet. Er weiss nicht nur viel Schweizerisches, sondern ist durchaus durchdrungen von deutscher Kultur, zu der er besonders viel Beziehungen hat. Wenn auch natürlich nicht so wie *Medicus*. Es ist viel zum Ruhme dieser Familie zu sagen, aber freilich, wenn sie in Deutschland lebte, wäre sie bestimmt Nazi. Denn politisch stehen sie ganz rechts. Also jedenfalls die Eltern und vor allem die Tochter. Ernst, der ja sehr unter Deinem geistigen Einfluss steht und sehr viel von Dir gelernt hat, wie die Eltern mir dankbar versicherten, hat vielleicht doch eine selbständigere Weltanschauung. Er ist überhaupt der Netteste der ganzen Familie, wir verstehen uns ausgezeichnet. Die Eltern sind sehr gütig, mögen schrecklich gerne allen Menschen helfen, haben aber bestimmte Vorurteile. So jubelte der Vater vor einigen Wochen, weil Hitler die *Jesuitenschule* in Feldkirch, die seit Jahrhunderten besteht und sehr berühmt war, verboten und (selbstverständlich) das Vermögen der Jesuiten gestohlen hat. Feldkirch liegt in Österreich. So anerkennt er vieles, auch aussenpolitisch, was Hitler gemacht hat. Das finde ich schon bedenklich.

Beide Eltern sind eben so konservativ wie die meisten gutsituierten Schweizer, aber ohne alle Enge oder Böswilligkeit. Z. B. sagt Frau Leisi von mir immer: »Blutig ist sie durch und durch, wie die Rosa Luxemburg.« Das meinen sie aber nicht böse.
Was nun die Jesuiten betrifft, so glaube auch ich, dass ihr schwarzer Einfluss gefährlich war, aber was Hitler tut, kann doch nie wohlgetan sein. Die Tochter ist einfach gar nichts. Wenn sie katholisch wären, wäre sie Nonne geworden. Sie ist Theologin, war Vikarin in Bielefeld, und zwar in Sieker und bis Kriegsanfang in Dortmund. Sie ist sehr unscheinbar, Riesenbrille und sagt kein Wort. Jetzt hat sie keine Stelle mehr, weil die Schweiz ja in bezug auf weibliche Theologinnen noch rückständiger ist als Hitlerdeutschland. Sie dürfen im 3. Reich auch nicht auf die Kanzel, aber können Vikarinnen sein. –
Ich war hier von einer ganz grossartigen Frau und Emigrantenmutter in Bern an eine Familie *Dr. Fritz Wartenweiler* gewiesen mit einer Empfehlung. Damit diese mir helfe bei der Aufenthaltsbewilligung. Dr. Wartenweiler aber war nicht da, ist seit Kriegsbeginn als Hauptmann in Luzern. Hier sind ja alle Leute im Nebenberuf hohe Offiziere, Dr. Sträuli ist Oberstleutnant. Wartenweilers sind zwar Sozialdemokraten, aber von der Sorte Lehrer Lämmer. Frau W. sagte zu mir: »Es gibt nur einen Mann in ganz Frauenfeld, der auf den furchtbar stolzen, hochmütigen, unzugänglichen und gegen kleine Leute grausamen Altwegg Einfluss hat. Das ist mein Nachbar und Kindheitsgespiele, der Obergerichtspräsident (des hiesigen kantonalen Oberlandesgerichtes) Dr. Schneller.« Sie wollte mit mir ins Nebenhaus gehen,

aber durch die ganze unsympathische Art der Frau W. (sie ist im Grunde eine Pietistin) war ich schon so niedergeschmettert und ich war überhaupt von der ganzen niederträchtigen Behandlung von Altwegg am selben Morgen so erledigt, dass ich dankte und heimging. Ausserdem war noch so ein Emigrant mit Schillerkragen und pietistischem Augenaufschlag da, der mir auf die Nerven ging. –
Etwas später kam dann Dein Brief mit der Adresse von Leisi. Frau Leisi öffnete mir, schrie vor Freude, weil ich ein Bild von Dir mitgebracht hatte, machte mir köstlichen Tee und war ehrlich erfreut. Dort eine Bitte vorzutragen war nicht schwer. Sie sieht genauso aus wie Frau Mörber, und da sie auch nicht gebildet ist, wie ihr Mann, vielmehr sehr einfach und naiv, auch kein Dienstmädchen hat, dachte ich, sie wäre aus ganz ärmlichem Hause. Ich erzählte ihr also, Frau W. hätte gesagt, dass da nur Dr. Schneller helfen könnte, aber ich getraute mich nicht hin. Da sagte sie: »Das ist mein Bruder!« –
Das vornehme Haus neben Wartenweilers ist ihr Elternhaus, sie sind hier mit allen Regierungsräten usw. versippt. Über den Regierungsräten steht eben noch Altwegg als Ständerat. In Wirklichkeit ist er der Diktator des Thurgaus, wie ja hier längst Diktatur herrscht, diese rein formale Demokratie kann den Eingeweihten nicht blenden, und die Grenzsoldaten, die angeblich diese Schweizerische Freiheit bewachen müssen, könnten deswegen ruhig heimgehen.–
Also Frau Leisi hüpfte gleich am nächsten Tag zu ihrem hochmögenden Bruder, der mir auch von meinen Wirtsleuten als hervorragend nett und ge-

mütlich geschildert wurde. Noch besser aber kam es am 23. 12. Da hatten die ehemaligen Kantonsschüler ein drei Stunden langes Festessen. Obenan sass natürlich Leisi als Geheimrat Martin (seit vielen Jahren der Öberste der Schule), und dann kam Altwegg, da es ein Essen ohne Damen war. So konnte ihn Leisi ordentlich in die Kur nehmen, und Altwegg konnte nicht entweichen. Leisi sang Dein und mein Lob in hohen Tönen, und es würde doch einfach peinliches Aufsehen bei vielen erregen, wenn ich polizeilich herausgeworfen würde. Ich habe nun noch keine Antwort der Regierung, da ich aber am 31. 12. schon verschwunden sein sollte bei der »Strafe polizeilicher Ausweisung«, bin ich heute schon nicht mehr »im Eigensinne existent«. Es ist rührend, was ich seit Weihnachten schon alles für Freundlichkeiten von Dr. Leisi erfahren habe. Nach dem ersten gemütlichen Tee in ihrem Hause bei meinem ersten Besuch kam Frau Leisi mit Ernst am 23. 12. morgens zu mir, obgleich Ernst erst am 22. 12. heimgekommen war und schon am 23. 12. mittags wieder als Soldat zum Grenzschutz abfahren musste [...]. Ich hatte mit Meiers, meinen Wirtsleuten, sehr schön den Heiligen Abend gefeiert, wir beschenkten uns alle gegenseitig, d. h., ich gab allen von meinen Sachen aus dem Koffer, soweit sie neu waren und Meiers sie brauchen konnten. Besonders freuten sie sich über ein Fotoalbum zum Einkleben und Fotoecken, das sie dringend benötigten für ihre herumflatternden Fotos. Ich hatte auch noch eine kleine Flasche Himbeergeist herübergeschmuggelt im Aluminiumkoffer, die gab ich Herrn Meier. Zu allem machte ich Ulkverschen, und durch das Vorlesen wurden sie sehr munter, obwohl der Mann (er ist Verhörsaktuar) sonst trocken ist wie der Sand in der Sahara. Zu dem Himbeergeist schrieb ich: »Als alter Säufer bist du ja bekannt / Im ganzen thurgauischen Land / Und da du täglich deinen Humpen hast geleert / Sei dir's auch an der Weihnacht nicht verwehrt!« –

Dem Dienstmädchen gab ich ein paar Handschuhe von Knopf aus Freiburg und heftete ein Verschen dran, auf dem der Weihnachtsmann ihr riet, diesmal doch beide Handschuhe zu verlieren und nicht nur einen. Sie ist nämlich ein Trottel aus Appenzell und verliert dauernd einen Handschuh. Also wir waren lustig mit ihren drei kleinen Buben, assen ein liebreichliches Festmahl, spielten Halma und gingen nachts in die Weihnachtsmesse. Meiers sind streng katholisch. Über meinem Bett (Couch!) hängt ein Kruzifix. Das hat ihre Mutter, die im September starb, in ihrem Todeskampf in den Händen gehabt und dem Porzellanjesus dabei einen Arm gebrochen, den Frau Meier mit Gaze wieder angebunden hat. Die Frau ist 21 Jahre, bildschön, herzensgut und dumm, wie man es wohl nur bei Schweizerinnen findet. Zum Neujahr kam Ernst wieder morgens, musste aber wieder nachmittags abfahren, damals war er ja noch Soldat. Leisis liessen nicht locker, luden mich wieder zu Brechböhnchen und Zunge ins Restaurant ein mit nachfolgender Melange. Dann brachte mich Ernst noch zur Aumühle, wo ich Schlittschuh lief. Er selbst hatte ja keine Zeit mehr vor der Abfahrt seines Zuges, Schlittschuh zu laufen. Es war ein herrlicher Sonnentag, tiefer Schnee, morgens waren 16 Grad Kälte, ehe die Sonne strah-

lend durchbrach. Eine uralte Hyazinthenzwiebel aus Leisis Keller trieb an diesem Tage einen ersten blassen Schössling. Aus dem Eis sang der Lautsprecher: »Auf einem (!) kleinen Bank im Park...«, wie seinerzeit in Freiburg, als wir beiden da herumfuhren, Wern, unter den Augen von Möll und Fleigenpepi, und du hattest noch solche Angst, dass Du am nächsten Tag verhört würdest von ihnen, weil Du mit solchem feschen Backfisch (als wie icke!) geholländert hattest! In der Eisbude gelte ich als distingierte Fremde, weil ich ein Abonnement nahm und jeden Tag zweimal kam, also vornehmes Nichtstun verriet – und dann das grösste Blendwerk: »Der Pelzmantel!« Der Eisfritze nimmt ihn mir immer ab und hängt ihn in den Vorderraum neben die Geldkasse [...].
Den 9. 1. 1940: Gestern abend erscholl der Kanzler vor lautem Freudengebrüll: Deine *Depesche* kam! Tausendmal innigen Dank! Frau Meier riss sie auf, der Depeschenbote blieb stehen, bis er wusste, was »Safe« heisst, er war auch neugierig, warum wir so brüllten, lachend und weinend zwischkedure! Alle Leute auf dem Kanzler haben mir schon gratuliert. Gesegnet sei Dein kleiner Thunfischkutter! Nun ist das ganze Abenteuer hoffentlich nur noch ein schikes [!] Vortragsthema für Deine Schüler! Ich telefonierte sofort an Sträuli und Leisi. Auch dort Freudengebrüll! Dann schrieb ich Postkarten an Hichens, der es Knittels mitteilen wird, und Medicus, die ich bat, gleich bei Siegmund-Schultze und der edlen Dora anzuläuten! Also wissen es erst mal diejenigen, die sich am meisten um Dich gesorgt haben [...].

Es ist nun wohl besser, wenn ich Euch diesen Brief erst mal gleich abschicke, weil ich nicht weiss, ob Frances auch das Kabel überkam. Also muss ich die Eröffnung meines Berichtes verschieben. Nur soviel: Werner, Du bist Refraktär, nicht Deserteur, d. h., Deserteure nennt man nur, wer in der Uniform über die Grenze flieht oder zum Feinde in der Schlacht übertritt. Wer sich dem Rufe des Vaterlandes nicht stellt, ist Refraktär, also z. B. Deutscher in der Schweiz. Du bist es in besonderem Masse, weil am 31. August 1939 morgens um 5 Uhr die Polizei den Gestellungsbefehl für Dich brachte! Nun werdet Ihr verstehen, warum ich um jeden Preis abhüpfen musste und mich, visumlos, wie ich war (das englische war ja noch nicht im Pass eingetragen, nur vom englischen Konsul in Frankfurt schriftlich zugesagt, und vor dem englischen gab die Schweiz keines!), in Basel ins Grenzpolizeigefängnis setzen liess. Aus dem mich Sträuli erlöste. Dear Frances, Du schriebst, Du wolltest Dich bei Medicus bedanken. Unnötig, hat Wern besorgt. Herr M. las mir den Brief vor, nochmaliger Dank wäre ihm peinlich. Könntest höchstens ein Kärtsche an Sträulis schikken, wenn Du magst, ist aber nicht nötig. Sie haben sich erboten, weiter für mich zu bürgen.

Werner, es ist ein grosser Irrtum von Dir, wenn Du meinst, diese Bürgschaft würde mir viel nützen. Dass Du Refraktär bist und dass ich deshalb Repressalien zu fürchten habe, rührt die Kerle ebensowenig. Ragaz schreibt dauernd in seiner Zeitung »Der Aufbau«: »Dem Bundesrat ist die Ermordung des deutschen Emigranten nur peinlich, wenn es auf Schweizer Boden geschieht, im übrigen liefert er ihn

gern dem Tode in Deutschland oder wesentlich Schlimmerem aus!« –
Dass ich die Bürgschaft der sehr reichen Sträulis und jetzt selber so sehr viel Geld habe, das ich der Regierung als Depot angeboten habe, ist ebenfalls wurscht. Die Schweiz hat sich die Emigranten noch keinen Rappen kosten lassen, im Gegensatz zu Belgien und anderen Ländern, und wird es auch nie. Es handelt sich nicht darum, dass sie fürchten, die Emigranten könnten dem Staat zur Last fallen, das ist alles nur vorgeschobene Lüge. Die Wahrheit ist diese: Wir sind eine politische Gefahr für die Schweiz! Man fürchtet ein Stirnrunzeln Hitlers! Im »Schwarzen Korps« (Kores: S.S.-Blatt) stand eine Karikatur mit Wilhelm Tell. Die Armbrust (dem Schweizer das heilige Zeichen, wie den Hitlern die Swastika) hatte statt des Bogens einen Mogen Dovid (Stern Davids) und das Walterchen Tell, das liebevoll von Wilhelm Tell beschützend umfasst wird, hat ein Stürmerponum, sieht aus wie ä frech, jiddisch Jingele. Darunter die entsprechenden drekkigen Bemerkungen über die Schweiz als Schützerin der Semigranten. Anstatt diese Verhöhnung ihrer heiligsten Symbole empört in jedem Käsblättchen zurückzuweisen, hat der Bundesrat deswegen Angst gekriegt. Wörtlich sagte mir Altwegg: »Wenn Hitler einfällt, wird es in unserem Grenzkanton sein, und keiner von uns, der Emigranten beschützt hat, wird mit dem Leben davonkommen, sowenig wie die Tschechen, die Österreicher aufgenommen hatten!« Ein Medicus, ein Ragaz sagen angesichts dieser Gefahr (vorläufig wird der Teufel nur von Angsthasen an die Wand gemalt), dass sie dann

eben gern sterben wollen, aber Altwegg ist Millionär und mag das nicht. Der Bundesrat hat einfach Angst, dass Hitler die Emigrantenbeschützung direkt als Vorwand für seinen Einfall nehmen wird! Was sagt Ihr dazu? Ich sage, dass Hitler auch dann einen Vorwand findet, wenn Altwegg alle Emigranten ins Meer werfen lässt.
Ihr glaubt vielleicht, ich würde meinen Glücksstern, der mich auf Adelers Fittichen (des reizenden, mich in Basel verhaftenden Schweizer Grenzbeamten Fittichen) hierhertrug, nicht recht leuchten sehen! Ihr irrt Euch, ich bin sehr fröhlich, nur gedämpft! Ich habe hier: Zeit, Stille, Frieden, Freiheit! Was ich nicht habe, ist Sicherheit! Ich wurde in Bern von meiner lieben Hauswirtin buchstäblich vor der Schubpolizei versteckt, in Muri hatte ich einen polizeilichen Auftritt und nun in Frauenfeld wieder! Ich habe jetzt in Basel, in Kreuzlingen, in Muri, in Bern und in Frauenfeld durchschnittlich an jedem Ort 22.– Sfr. Aufenthaltsgebühr bezahlt, und zwar überall: Eidgenössische Fremdenpolizei, kantonale und kommunale! An jedem Ort für ein ganzes Jahr im voraus, und dann wurde ich rausgeworfen! Werner, Du weisst, wie geldgierig die Schweizer sind! Natürlich hast Du recht: ein Reiseleben in der Schweiz könnte ich mit Glanz führen, in den gähnend leeren Hotels, in denen es 15–20 Sfr. täglich kostet, könnte ich nicht rausgeworfen werden, weil sich das kein Hotelier gefallen liesse, wenn seine gut zahlenden Gäste fortgeholt würden von der Polizei!
Siegmund-Schultze bot mir deshalb ja an, mich auf Kosten der Freunde der kirchlichen Vereinigung 3 Monate in ein elegantes Hotel in Graubünden zu

setzen, was er Dir schon lange schrieb, dear Frances! Er besprach die Sache mit mir, kann es aber doch in diesem Fall, wo noch Geld, wenn auch Eures, zur Verfügung steht, nicht machen! Ich habe noch von keiner Organisation einen Rappen angenommen. Lieber Wern, nein, ich durfte mich nicht an Deinen Dr. Nordmann – Basel wenden! Selbst Siegmund-Schultze verübelte es mir, dass ich mich ausser an den von ihm vermittelten Pfarrer Schloss – Bern an die Sozzen gewandt hatte!
Jeder darf sich nur an e i n e Organisation wenden. Ich habe in meiner Unwissenheit einen Fehler gemacht, der mir sehr geschadet hat in Bern. Ich war ganz schuldlos, weil ich nur den Schutz bei der Polizei in Anspruch nahm, nicht Geld! Ich weiss nicht, welche Richtung Dr. Nordmann vertritt. Ich werde Dir das alles im andern Brief erklären.
Der Emigrant tritt hier dauernd in Schlingen und Fallen! Du hast nicht die geringste Erfahrung, weil Du nicht als solcher galtest. Ausserdem ist die Todesangst vor den Emigranten doch erst durch den Kriegsausbruch entstanden! Ihr werdet diese rein politische Lage verstehen! Ich habe aber Frau Bertsche zu Dr. Nordmann geschickt, die entzückt von ihm ist, auch von seiner wirklichen Macht, zu helfen! Sie schreibt mir immer reizend, wir werden uns noch treffen. – Wern, ich schreibe Euch erst heute, da Du in Sicherheit bist, dass man Dich im Dütschland tatsächlich in der Stammrolle noch als deutschen Soldaten führte. Nachdem man Dich im Juli zur Wehrsteuer heranzog, wunderte es mich nicht.
Gute Erholung von deiner Festungstid.
Deine treue Mutter.

Frauenfeld, den 7. 2. 1940
c/o Dr. Renner, Wielsteinstr. 38

My dear children,
many thanks, dear Wern, for your letter from the 15. 1. 1940. Im am very glad that you have got your post and been so well received. Now I hope, you will forget all your sufferings and that your healthy and your nerves are better again. Yes, you are right, I must learn english and I do so all days and I am always writing english letters to Hichy, to Oskar Parker, to the awful family Herzfeld etc. But now will ich deutsch fortfahren, weil ich mit Euch viel Geschäftliches zu besprechen habe. Im Grunde genommen bin ich herzlich froh, dass ich Dir nicht mehr französisch schreiben muss, denn in dieser Sprache wird man unwillkürlich immer gleich pathetisch, und Du, dear Frances, kommst nun auch wohl deutsche Briefe richtig über […].
Zunächst will ich Euch sagen, dass man mich hier bis zum 1. April 1940 ganz in Ruhe lassen wird. Ich musste wieder mal 12 Franken zahlen und bekam diesen guten Bescheid. Natürlich war das Leisis Werk. Wir sind jede Woche dreimal zusammen, haben unsere festen Tage verabredungsgemäss. Davon einen Abend zum Abendbrot bei ihnen. Frau Leisi kocht dann immer »Propagandaessen«, wie er sagt, das heisst, ich soll nur denken, es gäbe immer solche interessanten Kompositionen, damit ich wiederkomme. Alle vier sind reizend gegen mich, Frau Leisi ist noch nie mit mir zusammengekommen, ohne mir etwas zu schenken, das ist ihr einfach Herzensbedürfnis. Sie sagt eben: »Däs isch jetze my

Emigrantin« – einen andern dergleichen gibt's ja auch nicht im Thurgau.
Schrieb ich schon, dass wir zusammen einen Kursus der Volkshochschule besuchen und Prof. Theod. v. Greyerz hören über Schweizer Geschichte, kulturgeschichtlich und literaturgeschichtlich? D. h., sie zahlt ihre Karte und mir verschaffte Herr Leisi eine Freikarte. Gestern war hier Fasnacht, so ledern wie der ganze Thurgau. Kostümierung hatte Regierungsrat Altwegg verboten, wir hatten nicht mal närrische Hüte oder Nasen oder Bärte. Frau L. war es aber absolut um eine Orgie zu tun, und so wusch auch ich mir den Hals, und wir gingen zusammen in ein zahmes Lokal, Herr und Frau Leisi, Herr und Frau Schild (Dr. Schild ist hier der Apotheker!) und für mich hatte die gute Frau L. Dr. v. Greyerz dazu gebeten. Ich unterhielt mich auch ganz gut mit ihm, er hat seinen Dr. in Jena gemacht, kennt *Hermann Lietz* persönlich, *Wyneken, Eugen Diederichs, Geheep* und seine Frau, die geborene Cassierer. Letztere haben hier am Genfer See jetzt ein kleines Landerziehungsheim, es geht ihnen sehr schlecht. Greyerz ist der dritte der berühmten Brüder. Vom Pfarrer v. Greyerz schrieb ich Euch, glaub ich, schon. Ich lernte ihn auf der Tagung der »Religiösen Sozialisten« auf dem Rigiblick in Zürich kennen und traf ihn später wieder auf der kantonalen Fremdenpolizei in Bern, wo er beinah so unverschämt behandelt wurde wie ich. Der Pfarrer ist seit 45 Jahren radikaler Sozialdemokrat, bedeutend sympathischer als der hiesige Greyerz. Den berühmtesten der Brüder kennst Du wohl auch, den *Literarhistoriker* von der Berner Uni. Er ist vor 4 Wochen gestorben. Er war

ja auch Heimatdichter, ich glaube, in der Art von *Rudolf von Tavel*, den ich besonders unausstehlich finde [...].
Ferner findest Du den letzten Brief von Frau Sträuli. Ich schicke ihn Dir zu Deiner Beruhigung, weil Du in Deinem letzten Brief extra anfragst, wie die 5 Wochen dort gewesen seien. Ich verstehe Dich. Weil ich mich nicht so überschäumend über das Haus Sträuli verbreitete, hast Du herausgefühlt, dass ich dort nicht sehr gern war. Aber bitte, glaube nicht, dass Sträulis überhaupt merkten, dass ich gedrückt war! Unser Verhältnis war ein durchaus korrektes, wenn auch konventionelles. Ich habe mit niemand den geringsten Wortwechsel gehabt, jeder war artig und kühl höflich gegen mich. Die Leute waren mir aber in der tiefsten Seele fremd, die elegante Lebedame, der allzu urchige Wilhelm Tell, der unjugendliche Held Heiner, der schöne Backfisch und der Soldat Peter. Ursli hat buchstäblich nicht einmal während der 5 Wochen auch nur ein Wort zu mir gesagt, obgleich sie bei der hochzeremoniellen Tafel neben mir sass. Das wird Dich nicht erstaunen, Du weisst ja, dass sie fast nichts spricht und nur mit ihren Backfischen albert. Aber höre und staune, auch Peter, der es doch gewiss sehr gut mit mir meinte, hat ebenfalls buchstäblich nie das Wort an mich gerichtet. Er war dreimal einen Tag auf Urlaub, gab mir die Hand, wenn er kam und wenn er ging, und lachte dabei über sein ganzes schönes Italienergesicht, er sagte auch manchmal bei Tisch, dass Dora oder Hilde mir etwas reichen sollten, aber er hat einfach nie mit mir gesprochen. Und weil Du mir einmal schriebst, dass die Schweizer ganz, ganz

anders als wir seien und schwer zu behandeln, habe ich von selbst in der ganzen Zeit nie das Wort an jemand aus der Familie gerichtet, natürlich auch in meinem nichts durchbohrenden Gefühl als besitzloser Eindringling. Ich war auch sehr enttäuscht, dass es ein so gänzlich ungeistiges Haus ist, in dem nur konventionell geplaudert wird, denn Du hattest mir das in *Konstanz* anders geschildert. Man merkte, dass es Peter einfach nicht fertigbrachte, mich anzusprechen, er hat mich nur dauernd angelächelt und bedankte sich nicht einmal für ein reizendes Volksliederbuch, das ich ihm eines Tages mit in seinen Wäschesack legte. Es schenkte ihm als armem, frierendem Soldaten natürlich jeder etwas, er schickte immer die schmutzige Wäsche im vorschriftsmässigen Wäschesack heim, und ich brachte ihn dann wieder auf die Post mit der sauberen Wäsche. In diesem Fall hatte er mal geschrieben, dass es so ungemütlich sei und dass sie gerne mal abends singen möchten, es sei ein Mitglied eines Zürcher Orchesters bei ihm, darum sandte ich das Liederbuch mit, das Du eigentlich haben solltest [...].
Wie gesagt, niemand hatte etwas gegen mich. Frau Sträuli umarmte und küsste mich zum Abschied und schickte Schwester Stefanie mit zur Bahn, dass sie meinen Koffer in dem strömenden Regen trüge. Sie sagte, ich hätte es vielleicht übelgenommen, dass sie sich nicht um mich gekümmert hätte, aber sie hätte mir ja stets gesagt, dass mir ihr ganzes Haus zur Verfügung stünde, nur nicht ihre Person. – Schön gesagt, Frau Gräfin! – Tatsächlich sagte sie mir immer, ich sollte oben und unten Bücher aus den Fächern nehmen, die Zeitschriften aus den War-

tezimmern und Briefpapier und Briefmarken aus dem Büro, soviel ich wollte. Letzteres tat ich natürlich nie, sondern kaufte Porto, und etwas Briefpapier hatte ich vor der Flucht gekauft. In meinen Koffern hatte ich Briefpapier für 3 Jahre. Herr Dr. sagte zum Abschied mit Stentorstimme: »Sie haben sich ein unsterbliches Verdienst um unseren Garten erworben!« Und Heiner, der ja immer in Harnisch gerät, wenn er glaubt, dass jemandem Unrecht geschieht, schalt einmal Hilde aus, weil er dachte, sie hätte mir nach Tisch keinen schwarzen Kaffon serviert. Das war aber ein Irrtum seinerseits, das hätte Hilde nie versäumt, die Mädchen waren besonders aufmerksam gegen mich. Kurz und gut – es waren geheimnisvolle Dinge, weshalb wir uns im Grunde nicht leiden konnten gegenseitig. Ich weiss nicht, ob ich Euch den Grund verständlich machen kann. Ich habe aber viel darüber nachgedacht. Kein saturierter Bürger, der aber dennoch schon vom Untergang Europas bedroht ist, verträgt in seiner Nähe einen Vorboten dieses Untergangs. Er wappnet sich gegen diese vom Unheil Gezeichneten mit Abwehr, besonders der an der Grenze wohnende Ostschweizer, denn dieser heimatlose Emigrant erinnert ihn so fatal daran, dass auch er vielleicht einmal so heimatlos umherwandern muss. In Wirklichkeit aber denkt er das keineswegs klar, er würde diesen Gedankengang weit von sich weisen, wenn ihn jemand ausspräche. Alles das fühlt er nur im Unterbewusstsein, wenn er einen Emigranten sieht [...].

Also, ich sende Dir nicht alle vier Briefe, die mir Frau Sträuli schon geschrieben hat. Sie waren alle genauso liebenswürdig wie der letzte, den ich Dir mit-

schicke und den ich noch nicht mal beantwortet habe. Es ist mir nur darum zu tun, dass Du nicht meinst, ich hätte einen Misston in Deine Freundschaft mit Sträulis gebracht oder Dich blamiert. Das letztere überhaupt nicht, ich habe vom ersten Tag an gearbeitet, und zwar Verbandszeug für viele Wochen gemacht und für mindestens 20 Operationen Tupfer geschnitten. Frau Sträuli liess extra eine Kiste Gaze aus Flawil [...] kommen, damit ich was zu tun hätte (auf meinen Wunsch). Dann liess ich mir von Herrn Dr. die Gartenarbeit zeigen. Du weisst, wie faul Heiner ist in solchen Sachen, und die beiden anderen Herren waren ja nicht da. Herr Dr. kam nur jede Woche viermal ein paar Stunden von Weinfelden. Ich habe also sämtliche Wege gereinigt und geharkt, zweimal in der Zeit sämtliche Rasen gemäht und auch jedes Spierchen und Hölzchen aus den Rabatten und Gebüschen auf den Misthaufen getragen. Dann habe ich das große verwilderte Stück umgegraben, das von ganz tiefen Quekkenwurzeln und großen Steinen durchsetzt war [...].
Lieber Werner, schreibe bitte Sträulis, dass Du gut empfangen bist und Deinen Posten behalten hast und dass Du ihnen nicht genug für alle Liebenswürdigkeit und Opfer für mich danken könntest. Aber ich sei eben in einer peinlichen Zwangslage gewesen, ohne Nachricht von meinen Kindern und ohne Geld von ihnen (Sie wissen natürlich, dass Ihr mir mittlerweile reichlich geschickt habt). Da hätte ich eben nichts anderes machen können, wenn ich nicht zum drittenmal eingesperrt werden wollte wegen Deiner Einberufung zum Militär. Auch dan-

ke ihnen besonders, dass sie immer wieder nun bis zu meiner Weiterreise nach Amerika die finanzielle Bürgschaft tragen und dass ich sie selbstverständlich n i e in Anspruch nehmen würde. Adresse Freie Strasse 4, II. [...].
Nun weiter: Du schreibst, es sei sehr schwer für Dich, mich anzufordern. Das weiss ich ja. Und es tut mir unendlich leid, dass ich Dir diese Unannehmlichkeiten und diesen Zeitverlust mache. Nun hielt aber der Vorstand der Eidgenössichen Fremdenpolizei, *Dr. Rothmund*, das Scheusal aus Bern, in Zürich einen Vortrag über die Emigrantenfrage, in dem er ausführte, dass Amerika die Quote für die in Deutschland Geborenen ganz bedeutend erhöht hätte und dass diese nur eine Schwierigkeit hätten: Das Reisegeld darf nicht mehr in deutscher RM. bezahlt werden, sondern muss in Dollars bezahlt werden, die die deutschen Emigranten im allgemeinen nicht besitzen, und zweitens müssen sie in U.S.A. einen solventen Bürgen haben. Nun hab ich sogar 2, Dich und Marti. Wenn Du aber glaubst, dass deshalb doch meine Nummer noch nicht dran ist und dass man Dir andrerseits nicht erlaubt, eine beliebig alte, nicht analphabetische Mutter zu importieren, so möchte ich Dich bitten, frank und frei vor *Tante Amelia* und *Onkel Charles* zu treten und sie zu bitten, mich als Verwandte hereinzunehmen, denn hier könnte ich nicht länger als bis zum Frühjahr bleiben. Ist Dir das sehr unangenehm? Sie wissen doch, dass ich Ihnen nicht zur Last falle, sondern gleich Arbeit annehmen würde, gleich, was für welche. Soll ich ihnen selbst schreiben? Ist das besser? Ihre Adresse gabst Du mir in Konstanz. Antworte

bitte gleich. Sie könnten es wegen der Namensgleichheit am besten machen, ich bin eben Charles' Kusine. – Liebe Fränze, auch an Dich hab ich leider eine grosse Bitte, die auszusprechen mir schwerfällt. Ich schrieb Euch wohl schon, dass ich auf Medicus' Anregung mich an einer Preisaufgabe der Universitäten Cambridge in U.S.A. und Boston beteilige: »Mein Leben unter Hitler«. Es müssen wenigstens 50 so eng beschriebene Seiten wie diese sein. Ich arbeite enorm, und es fällt mir auch viel ein. Am 1. 4. 1940 muss es da sein. Ich möchte es gern vor der Frühjahrsoffensive absenden, denn dann geht es am Ende verloren. Preisrichter sind ein Soziologe, ein Psychologe und ein Historiker der Harvard-Uni. Gewünscht wird, dass im politischen Leben Stehende sich beteiligen. Aber das muss doch allens en büschen belegt sein. Ich könnte das dokumentarisch wie kein anderer. Willst Du mir aus den Mappen im Bücherschrank etwas schicken? Oder ist es leichter für Dich, nichts suchen zu müssen und die ganzen Mappen zu schicken? Das überlasse ich Dir. Der erstere Weg kostet Dich mehr Zeit, der letztere mehr Geld an Porto. Aber auf jeden Fall schick per »Einschreiben«! Nicht anders. Und bitte sofort, die Zeit drängt enorm.
Ich bräuchte, besonders zur Auffrischung meines Gedächtnisses, weil ich hier nicht das geringste Material habe: Staatspolitische Vorträge im Sprechsaal der Volkshochschule bei dem miesen Bernhard Merten, über die ich immer sehr ausführlich referierte, Quodlibets und Freiburger Streiflichter. Oder hiess das am Samstag »Freiburger Allerlei«? Vor allem Referate über Vorträge der Nazi. Ich habe hier

einen Brief vom 24. August 1925, in dem der selbstgemordete Heiner Goldberg mir mitteilt, dass ich für den badischen Landtag kandidieren soll. Natürlich habe ich dann in dieser Zeit viele Wahlvorträge gehalten. Es müssen also im Band 1925 Berichte über diese Vorträge sein, in denen ich als Landtagskandidatin bezeichnet werde. Ausserdem sind im Band 28 oder 29 Listen für den Bürgerausschuss, auf denen ich an 24. Stelle stehe. Ausserdem brauche ich meine Kritik über die *Dortufeier* auf dem Wiehrefriedhof, weil ich die Zerstörung dieser Erinnerungsstätte durch die Nazi beschreibe. Festredner war damals der alte Geck. Es war wohl 1931 im Juli. Vor allem alle politischen Artikel vom 1. Januar 1933 ab. Selbstverständlich hätte ich am liebsten alle 8 Mappen, oder vielleicht sind es nur 7. Wenn es Dir aber zu teuer kommt mit dem Porto, dann bin ich auch mit einzelnem zufrieden. 1931 im Sommer etwa hielt Sieder den Vortrag gegen die jüdischen Warenhäuser, in denen er ausführte, dass sie vergiftete Wurst verkaufen wollten, um die Christen zu ermorden. Sehr wichtig für mich. Der 1. Preis ist 500.– Dollar. Ich bin zufrieden, wenn ich gar nichts bekomme, nur der historischen Forschung diene, aber dafür in U.S.A. eine winzige Sekretärsstelle an einer University erhalte. Tausend Dank für alle Eure Mühe!
Emma Kaludriska[?]

Frauenfeld, den 13. 2. 1940
Neue Adresse:
c/o Dr. Renner
Frauenfeld
Switzerland
Wielsteinstr. 38

Ich bin aus Frau Meiers Eispalast ausgezogen, leider zu spät, eine schwere Grippe hatte mich schon. Hier ist ein Grad Wärme mehr, also durchschnittlich 11–12 Grad Celsius. Es ist eine Affenschande, wie die Leute einen bei der teuren Miete frieren lassen. Geliebtes Fränzchen, wenn nicht augenblicklich wieder 11 Grad im Zimmer wären, so dass ich deutlich fühle, dass ich bald die 2. Grippe dieses Winters habe, würde ich gern einen heiteren, zerstreuenden Brief schreiben. Der Abschied von diesen gaunerigen Schweizern wird mir nicht schwerfallen. Ich verstehe nicht, wie sich Werner in der Ostschweiz überhaupt durchbringen konnte, die Preise sind enorm, jeder Schuhmacher ein Betrüger und alle andern Leute, mit denen man geschäftlich zu tun hat, übervorteilen einen auch sofort, sowie sie hören, dass man hochdeutsch spricht. Feste Preise kennt dieses Gesindel nicht – oder jedenfalls nur für die Frauenfelder. Wenn ich etwas kaufe, nicht. Die Preise in den alkoholfreien Wirtschaften haben auch wieder aufgeschlagen infolge des Krieges, immerhin esse ich aber jetzt doch viel billiger, als wie ich noch bei's Meiers war, die in aller Freundschaft es verstanden, mir tagtäglich Geld für ihre Extras aufzuschreiben. Frau Meier hatte mich schliesslich ganz zum paying guest gemacht, in aller Liebenswürdigkeit. Ich musste ausziehen, um vor ihrer kostspieligen Liebenswürdigkeit sicher zu sein. Dauernd bot sie mir etwas an – ich nahm es – und fand es dann auf der Rechnung. Da es hier auch Lebensmittelkarten gibt, bat sie mich, die mir zustehenden Rationen ebenfalls einzukaufen. Als ich zum Schluss das Geld dafür wiederhaben wollte, sagte sie: Das haben Sie doch selbst gegessen! Dabei zahlte ich ihr aber doch jede Mahlzeit, und sie erlaubte sich nach Weihnachten, mir jeden Tag einen halben Teller künstliche Maggisuppe oder einen viertel Teller Nudeln oder Reis oder Haferflocken, nur in Wasser gekocht, vorzusetzen. Zum Frühstück, das ich mit 50 Rappen zahlen musste, gab sie mir eine Tasse aufgewärmten, schlechtesten Kaffee mit einem Tropfen alter, häutiger Milch und zwei kleine Stücke trockenes Brot.

Die ersten 4 Tage bekam ich Brombeermarmelade. Natürlich wirft der Auszug von einer patentierten Schweizerin ein schlechtes Licht auf die Emigrantin. Nun sitz' ich auf einem eisigen Estrich in einer kleinen Mansarde, es ist eigentlich das Dienstmaitlizimmer. Ich spreche überhaupt nicht mit den Leuten, und wenn ich etwas zu waschen und zu bügeln habe, geh' ich zu meinen lieben Leisis damit, sonst finde ich wieder ellenlange Rechnungen vor für Warmwasser und Elektrizität. Nach meiner Erfahrung sind die Ostschweizer alle gleich (mit Ausnahmen wie Leisis natürlich), bei Frau Alder und bei Frau Althaus, Werns Wirtinnen, herrschte auch eine eisige Kälte, als ich dort war, und ich verstehe überhaupt nicht, warum Wern hier so glücklich war. Mir hat es nur in Bern gefallen. Dort fängt die Westschweiz an. Erstens mal heizen sie prima, hier friert man ebenso wie in Zürich furchtbar in allen Lokalen. In Bern sind vor allem die alkoholfreien knuffig warm, für 50 Rappen kann man sich dort satt essen, und alle Menschen, die ich dort kennenlernte, waren intelligent und herzensgut (ausser Frau Marti, aber die ist auch gebürtige Thurgauerin). Meine Berner Hauswirtin schreibt mir immer noch. Ich hatte ihr eine Nachfolgerin für mein Zimmer bei ihr verschafft, aber sie schreibt, ich wäre doch viel besser und anspruchsloser gewesen, obgleich sie über die neue Emigrantin auch nicht zu klagen hätte. Der gute Herr Leisi ist auch gebürtiger Berner, Dr. v. Greyerz ebenfalls. So, jetzt Schluss mit dem Klagelied, sonst denkst Du noch, ich wäre die gleiche Jeremia wie die Herzfelden (die mir immer noch nicht geantwortet hat, jetzt wird es mir doch zu dumm). Ich bin's imstand, verkaufe ihr Gelump und schicke Miss Forman den Erlös. Wie ist deren Adresse?

Ich will nun zunächst meinen vorigen Brief widerrufen. [...] Ich bat doch um Material für meine grosse Preisarbeit, weil Authentisches verlangt wird. Ich hoffe nun, dass Du noch nichts abgesandt hast, denn ich hab mir's anders überlegt. Du hast doch hoffentlich meine beiden Briefe vom 10. Januar und 7. Februar 1940 bekommen? Ich möchte Dir doch lieber die Arbeit und die grässlichen Portounkosten sparen. Und so werde ich der Universität schreiben, dass ich jede Behauptung durch meine Akten beweisen kann und wenn sie dieses gedruckte Material gern haben wollen, dann wollte ich es von Dir kommen lassen. Dazu werd ich zart andeuten, dass

die Sendung natürlich auf ihre Rechnung geht. Und dann sende ich sämtliche Mappen hin.
Es tut mir leid, dass ich Dich um den Krempel gebeten habe. Du bekamst sicher einen Schreck. Das Aussuchen wär ja eine heillose Arbeit für Dich gewesen, und Du bist ja mit Haushalt und Beruf ohnehin überanstrengt bei dem schwierigen Leben augenblicklich in London. Also lass bitte alles sein. Einiges an Dokumenten hab ich ja hier. Nur, wenn Du wirklich Zeit hast, hätte ich gern zwei Sachen: Am 2. März 1933 sprach *Frick* auf dem Münsterplatz. Wir standen damals schon unter Präventivzensur. Ich konnte also fast nichts schreiben. Meine Besprechung muss in der Nummer vom 3. 3. 1933 gewesen sein, ist also leicht zu finden, weil es fast das letzte Blatt ist. Sie beginnt mit den Worten: »Bei der uns gebotenen Wortsparsamkeit …« Kannst Du das Blättle schicken? – Und dann nur noch eine Liste der Stadtverordneten, auf der ich an 24. Stelle stehe. Es ist eine Liste, auf der nur die Namen stehen, in kleiner Oktavgrösse. Ich glaube, es war im Jahre 1925, kann auch 26 gewesen sein. Sonst also bitte nichts! Und wenn Du diese zwei Blätter nicht findest, ist es auch nicht schlimm! – Meine Arbeit ist nahezu vollendet! D. h., nur auf Fresszetteln. Ich schrieb immer sofort auf, wenn mir wieder etwas einfiel, was historischen Wert haben kann. Nun will ich es stilistisch herrichten und dann 1 Original mit 2 Durchschlägen abschreiben. –
Lieber Werner, ich schicke Dir von diesem Brief einen Durchschlag! Ich fuhr wegen meiner Weiterwanderung zur Auswandererberatungsstelle, weil man hier unmöglich das Geringste erfahren kann.

Da wurde mir zu meinem Erstaunen gesagt, es wären jetzt, nachdem England Ordnung gemacht hat zwischen anständigen Emigranten und deutschen Spitzeln, wieder 4 deutsche Frauen von der Schweiz nach England gefahren. Und zwar im Januar. Ende Oktober zwar sagten sie mir dasselbe, und damals war es eine Ente. Die Leute sind auch hier s e h r unzuverlässig, widersprechen sich dauernd. Trotzdem muss doch alles getan werden, damit ich wieder in Arbeit komme. Wenn ich mit der Preisaufgabe fertig bin, wird mich jeder verlorene Tag schmerzen. Ich möchte nicht noch monatelang Euch auf der Tasche liegen. Wenn also irgendeine Möglichkeit besteht, dass mein englisches Visum erneuert wird oder dass ich mich von einer dortigen Familie als Dienstmaitli anfordern lassen kann, dann will ich sie benutzen. Durch den Kanal werde ich schon irgendwie durchkommen.
Auf dem französischen Konsulat in Bern hab' ich meine speziellen Freunde (vielleicht aus gewissen, heute noch nicht zu erörternden Gründen!). Dort war ich am Freitag. Man versprach mir bestimmt das Transitvisum durch Frankreich, das sonst kein deutscher Emigrant bekommt. Ich habe keine Zweifel, dass ich es bekomme. Der Ratgebende bei den Juden, ein Dr. Levy, sagte mir, Du müsstest eben nur energisch beim *Bloomsbury-House* auf den Tisch schlagen, dann würden sie für Erneuerung des englischen Visums sorgen. Dasselbe schreibt mir eine Leni Cahn aus Genf, die Schweizer Vorsitzende der »Aide pour les Emigrants«. Also versuch es doch bitte! Schreib mir bald das Ergebnis! Betone folgendes: ich habe Wartenummer 47 000 für U. S. A., ich

würde also bald weiterwandern. Hier aber könnte ich mich nicht länger halten, da ich illegal die Grenze bei Basel überschritten hätte, in Basel ins Grenzgefängnis kam und hier am 1. 4. 1940 verschwinden müsste. Das Bloomsbury-House würde doch nicht wünschen, dass ich an die deutsche Grenze gestellt würde, als Mutter eines Refraktärs und ehemalige Gefängnisinsassin! Die Leute im Bl.-House wissen ja selbst, was meiner unter diesen Umständen in Deutschland wartet. – Ich Wirklichkeit glaube ich heute nicht mehr, dass Altwegg mich an die Grenze stellen würde, da er sich doch vor den Familien Leisi und Schneller geniert. Aber Du musst das halt dort sagen. Und tüchtig Dampf dahinter machen! [...]
Nun weiter über meine Unterredung mit Dr. Levy: Im Oktober sprach ich bei ihm vor und sagte, dass ich Nr. 47 000 hätte, erteilt im Januar 1939. Damals lachte er sehr, sagte, da käme ich 10 Jahre nach meinem Tod dran, was mir ja auch die Freiburger immer sagten. Unmittelbar nach dem Pogrom am 11. 11. 1938 meldeten sich die deutschen Juden selbstverständlich haufenweise zu einer Quotennummer an. Ich wusste damals noch gar nichts Näheres darüber, wie man eine Auswanderung nach Amerika anstellt. Im November meldeten sich 200 000 Deutsche. Im Dezember schon sagte man mir, ich bräuchte mich gar nicht mehr zu melden, käme doch nie auf Wartenummer dran und müsste eben warten, bis ich auf Vorzugsquote hereinkäme, also sofort, wenn Wern Amerikaner sei. Es sei sogar klüger, wenn ich mir keine Quotennummer geben liesse, da ich nur eine so sehr hohe bekäme. Im Januar liess ich mir dann doch in Stuttgart eine

geben. – Freitag sagte mir nun derselbe Dr. Levy, meine Nummer sei sehr günstig, ich käme im September spätestens dran. Zunächst sollte ich mit den 2 Affidavits beim Zürcher Generalkonsul auftreten, dem von Wern und dem von Prof. Marti. Dann würde mich der Generalkonsul schrecklich anschnauzen, diese zwei genügten nicht. Dann sollte ich in die Tasche fassen und sagen: »Ich habe noch ein drittes von meinem Vetter Fortriede!« Dann sollte ich ihm das ins Gesicht schleudern. Dann würde er aus lauter Bosheit sich nochmals nach meinen Bürgen in U.S.A. durch die Behörden erkundigen. Damit gingen 2 Monate flöten. Dann könnte ich im November fahren. Der Generalkonsul wäre ein Teufel, Antisemit und keineswegs interessiert an der Einwanderung eines Deutschen. Lieber Wern, Du schriebst mir doch damals dasselbe von dem Teigaffen. Wie kommt es nun, dass Du mir von Frankreich schriebst, der Generalkonsul in Zürich sei ein reizender Mensch? Er hat Dich doch auch so beleidigt? Ich sprach auch mit Frau Marti darüber. Sie sagte mir, dass ihr Sohn so erzürnt über den Konsul gewesen sei. –
Ich müsste über Genua fahren. Es kostet 230 Dollar. Die Angaben in der Zürcher Zittig, nach denen Herr Dr. Rothmund, der Chef der hiesigen eidgenössischen Fremdenpolizei, gesagt hätte, Amerika hätte die deutsche Einwanderungsquote von 7000 pro anno erhöht, wären glatt erfunden, sagte Dr. Levy. Also, wenn man nur mit so jemand spricht, wird man ganz hinterfüri gemacht und weiss überhaupt nichts mehr. Levy meinte, Du, lieber Wern, könntest in U.S.A. gar nichts für mich erreichen, weil es dort

keine solche Stelle, wie etwa Bloomsbury-House, gäbe. Auf Besuchsvisum könntest Du mich auch nicht kommen lassen, das wäre seit dem Krieg verboten. Stimmt denn das nun eigentlich? Das könntest Du vielleicht erfahren, ob Besuche aus Europa in U.S.A. verboten sind. Sonst wäre es ja das Einfachste, wenn Fortriedes mich auf Besuch kommen liessen, denn wenn das Jahr des Besuchsvisums um ist, wirft U.S.A. einen nicht heraus. Aber ich glaube ja auch nicht, dass es auf Besuchsvisum geht. Da man die Seefahrt nicht mehr in deutschem Gelde bezahlen kann, sondern Dollar geben muss, könnte es ja doch wohl sein, dass viele ihre Quotennummer verfallen lassen müssen. Aennchen hat die Frist ihrer Quotennr. ja auch längst verfallen lassen und wird jetzt in Brasilien bleiben. Deine Bürgschaft für sie ist also erledigt. Natürlich können auch die 20000 zum Wiederaufbau nach Polen verschleppten deutschen Juden von ihrer amerikanischen Einwanderungsmöglichkeit keinen Gebrauch machen. –
Ich habe nun an den Stuttgarter amerikanischen Konsul geschrieben und um Antwort gebeten, wann meine Nummer ungefähr dran ist. Levy sagte, ich sollte ja nicht zum Zürcher Konsul gehen, ehe sie dran ist. Meine Akten muss ich nun von dem menschlichen Stuttgarter Konsul zu dem unmenschlichen Zürcher schicken lassen. – Natürlich ist mein Freiburger Gesundheitszeugnis verfallen. Alle Malessen beginnen nun von vorne. Auch meine beiden Affidavits waren nach ½ Jahr verfallen. Wenn ich erst Näheres von Stuttgart weiss, werde ich sie Dir wieder einschicken müssen, lieber Wern, auf dass sie erneuert werden. Müssen abgeschrie-

ben, auf den Vermögens- und Einkommensstand von 1939 gebracht und nochmals notariell gemacht werden! Ogottogottogott, dieser verdammte Hitler! Wenn es also geht, muss ich nun erst mal nach England! Der dortige Konsul für U.S.A. soll nicht so schrecklich sein.
Seit U.S.A. im Jahre 1924 die Einwanderung gesperrt hat, lassen sie nur noch 150 000 pro anno rein, davon 7000 Deutsche, 6000 Polen, 60 000 Engländer (es gehen aber natürlich kaum 1000 Engländer im Jahr, aber die Chaibeamerikaner lassen deshalb nicht umso viel mehr Deutsche rein!), 1000 Österreicher usw. Das Gesetz von 1924 gilt heute noch. Da es nicht verändert ist, wohl aber Österreich heute deutsch ist, kommen natürlich die 1.000 Österreicher heute mit auf die deutsche Quote. Vielleicht hat das Rothmund so gesagt. Das aber ist kein Vorteil für Deutschland, sondern im Gegenteil. Sämtliche österreichischen Juden stehen doch auf der Warteliste für U.S.A. Ich teile Euch noch mit, dass *Richard Aldington* und H. D. Europa verlassen haben, und zwar, wie sie gesagt haben sollen »Weil man nur noch in Amerika in Ruhe leben und schreiben kann!« – Ich schliesse mich ihrer Ansicht an. Lieber Wern, beschreib doch uns beiden mal Deine Fahrt, kannst doch einen Durchschlag für beide machen! Es interessiert mich doch! Dr. Levy sagte mir, man könnte gar nicht von Frankreich aus mit einem französischen Dampfer nach U.S.A. fahren. Es führen keine französischen mehr. Stimmt das? Für mich wäre das doch viel billiger als über Italien. Er meinte, Du wärest wohl auf einem holländischen gefahren, der in Le Havre gehalten hätte. Das könnte ich

aber nicht, weil die holländischen Dampfer so furchtbar teuer seien, viel teurer als die amerikanischen, die von Genua abgingen. Ich lese immer von den nachts ganz verdunkelten und am Tage künstlich vernebelten Dampfern. Ich denke mir Deine abenteuerliche Fahrt so wie im Märchen: »Hinter mir Nacht und vor mir Tag, dass mich niemand sehen mag!« Hichy ist jetzt in meinem heissgeliebten Bern, Adresse Hotel Bellerive-Palace. Er bleibt dort 3–4 Wochen, dann wieder Bellerive au Lac. Lieber Werner, der olle Faesi wird immer dümmer! Ich schreibe Dir 2 Verse aus seiner neuesten Dichtung »Tag unseres Volkes«: Auf, heb zum Hohen, Volk, deinen Sinn! Kannst du nicht lohen, Stirbst du dahin! – Dass du dein Leben heiligst und weihst, Volk, sollst du heben Kühn dich zum Geist! – Ist das nicht zum Gotterbarmen?
Lieber Wern, Du kannst Dir wohl denken, warum ich Dir das Stückchen Zeitung mit dem wunderbaren Aufsatz über *Karl Follen* sende! Der Vergleich mit Deinem Schicksal drängt sich ja auf! Nur sollst Du nicht so früh und vor der Vollendung Deiner Aufgabe untergehen, wie Follen in des Wortes wahrer Bedeutung! Es ist ein Stück aus dem Literaturteil der »Basler Nationalzeitung«. Ich grub's mit alle den Würzlein aus, d. h., ich riss es so vorsichtig und so weit, wie ich konnte, im alkoholfreien Restaurant raus, um es Dir zu schicken, weil mich Follen ja immer sehr gefesselt hat und dieser Aufsatz mich innerlich anrührte. Im Zürcher Schauspielhaus, Deiner alten *Wirkungsstätte,* geben sie jetzt Dantons Tod mit *Langhoff* als Robespierre [...].
Deine Jeremia

26. 2. 1940

Geliebter Gaute,
es kommt mir ja seltsam vor, dass Du tatsächlich schon das erste Vierteljahrhundert hinter Dir hast und nun in das zweite eintrittst, denn es ist mir doch, als ob es noch gar nicht lange her wäre, dass Dir bei Friseur Fortmann in Bielefeld das erstemal die Locken geschnitten wurden. Also trotzdem: Bleibe gesund und heiter, vergiss das erlittene Böse am Ausgang des ersten Vierteljahrhunderts und hab einen schönen Geburtstag bei einem guten Viertele!
Diesen Bogen von Deinem 21. Geburtstag nahm ich mit aus Deiner Waschtischschublade. Leider kann ich Dir nichts schenken, aber vielleicht bekomme ich einen Preis, dann kaufe ich Dir etwas Schönes! Du weißt ja, dass ich »bis über die Ohren in Germaniens Urzeit« stecke, in 14 Tagen muss ich mit meinen 100 Seiten fertig sein und die Arbeit an die Bostoner Universität schicken. Leider habe ich das »Harvarder Ideal der Sachlichkeit« nicht ganz erfüllen können. Die Arbeit erschien mir in der Sachlichkeit zu langweilig, und ich arbeitete das ganze Buch um.
Herzlichsten Dank für Deine Briefe vom 25. Januar und 6. 2. Für die reizenden Affidavitchen besonders viel Dank! Ischa ulkig, dass sich Dein Brief mit meiner Bitte kreuzte. Ich werde dem liebenswürdigen Charles selbst ein paar tiefgefühlte Dankeszeilen auf englisch schreiben. – Auch für dein schönes Anerbieten, mich allenfalls in San Domingo unterzubringen, 1000 Dank. Leisis sind da nich for! Der Papa sagte, das sei eine Negerrepublik in den

grossen Antillen und das Hellste, was ich da finden würde, wären Mulatten. Auch wollten ja diese Gaunerrepubliken mit diesem Menschenhandel ihre Finanzen auffüllen, und Herr Leisi meint sicher, wenn ich da von Bord will und kann die vielen verlangten Steuern und Bankkonten nicht vorweisen, dass ich dann gleich als Sklavin verkauft würde, denn der Sklavenhandel stünde da noch in höchster Blüte. Also will ich erst mal abwarten, was der Konsul dazu meint. Wenn sich ein anderes Land öffnet, brauch ich ja nicht weisse Sklavin zu werden [...].
Mit Gruss und Kuss Deine treue Mutter

Frauenfeld, c/o Dr. Renner
den 10. Juni 1940
[Durchschlagsystem]

Geliebte Kinder,
wir müssen uns an unvermeidliche Unregelmässigkeiten in unseren Erlebnisberichten gewöhnen. Von Dir, lieber Wern, sind 2 Briefe an mich verlorengegangen, leider gerade solche, die ich besonders gern genossen hätte. An Euch je einer von mir. An Dich sende ich diesen per Luftpost, daher schreibe ich nur wenig, weil es sonst zu teuer wird. Wenn Du erst östlicher wohnst, wird es viel billiger, lieber Sohn. Wo aber soll ich Dich, teure Tochter, im Geiste suchen? Ehe ich von meinen Angelegenheiten erzähle, lass mich von meiner grossen Sorge um Dich

sprechen, die Wern sicher in hohem Masse teilt. Wir lasen in hiesigen Zittigen, dass Du, d. h. alle deutschen Frauen aus London, auf der Isle of Man interniert seiest. Also kann ich, wenn ich Dich jemals wiedersehen sollte, konjugieren: »Ich war gefangen, Du warst gefangen, er war gefangen!« –
Und jeder von uns bei einer andern Nation! Ich hoffe nun von Herzen, dass Du dort von echt englischen Gentlemen bewacht wirst, auch mal schwimmen kannst, Dich als Gymnastiktante bei den mitinternierten Kindern betätigen kannst und dass es vielleicht doch besser ist, so weit nördlich zwischen Irland und England zu sitzen als in dem gefährdeten London. Denn wenn Dein Klavier den Bomben der deutschen Teufel zum Opfer fällt und Du mir nie mehr daran vorsingen wirst: »Mein Herz, mein Herz« und das bittersüsse Lied, so ist das weiter nicht schlimm, und mir ist es jetzt bald eine Beruhigung, Dich nicht mehr bei dem Klavier zu wissen. Oder, wenn ja – ist ein guter Luftschutzkeller bei Deiner Wohnung? Wie weit entfernt? Die Hoffnung, Euch beide zusammen nochmals »Der Tod und das Mädchen« und »Sylvia« im Duett singen zu hören, hab ich aufgegeben. Es erscheint mir sinnlos, Euch in dieser grauen Zeit alles Gute zu wünschen, denn es wäre das gleiche, als ob ich es mir selbst wünsche. Der Himmel scheint noch viel mit uns vorzuhaben, ehe dieser Akt des Theatrum Europaeum zu Ende gespielt ist.
Vielen Dank für Deinen Aprilbrief, der mir nach Kreuzlingen nachgesandt wurde, wo ich mittlerweile, wie Dir Dr. Leisi wohl schrieb, operiert bin. Und Dank auch für Deine mühseligen Bemühun-

gen, mich im Mai kommen zu lassen, die nun vergeblich waren, und schliesslich auch für Deinen Brief an Leisi, den er Dir sofort per Karte beantwortete und mir schickte. Zu Deinem Brief an mich noch folgendes: Hast Du noch genug Geld, für Miete vor allem, da nun der Studienbetrieb einschrumpft? Vom Effektenverkauf wirst Du nun wohl nicht leben können, denn wer kauft etwas in diesen Zeiten, um es vielleicht gleich darauf zerstört zu sehen? Kannst Du Dich mit dem Hichygeld noch eine Weile über Wasser halten? Hast Du gar nichts vom Frühjahr gehabt nach dem endlosen, schrecklichen Winter? Ich möchte Dich mir gern in einer vor den Deutschen versteckten Bucht im Strandanzug träumend vorstellen. –
Deine Blutspende in Ehren, aber ich hoffe, dass Du dann wenigstens ein fabelhaftes Essen hinterher bekamst, und zu wiederholen brauchst Du die Sache doch nur dann, wenn Du dafür auch als freundliche Ausländerin behandelt wirst. –
Die innigsten Grüsse an Hauserwillem. Ich denke an ihn wie an einen Bruder – oder, wenn ich mir Erich bei dem Gedanken vorstelle, tausendmal herzlicher. Ist *Räldchen* aktiver Soldat geworden? Hoffentlich nicht, denn wenn der den Deutschen lebend in die Hände fällt, würde sein Tod ein schrecklicher sein. Über Oskärle und Goldelse bin ich natürlich auch bitter betrübt. Ist Oskärle damals als Lehrer in Paris gewesen? Dann ist er hoffentlich nicht mehr dort! Und sitzt *Goldelse südlich der Seine* gefangen? Kürzlich kamen hier 95 deutsche Frauen und Kinder durch, im Austausch nach Deutschland gegen französische Zivilgefangene aus Deutsch-

land. Aber sie will sich wohl gar nicht nach Deutschland austauschen lassen! Sollten aber ganz gegen meine Vermutung Goldelse und Oskärle sich doch austauschen lassen, dann sollen sie mir doch vorher schreiben, damit ich ihnen auf jeden Fall irgend etwas nützen kann. Wie gern würde ich ihretwegen nach Zürich oder Bern fahren oder wo sie nun durchkommen! Ob sie in Freiburg sicher sind, weiss ich nicht. Nach deutschen Berichten gar nicht [...].
Tante Emma, die immer noch mit der sprichwörtlichen Tante Meta, meiner Base Gretchen und ihrem Mann Martin in Charlottenburg in der grausigen, kleinen Hofwohnung sitzt, wurde am 22. 4. 80 Jahre alt und befindet sich in grösstem Elend. [...] Alle drei leben von Tante Metas Grossherzigkeit, die aber auch von den Nazis fast gänzlich ausgeräubert wurde, obwohl sie ein grosses Vermögen von Onkel Wilhelm erbte.
Ich möchte Dich nun fragen, ob Du nicht eine Vollmacht an mich senden willst zur Weiterleitung an Tante Emma, in der Du ihr die Wertpapiererträgnisse, die über ein Jahr lang nicht mehr erhoben wurden und auch die künftig anfallenden schenkst. Du kennst ja das Gesetz, dass jedes Vermögen, um das sich der Ausgewanderte 2 Jahre lang nicht gekümmert hat, Hitler gehört. Darum hat die Verbrecherbande Dich auch voll Bosheit, entgegen Deiner und meiner wiederholten Reklamation, als Auswanderin bezeichnet und Dein Konto als Auswandererkonto bezeichnet. Auf meine persönliche Vorsprache deswegen bei der Devisenstelle Karlsruhe sagte man mir, das sei nur »pro forma«, hätte gar nichts zu bedeuten. Nun hatte ich aber dennoch mit vieler

Mühe durchgesetzt, dass die Wertpapiererträgnisse, ohne erneute Einsprache der Devisenstelle, im Inland beliebig verzehrt, resp. verschenkt werden könnten durch Dich, wobei ich natürlich an mich selber dachte, falls mir die Flucht nicht mehr gelänge. Das entsprechende Schreiben hab' ich Dir zugeschickt [...]. Ich verspreche mir keinen Erfolg unserer Aktion, aber erstens ist es eine Möglichkeit, dem armen Emmachen zu helfen, 2. ist es die einzige Möglichkeit, Dein Anrecht auf das Geld noch einmal geltend zu machen [...].
Nun nochmals zu Deinem Brief vom 6. 3.: Auch ich habe angenehme Schweizer gefunden, fast alle sind liebenswürdig gegen mich, aber Demokratie und Freiheit und Fortschritt hab' ich nicht gefunden, keine Niederlassungsbewilligung, sondern eine sogenannte Toleranzbewilligung, die keine grosse Toleranz zeigt, da täglich widerrufbar, und sehr oft hab' ich dieses Land als fremd und feindlich empfinden müssen. Gefunden hab' ich viel Unkultur und Hoteliersgeist dieses Hoteliervolkes. Ich muss mich leider diesem Schimpfwort des *Grafen Keyserling* anschliessen, wenn ich auch nicht im Hotel wohne, aber ich sehe dieses Wort auch in der geschäftlichen Ausnutzung jedes hochdeutsch Sprechenden. Im übrigen hat jeder Geschäftsmann seit Kriegsausbruch alle Preise heraufgesetzt, und zwar sofort, ohne Rücksicht auf grosses Lager vom Vorkriegssommer und billigen Einkauf. Wie statistisch festgestellt wurde, ist der Lebensindex seit dem 1. 9. 1939 um 17% gestiegen, aber jedes Kantönliblatt faselt von der echten Tellengüte hier im ringsum brandenden Krieg. Aber man verdient gut dran [...].

Dann deutest Du an, dass Du mir von einer Möglichkeit schriebst im market research in USA unterzukommen und dadurch schnellere Einreisemöglichkeit zu haben. Leider hab ich auch jenen Brief nie bekommen, während Du schreibst, da ich nicht drauf einginge, hätte ich das wohl nicht gewollt. Ich werde Dir im nächsten Brief Bestätigungen von Sunlicht über meine segensreiche Tätigkeit senden. Jetzt noch ein Zeugnis zu fordern, ist ganz unnütz, denn ich bin doch auf Betreiben der Freiburger Gestapo entlassen. Trotzdem haben sie mir ohne weitere Bemerkung in meinem offiziellen Arbeitspass meine Arbeit bestätigt. Diesen sandte ich auf Erichs Rat, weil Sunlicht urspünglich die Liverpooler A. G. ist, an Fränze, damit die Einwanderungsagentur von dieser Beziehung erfährt. Diese aber, das Bloomsbury-House, hat dieses äusserst wertvolle Dokument, in dem auch meine Stellen bei Uhlenhuth und bei der Volkswacht vom Freiburger Arbeitsamt nach seinen eigenen Erkundigungen genau bestätigt sind, verloren. Ich glaube nicht, dass Fränze es dort wieder herausbekommt. Ich hatte aber noch andere Beweise für Sunlicht. Die besten aber hab' ich meiner Arbeit für Harvard beigelegt (mit vielen andern Dokumenten), weil sie in dem Preisausschreiben bemerkten, dass allenfalls beigelegte Dokumente die Glaubwürdigkeit des Bewerbers erhärten. Also hab ich jede Behauptung über mich selbst sorgfältig dokumentarisch belegt.
Deinen Rat für den Lehrgang in einem Hospital kann ich nicht befolgen. Eine derartige Bitte, selbst wenn ich ausserhalb des Spitals auf eigene Kosten ässe, wird einer Emigrantin hier als Frechheit aus-

gelegt. Aus einem öffentlichen Vortrag des Obersten der eidgenössischen Fremdenpolizei, Regierungsrat Rothmund, gehalten in Zürich: »Es ist nun vielfach angeregt worden, für die mobilisierten landwirtschaftlichen Kräfte die Emigranten einzustellen. Mit welchen Gefühlen aber soll ein Bauer die Heimat beschützen, wenn derweil ein Emigrant seinen Arbeitsplatz einnimmt?« –
Das Volk, ausser Frau Lina Marti, teilt freilich diese Einschätzung nicht. Beim Volk ist »Emigrant« kein Schimpfwort, im Gegenteil. Dass die »gastliche« Schweiz aber nicht nur Follen, sondern auch den deutschen Begründer des utopischen Sozialismus, den Schneider Wilhelm Weitling – Magdeburg, später dann Wilhelm Liebknecht auswies und 1000 andere, weisst Du ja. Während des deutschen Sozialistengesetzes aber wollte sie auf Bismarcks und Puttkammers Verlangen 1890 Ede Bernstein, Fischer, Motteler, Schlüter, Tauscher usw. sogar den deutschen Gerichten ausliefern, aber diese alle retteten sich nach Old England. Heute aber ist es noch weniger lustig. 1890 hiessen die deutschen Lockspitzel, von Bismarck geschickt und in Zürich geduldet und unbehelligt, Schröder und von Ehrenberg. Heute ist der nicht eingebürgerte deutsche Nazi, wenn er schon lang hier ist und Arbeitserlaubnis besitzt, unbehelligt, wenn sein deutscher Nazipass in Ordnung ist, aber was mit mir passiert, wenn mein Pass am 1. 9. abgelaufen ist, weiss ich noch nicht. –
»Das Lied von Genitiv« las ich auch Leisis vor, es hat uns sehr erheitert. Aber nun ist es doch herrlich, dass Du den Genitiv nicht mehr einpauken musst

und eine erfreulichere Tätigkeit ausüben wirst. Schade ist es nur wegen Fortriedes und Mrs. Hüneke, der ich das nächste Mal auch schreibe, denn ihr Brief war zu herzig: »Wir trinken manchmal Kaffee zusammen und dann sprechen wir immer von Mutter und Schwester ... und wenn Sie kommen, dann wollen wir auch Kaffee trinken zusammen!« Da wirdscha nu woll nix von. –
Dass Du Dich so bemühst, mit Deinen selbstverdienten Klamotten auszukommen, während ich hier Dein Geld veraase, wie die Lilien auf dem Felde, die säen nicht, die ernten nicht und der himmlische Vater ernähret sie doch – ist natürlich tief unangenehm für mich. Seit mein Skalp wieder zusammengewachsen ist und ich wieder 'n büschen bei Verstande bin, bemühe ich mich, wenigstens beim Schwarz-Heuen mein Essen zu verdienen. Soeben sprach ich wieder mit einer neuen Arbeitgeberin telefonisch, an die mich Leisi empfohlen hat. Es sind Bauern aus Neumünster in Schleswig-Holstein, seit 1928 in Affeltrangen im Thurgau, heissen man bloss Elwers. Wie lieblich klang es mir durch die Hörmuschel: »Scha, ischa man schade, dass mein Mann grad' aus'n Haus ssspaziert is, sonst könnt' ichr dennscha gleich mit sssprechen! –
Wenn's was wird, bringt Leisi mich hin und trägt meine Zahnbürste. Ischa 2 Stunden von hier ab. (Hab' vergessen, Deine Karte aus Cleveland dankend zu bestätigen!) – Aber nun eine andere indiskrete Frage: Wie steht es denn mit Deinem Dr.? Kannst Du Deine Studien über *Hölderlin* nicht verwerten? Übersetzen? Musst Du Dich nicht mal ½ Jahr lang ganz von aller Arbeit freimachen, um

diesem äussersten akademischen Anstand Genüge zu tun? Oder kannst Du es nicht von wegen argent? – Dass Du nun mit Caro und Lene Wenck noch zugange kamst, ischa raizend! Dank für die Notiz »Aus der Gesellschaft«. Leisi kennt ihn natürlich. Er war berühmt in Europa, und Leisi ist nicht nur ein wandelndes Lexikon, sondern eine wandelnde Enzyklopädie. – Viele Grüsse an Dumreicher. Ich höre so gern von dem. Und ich bin so froh über jeden deutschen Jungen, der dem Massengrab entgeht, wenn es 'n guten Jungen is. Wie viele Kinder aus Deiner Klasse sind nun schon tot! Trautvetter bestimmt, solche Langen nimmt's gleich, weil sie ein leichtes Ziel bilden. Salm, der kleine, lebt vielleicht noch, aber seine Diplomatenkarriere wird er nicht mehr vollenden. Ich bin so glücklich, dass auch *Beer-Hofmann* noch lebt! Doch noch einer aus dem Hofmannsthalschen Kreise und einer seiner liebsten Jugendfreunde. Hoffentlich siehst Du ihn. Und *Albrecht Schaeffer* und *Paul Tillich*! Nun kommst Du ja wieder in aller Nähe! –
Du fragst, ob ich meine Preisarbeit überhaupt und wenn auch verspätet abgesandt hätte! Na, Sie sind gut! Das war doch noch die einzige Chance einer schwer melierten Greisin! Auf den Tag pünktlich habe ich sie in bester, ordentlicher Aufmachung und Einheftung abgesandt, eingeschrieben! Postwendend kam ein reizender Brief von Cambridge, Massachusetts, Abteilung: German Life. Überschrift: My dear Frau Vordtriede. Es hiess in dem Preisausschreiben, dass die deutsch geschriebenen Arbeiten, wenn sie dessen wert erscheinen, übersetzt werden. Also: meine wird übersetzt! Es ist zwar eine Schu-

sterarbeit, ohne eleganten Schwung und Stil, weil ich bei der ungeheuren Kälte in meinem Zimmer so sehr litt und nicht in Stimmung kam, aber sie ist fleissig und enthält reichlich statistisches Material. The Judges Gordon W. Allport, Sidney B. Fay and Edward Y. Hartshorne teilten mir freilich mit, dass wider Erwarten viele Arbeiten ankamen, so dass ich mich jetzt einige Monate gedulden möchte. Ich werde ihnen Deine Adresse mitteilen, für den Fall, dass die Schweiz in den Krieg verwickelt wird und ich in was verwickelt werde. Eigentlich haben sie sie schon, denn ein Kapitel heisst: Meine Kinder und die Revolution. Da steht sie in. Die Arbeit ist 116 Seiten lang (wie diese, einzeilig geschrieben). Ich schicke Euch nächstens das Inhaltsverzeichnis, aus dem Ihr alles erseht. –
Literatur über Follen bekomm' ich von Basel über die hiesige Kantonsbibliothek, kann Handschriftliches dort abschreiben, weil ich da Mitglied bin – sogar kostenlos, weil ich gut stehe mit dem Direktor Dr. Isler – ist auch Ermatingerschüler. Ich wünschte sehr, dass Dir meine Anregung und meine folgenden Auszüge zu einer Monographie langten. Über die ökonomischen und gesellschaftlichen Verhältnisse in Deutschland, die ihn zur Flucht trieben, diesen ganzen interessanten Prozess, der sich zur Bildung der sozialdemokratischen Partei entwikkelte, arbeite ich augenblicklich. Auch dafür, meine liebe Fränze, ist mir Deine Sendung sehr wertvoll. Frau Leisi las mit Wehmut aus den gesammelten Werken meine Beschreibung von der Exhumierung Friederike Brions in Meissenheim. Da war ich doch mit dem *dicken Sutter*. Jetzt find' ich oft seinen Na-

men als Leiter der Stuttgarter Nazisendungen im Rundfunkprogramm. Gut, dass die edle Sutter-Kottlar tot ist, von der Fendrich in einer Kritik schrieb: »Sie trug ihr herrliches Herz wie einen Gral vor sich her!« Ihr wisst ja wohl noch, dass sie, die Wagner-Sängerin und Akademieprofessorin aus Frankfurt, eine Wiener Jüdin war. Die Nazilieder in Stuttgart dirigiert Lucas, früher Freiburg. –
Liebe Fränze, der Band 1929 fehlt seltsamerweise. Ischa nich schlimm, wenn Du ihn verloren hast. Aber kuck bitte mal nach, wenn Du kannst und schreib mir's. – Der nette amerikanische Generalkonsul in Zürich is'r nich mehr. Er hiess Frost. Gott weiss, wie der neue ist. Der in Bern, mit dem ich wegen Deiner Freilassung sprach, war goldisch, aber für mich als Thurgauerin nicht zuständig. – Ich bin froh, dass Du nicht nach Chicago gehst, erstens die Gangster! Zweitens der »Struggle«, den ich von *Upton Sinclair* kenne. Und auch froh, dass Du die Register der Wurlitzer-Orgel nicht zu ziehen brauchtest! –
Für Mexiko viel Vergnügen! F. F.! Lass Dir von mir noch 17½ Ermahnungen auf den Weg geben! Da steckt doch alles voll Räuber! Vergiss nicht, Trotzki zu besuchen und sag ihm meine Gratulation zu seiner merkwürdigen Errettung vor Stalins Mörderbanden! Er kann gut Deutsch, freut sich sicher mehr über Deinen Besuch als über den von Clare Sheridan damals. Er war hier überall abgebildet, wie er ein Interview über seinen Überfall gibt, sieht sehr gut aus, seit er weisshaarig ist. Sag ihm, dass ich mir demnächst in der hiesigen Bibliothek der Sozen, in der ich auch Mitglied bin, sein Buch hole: »Stalins

Verbrechen«, aber dass es bis jetzt immer ausgeliehen war [...].
Über meine wochenlange Krankheit wiederhole ich heute kurz (Näheres später!): tiefer Abszess im Kopf und Geschwür im Gehörgang. Letzteres ging von selbst auf, Kopf musste aufgemacht werden. Hier verkehrt behandelt, Leisi brachte mich mit 39 Grad Fieber im Auto zu Sträulis, wo er mich angemeldet hatte und wo es mir diesmal besser gefiel. Sie nahmen keinen Pfennig für Operation und Pflege. Tadellose Operation, obgleich Riesenwunde. Eine so gute Narkose, dass ich hinterher nicht mal zu brechen brauchte. »Röslein sprach: ich breche mich!« Hinterkopf kahl rasiert! Chinesenschädel bewölkt sich jetzt wieder! – Alles kam von der furchtbaren Kälte bei Renners. Im April hatte ich vom 3. bis 10. immer 7–11 Grad in diesem Nordostzimmer, draussen Wettersturz mit Schnee und Hagel, doch wurde ab 1. 4. nicht mehr geheizt. Alle Bekannten zerflossen in Mitleid (ich lag zuerst in der Sauklinik hier), weil sie dachten, es käme von den Polizeischikanen am 1. 4. Ich liess sie in dem Glauben. Natürlich hatte ich hier viel Ärger am 1. 4. nach Ablauf meiner Aufenthaltsfrist, aber davon wäre ich nicht so krank geworden. Jetzt ist wieder Ruhe wegen der Vorbereitung eines neuen Emigrantengesetzes. Ich weiss nichts Näheres, da ich die Fühlung mit meinen Emigrantenfreunden in Bern nicht mehr habe. Will mal bei Endress, jetzt Zürich, früher Haslach, anfragen. Ich musste einen Fragebogen von 8 Seiten (Aktenformat) dreifach ausfüllen und nach Bern schicken. Nun scheint die Emigrantenbehandlung in ein besseres Stadium zu kommen. Bis 1. 4. wurde

man so furchtbar schikaniert, um vor richtigem Kriegsausbruch rausgeekelt zu sein. Jetzt ist ja keine Möglichkeit mehr.
Eure treue Mutter.

Frauenfeld, den 2. Juli 1940

Teurer Sohn,
gerade erfahre ich von einer Gelegenheit, Dir mal wieder schreiben zu können, die ich schnell benutze. Am 9. Juli fährt die »Manhattan« von Lissabon, am 3. Juli, also morgen, muss der Brief in Chiasso sein, von da geht er mit Flugpost nach Rom, wird umgeladen und dann über Barcelona nach Lissabon. Man erfährt die Postmöglichkeiten immer durchs Radio. – Du kannst Dir wohl denken, dass ich Tag und Nacht mit meinen Sorgen bei Fränze bin. Ich nehme an, dass Du sie nicht mehr kommen lassen kannst, sonst hättest Du es gewiss getan. Aennchen hat auch alles in Bewegung gesetzt, um Peter herausbekommen zu können – ich weiss nicht, ob es noch glückte. Da ich nicht weiss, welches Landes Zensor diesen Brief prüft, drücke ich mich so vorsichtig aus. Deine beiden letzten Briefe, der per Schiff und der per Luft, waren diesmal ausnahmsweise nicht geöffnet worden. Ich hoffe, dass Du meinen Junibrief (7 Seiten) bekamst. –
Da Du mir nicht schriebst, worauf es Dir bei Deiner Monographie über Follen ankommt, schreibe ich

fast alles ab. Es gibt im ganzen 5 Bücher, in denen er erwähnt ist, davon 2 Lebensbeschreibungen, eine in englisch, nur eine study. Dieses alles bekam ich von der Basler Universitäts-Bibliothek. Vom Basler Stadtarchiv bekam ich seine Anstellungsurkunde als Basler Univ.-Prof., diese natürlich handschriftlich. Ich sende Dir alle meine Abschriften, sowie wieder ein Schiff nach U.S.A. geht, worauf ich freilich vorläufig nicht zu hoffen wage – und ich denke, dass es Dir Stoff zu einem schönen Werk gibt [...].
Dir würde ich gern wieder literarische Notizen aus hiesigen Zeitungen senden (es gibt freilich nicht mehr viel Gescheites), aber Gedrucktes geht nun gar nicht mehr durch, wird gleich vernichtet. Schade – es rührte mich so, dass Du alles mit solcher Wonne verschlangst, sogar die Inserate der N.Z.Z., und ich stelle mir Deine tiefe Rührung über den Schweizer Produzenten vor, der alle seine Ware dem Konsumenten in solcher überströmenden Liebenswürdigkeit anbietet.
Nur ein Bildchen von *Hiltbrunner* und *Emmy Hennings-Ball* lege ich bei, das ich ausschnitt und das Du hoffentlich bekommst. Emmy, auf diesem Bilde noch so languissante, ist nun auch ein bisschen in die runzeligen Jahre gekommen. Ich sah eine neue Zeichnung ihres interessanten Kopfes. Sie war in ihrer Autobiographie, die ganz schlecht und zahm ist. Sie ist eine Hamburger Arbeitertochter. Sicher sagt sie in diesem albernen Buche nicht einmal halbe Wahrheiten, denn sie hat doch ihr früheres Leben ganz abgeschworen, ist kolossal katholisch geworden nach *Hugo Balls* Tode und verlegt bei dem ungemein schwarzen Verlag Benziger in Einsiedeln.

Hast Du erfahren, dass *Sigrid Undsets* Hof im Gudbrandsdaal von Bomben ganz zerstört wurde? Sie floh. Damals war es noch sehr kalt. Sie musste zum Teil durch Eis und Schnee laufen, bis sie einen Schlitten fand und nach Schweden hinüberfahren konnte. Sie hatte 2 Söhne, der älteste ist, 26 Jahre alt, gefallen. Er war Ingenieur. Sie hat 1912 geheiratet. Dein ehemaliger Gönner *Arnet* hat ein grausames vaterländisches Weihespiel gebastelt vom »Tellenmut und Pestalozzis Güte«, die beide die hervorstechendsten Eigenschaften jedes Schweizers seien. –
Hier wird nun natürlich demobilisiert, nach Hitlers Sieg ist ja kein Durchbruch deutscher Truppen mehr zu befürchten, es bleibt nur noch geringe Grenzbewachung. Eine furchtbare Arbeitslosigkeit bei den Zurückkehrenden wird die Folge sein, denn fast alle Exportmöglichkeiten sind geschwunden. Auf jeden Fall bekomme ich nun dadurch gar keine Arbeit, nachdem im Mai gerade Arbeitermangel eingetreten war und die Aussichten für mich besser waren. Ernst Leisi wird nicht entlassen – vorläufig mehr die Verheirateten. Er ist beim Stabe und hat die Aufgabe, den ganzen Tag alle Sender abzuhören und darüber zu berichten.
Peter Sträuli ist entlassen, er steht vorm Examen. Frau Sträuli schrieb mir sehr nett, sie hätten in den kritischen Tagen Kreuzlingen verlassen, sie und Ursel waren bei ihrem Mann in Weinfelden. Kreuzlingen war wie ausgestorben. – Warst Du auf dem Popocatepetl? Das ist das Einzige, was ich von Mexiko weiss und auch da nur das Wort, weil es in einem lustigen Gelegenheitsgedicht Fontanes vorkommt. War es schöner als in der Schweiz? Ich habe

noch eine Ansichtskarte von Dir aus Baden bei Zürich. Ich würde auch gern da überallhin wandern, vor allem auf einen ordentlichen Berg, ich kann ja laufen, da kostet es nichts, aber es ist alles ganz unmöglich. Ich war nur einmal auf dem Hörnli, 1400 M. ü. d. M., an dem Tag wurde ich zweimal verhaftet, einmal vom Militär und einmal von der Gendarmerie. Der Gendarm fuhr mir extra nach, musste sein Rad aufs Hörnli in der Hitze schieben. Man kann hier nirgends allein gehen, wenn man hochdeutsch spricht, sofort ist man verdächtig und wird angezeigt, und Gesellschaft habe ich keine. Leisis machen immer nur so kleine Nachmittagsausflüge. Ich lobe mir den Eifer der Schweizer, obgleich ich dabei die Leidtragende bin. Bei der ersten Verhaftung liess ich den vernehmenden Oberleutnant bei Leisis anklingeln, und Du kannst Dir ja denken, was er für ein herrliches Plädoyer ins Telefon hineinhielt, während der Gendarm bei Renners anklingelte, ehe er mich wieder laufenliess, weil er Renner als Verhörrichter natürlich kennt.
Wenn diese Unannehmlichkeit nicht wäre, dass ich keinen Menschen mit meinem norddeutschen Getön nach dem Wege fragen kann, ginge ich so gern mal zu Fuss nach Zürich, ich würde es in 9 Stunden gut schaffen und könnte bei der edlen Dora übernachten, die mich eingeladen hat. Dann ginge ich weiter nach Baden bei Zürich: In Baden steigt man in die Badewannen, Man will das Rheuma aus der Wade bannen. Also war ich nur in Ermatingen und besuchte das dort gelegene Schloss Eugensberg, das Eugen Beauharnais von 1819 bis 1823 erbauen liess. Er starb aber schon 1824 und war nur viermal dort.

Es ist ein neues Buch über ihn herausgekommen, das ich mir bald aus der Bibliothek hole [...].
Lieber Werner, Du kannst Dir wohl denken, was ich empfinde bei dem Gedanken an den einen der 24 Waffenstillstandspunkte mit Frankreich, der die Auslieferung »bestimmter Deutscher« an Hitler vorsieht. – Sowie Du etwas über Fränzes Schicksal weisst, schreib es mir bitte.
Deine treue Mutter.

Frauenfeld Wielsteinstr. 38, den Juli 1940[!]

Mein lieber Sohn,
Dein Luftbrief vom 24. 6. hat mich in hohem Masse erfreut, aber auch erschüttert. Das Leid, das den *Eltern Schaeffer* geschah, ist wirklich ein »namenloses« Leid, und weil man es nicht benennen kann und weil es so endgültig bestimmend für ihr ganzes ferneres Leben sein wird, verstehe ich gut, dass Du nicht hingehen magst. Wie sonderbar, dass Dein Brief mit demselben Thema beginnt, mit dem ich meinen letzten schloss: Auslieferung der deutschen Emigranten in Frankreich. Das Verlangen hat mich weniger aufgeregt, das wusste ich ja, nachdem die Verbrecher nach ihrem Einzug in Oslo zunächst einmal 140 nach dort emigrierte Juden erschiessen liessen, und ich kenne ja Hitlers und Görings Rachsucht zur Genüge, vom 30. Juni 1934 usw. Aber dass diese teuflische französische Naziregierung dem

Verlangen prompt entsprach, ist das, was einen verzweifeln lässt. Wie viele unserer Bekannten, auch aus Freiburg, sind dabei! Die mütterliche Seele der Goldelse wird es nicht überstehen, wenn Harald ausgeliefert ist. Wie viele sind darunter, die schon aus Prag und vorher aus Wien im letzten Augenblick flüchteten! Aber wohin sollten sie diesmal flüchten?

Meine Bekannten hier wollen einfach das Entsetzliche nicht in sich aufnehmen und mitleiden. So sagte Frau Leisi einfach: »Ach, die werden ja längst geflüchtet sein!« Erstens aber waren die Häfen alle vor dem Auslieferungsverlangen in deutscher Hand, und zweitens gibt es ja nirgends Erbarmen für deutsche Emigranten. Hier stand in allen Zeitungen, dass U.S.A. auch innerhalb der vereinbarten Quoten niemand mehr hereinlässt. Ich hätte also gar keine Hoffnung, auch wenn meine Wartenummer jetzt dran wäre. Stimmt das? In Europa ist man nirgends mehr sicher. Der Gedanke an Fränze peinigt mich täglich mehr. Schreib mir bitte sofort, wenn Du etwas von ihr weisst. Schreib ihr gleich, dass sie unbedingt versuchen muss, als Begleiterin der täglich nach U.S.A. abgehenden Kindertransporte mit evakuiert zu werden. Das Geld und der Kram in London sind doch jetzt Nebensache, das Leben ist der Güter höchstes, und das ist für Fränze in höchster Gefahr.

Natürlich bin ich hier auch nicht mehr sicher. Die Schweiz ist nazisch geworden, die *Quislinge* haben mich bestimmt längst registriert, die Zeitungen schreiben vom »ritterlichen« Verhalten Hitlers, von der »vornehmen« deutschen Kriegsführung, am Ra-

dio fordert *Herbert von Moos* jeden Dienstagabend die Schweizer auf, »umzulernen«, der Bund verbeugt sich vor den Faschismen so gut wie der Papst, *Duttweiler* (der Migrosonkel) schrieb in der »Tat«: »›Der deutsche Mensch ist unsere Hoffnung‹ – das war von jeher auch unsere Auffassung!« Vor 6 Wochen wurde sein Käsblättchen verboten, weil es, gegen die Neutralität verstossend, auf »den deutschen Menschen« geschimpft hatte. Die Frontisten, im Winter verboten und aufgelöst, haben unter neuem Namen ihre Partei wieder aufmachen dürfen.
Leon Nicole, innerlich Kommunist, äusserlich, seit dem Verbot der Kommunisten, Sozialdemokrat, schreibt in »Le Travail« in bezug auf Frankreichs Fall: »Eine wurmstichige Welt, ein bis in die Knochen verfaultes System ist zusammengebrochen, wir werden ihm keine Träne nachweinen!« Nur Jubel, weil die »imperialistischen« Mächte zerbrochen sind, kein Bedauern mit den Opfern! Das ist auch Jeans Meinung! So sind Nationalsozialismus und Kommunismus geeint! –
Dein Trost muss sein, lieber Wern, dass wir beide, Fränze und ich, tapfer bis zum Fatalismus sind, und, wenn wir überhaupt heil aus diesem versinkenden Europa, aus dieser Schande und Tyrannei zu Dir in die Freiheit gelangen, unbeschreiblich glücklich zu preisen sind. Vorläufig wird auch Fränzes höchstes Glück der Gedanke an Dich und Deine wunderbare Errettung sein. Du hast der Götter Gunst erfahren! Die vormals Deinesgleichen waren, *Hepting*, *Zimmermann* und *Straub*, sie liegen heute im Massengrab oder auf dem Meeresgrund. Das tröstet mich täglich, dass Du nicht mitmorden musst. – Nein, Du

irrst Dich, Frankreich wird sich nicht wieder erheben. Die Franzosen sind schon wieder ganz zufrieden und getröstet. Hitler, der sich so wunderbar auf eines jeden Volkes Psychologie versteht, redet dauernd von der erhalten gebliebenen französischen »Ehre«. Und die »Honnörs« und ihre Bequemlichkeit, das ist den Franzosen das Höchste. Nur der französische Geist wird sich wahrscheinlich nicht so völlig totschlagen lassen wie der deutsche [...].
Natürlich dachte ich Dich immer in Mexiko, stellte mir vor, wie Du auf einem rassigen Ranchopferd auf der Hazienda eines Senjor Gobarnador als willkommener Gast anlangst, pfefferige Sachen isst und die Moskitos abgewedelt bekommst. – Hast Du eigentlich damals in Afrika schulmässig reiten gelernt? – Bist Du gesund? Ich bin es jetzt sehr, über den Schnitt im Skalp sind sogar wieder Haare gewachsen, was Dr. Sträuli nicht mal sicher in Aussicht stellen konnte. – Hoffentlich kannst Du Dich vor der Hitze bergen, dass Du keinen sunstroke bekommst. Versäume nicht, häufig zu schwimmen, und studiere nicht zuviel. Das hat noch keinem Menschen gutgetan. – Übrigens: Fränze hatte ihr nichtarisches Blut einem Tommy gespendet, also nicht einer neuen »Base«. –
Ich freue mich sehr, dass Du bei Leuten bist, die die furchtbare Heimsuchung der europäischen Völker mit bedauern. Kommst Du nochmals nach Cincinnati? Oder schickt Frau Hueneke Dir Deine Sachen? Hast Du damals in Paris Dein ganzes Gepäck verloren oder konntest Du etwas retten im Dezember 1939? – Nun zum Thema Follen. Ich glaube fast nicht, dass man Dir diese jetzt aktuelle Arbeit druk-

ken würde. Du darfst eben nicht von dem Deutschen Karl Follenius reden, wie er in Deutschland hiess, sondern von dem amerikanischen Bürger Charles Follen, der sich zum Ideal der amerikanischen Menschheit bekannte und geschrieben hat, dass »Amerika, durch seine Lage und seinen Welthandel dazu bestimmt, ein Vorbild für die ganze Erde wird«. – Schreib mir also bitte gleich Genaues darüber, w a s ich für Dich abschreiben soll! [...]
Bleib gesund, teures Kind! Deine Mutter

Frauenfeld, den 5. August 1940
Wielsteinstr. 38

Teurer Werner,
soeben kommt Dein Brief vom 24. Juli. Heissen Dank! Dein pünktliches, eifriges Schreiben, immer sofort nach Erhalt einer meiner Briefe, ist um so dankenswerter, als es in dieser grausen Hitze geschieht und ausserdem Dich so grauses Geld kostet, da Du immer Luftpost für Deine alte gräfliche Mama, geborene Freiin von Itzenplitz, spendierst. Alle Deine langen Briefe sind so schön, so frisch, so interessant, auf das wahnwitzige Zeitgeschehen eingehend, dass ich nicht zögere, sie neben die Briefbände Fontanes, Hugo von Hofmannsthals usw. zu rangieren. Ich bewahre ja auch alle der Reihe nach auf in einem Leitzordner und erfreue mich oft an denjenigen aus *Niendorf*, bei Tante Selma geschriebenen.

Deine lieben, teuren Briefe sind die einzige Anregung (und eine gar erquickliche!) in meinem einsamen, von lauter Botokuden eingerahmten Leben. Ich antworte der Reihe nach: nein, ich brauche keine Moneten, habe noch für ¾ Jahre hier zu leben. Wenn mich die kantonale, die städtische und die eidgenössische Fremdenpolizei nicht allvierteljährlich so brandschatzen würde, täte es für ein Jahr langen! Es ist überaus edel, Dein Anerbieten, wo Du es in sträflicher Hitze mit Deinem sauren Schweiss verdienen musst, während ich lebe wie König Ringans Töchterlein: »Was tut sie denn den ganzen Tag, da sie nicht kochen und spinnen mag? – Schwimmen und jagen!« – Aber alle meine Bemühungen um Beschäftigung wurden zunichte, auch mein letzter, von Leisis eingeleiteter Versuch, mich im Flüchtlingsheim von Pastor Salzgeber in Walzenhausen in Appenzell selbst zu internieren: die Appenzeller Fremdenpolizei lässt keine Emigranten mehr herein, das Heim wird geschlossen! Dies der Sinn eines Flüchtlingsheimes! – Nein, Widrigkeiten hab' ich augenblicklich auch weiter nicht, nur die ohnmächtige Wut, wie hier alles auf Befehl umfällt, nachdem der Bundesrat das herrliche Wort von der »autoritären Demokratie« ausgab und alle Zeitungen es mit Wonne nachdrucken. Bevor Hitler in die Schweiz eindringt, m u s s ich hier verschwunden sein. Selbst Renners, ganz antihitlerische, irrsinnig klerikale Katholiken, sähen mich aus politischen Gründen heut lieber von hinten!
Gegen den 10. Mai durfte ich mich nirgends mehr blicken lassen aus Deutschenhass, weil ich hochdeutsch spreche und mit Nazis in einen Topf gewor-

fen wurde, deren Einbruch man täglich erwartete. Selbst Leisis baten mich, nicht mehr mit ihnen sonntags zu essen, weil er als Rektor von allen Tischen her wütend angesehen wurde, wenn er hochdeutsch mit mir sprach. Sie luden mich damals statt dessen ins Haus ein, und gegen Ende Mai (auch jetzt noch) begannen wir die Sonntagsgemeinschaft im Alkoholfreien wieder. Heute nun bin ich als Emigrantin und Hitler g e g n e r i n verfemt. Es ist zum Heulen traurig! Freitag abend stellte ich im Alkoholfreien London ein. Da verliess ein guter Stammkunde, laut auf mich schimpfend, das Lokal. Wenn ich nicht mit der Verwalterin befreundet wäre, hätte ich Unannehmlichkeiten dafür bekommen, dass ich die Stammgäste vertreibe. Zu allem hin ist dieser Mann bisher immer mein guter Bekannter gewesen, der mir gegenüber den eingefleischten Sozi spielte. Der Verwalterin gegenüber war mir die Sache sehr peinlich. Sie sagte, dass der Mann ja recht hätte, wenn er die widerlichen englischen Lügen nicht mehr hören wollte, und dann stellte sie Deutschland ein, und das ganze Lokal war es höchst zufrieden. Da hörte ich u. a., wie sich die Engländer in den Niederlanden betragen hätten. Ein belgischer Mönch erzählte, dass sie das ganze Kloster ausgeraubt und die Mönche auf viehische Weise misshandelt hätten. Die ganze wertvolle Universitäts-Bibliothek in Löwen hätten sie aufgebrannt. (Nachdem sie schon im vorigen Kriege zerstört und von den Amerikanern mit grössten Opfern wieder ersetzt war!) Löwener Einwohner bezeugten, wie die Engländer den Brand legten und wiesen die mit Petroleum dick bestrichenen Türen vor. Die werten Frauenfelder sagten: »Ja,

dann kann man's mal sähne, die Belgier erst totschlagen und ausrauben und dann im Stich lassen und flüchten!« –
Dies nur ein Beispiel für das, lieber Wern, was mich hier mit grenzenlosem Ekel erfüllt. Dieses materielle Volk ist ja viel schlechter als das deutsche, das der Vorteile wegen mitmachte, die das Umfallen brachte, aber hier fällt man um, weil man einfach jeden, auch aussergrenzlichen Erfolg anbetet. Wenn er so riesengross ist. Ich möchte heute nicht Frau Agnes Gautschi hören, die mir noch vor ½ Jahr die träfesten Hitlerwitze mit Behagen erzählte und meinem Herzen mit ihrem Hitlerhass wohltat. Die Frauenfelder werden mich Hitlern, wenn er kommt, für ein gutes Glas Bier ausliefern. – Ich freue mich sehr darüber, dass Du Fränzen auch Geld schicktest. So ein Kabel ist ein tröstliches Ereignis in der Gefangenschaft. Ich wusste ja seit langem, dass sie dort war und schrieb es Dir schon in dem Luftpostbrief, dessen Doppel ich Fränzen schickte und das sie nicht mehr bekam. Ich las es hier in der Zeitung. Wenn ich trotzdem in meinem letzten Brief wieder an Dich schrieb, dass ich hoffte, dass sie mit einem Kindertransport nach Kanada entwischen könnte, so war damit nur eine letzte, vage Hoffnung ausgedrückt, da ich ja nichts Sicheres über Fränzes Schicksal wusste. Ich bat das Croix Rouge um Nachforschungen und habe ihm jetzt geschrieben, dass es nicht mehr nötig ist. Es wäre natürlich richtiger gewesen, wenn ich die Möbel etc. in den Titisee versenkt hätte, denn jetzt ist dieser Besitz schuld daran, dass poor little Frances sich mit so grosser Besorgnis trennte. Für Leute, die dauernd in allen solchen Gefahren leben, wie wir,

ist es am besten, los und ledig zu sein, frei von allem Besitz.
Mit wahrem Entsetzen sehe ich aus dem Brief der englischen Freundin, dass sie selber keine Hoffnung darauf hat, von den Nazi verschont zu werden. Ihre Briefe haben Hichens und ich nie erhalten. Er schrieb mir Ende Juli, dass er nichts über Fränze weiss. Im übrigen dankte er mir sehr warm für meinen »interesting letter«, den er postwendend beantwortete. Ich hatte ihm geschrieben, dass ich mich in dem Wunsche für Englands Sieg und Nazideutschlands Niederlage in der besten Gesellschaft wüsste, nämlich in der von Klopstock, Hölderlin und Schiller, die 1793 auch den Sieg der französischen republikanischen Ideen und Deutschlands Niederlage herbeisehnten – im Interesse des deutschen Volkes. Knittel aber soll Nazi geworden sein, wie man hier erzählt. Es soll auch in der »Basler Nationalzeitung« gestanden haben anlässlich einer Kritik über »Amadeus«, den Sohn der Therese Etienne, ein dickes Buch, mit dem Knittel die Welt zu Weihnachten 1939 beschenkte. Amadeus soll auch Nazi und Hitleranbeter sein. Ich habe mich noch nicht überwinden können, es zu lesen. Mittlerweile ist nun die Nationalzeitung in viel schlimmerem Masse umgefallen als sogar die »N.Z.Z.«.
Der Direktor Hagemann machte zweimal einen Besuch bei dem deutschen Presseattaché Trump – ein unerhörtes Ereignis, denn bisher war so etwas nur umgekehrt Sitte. In der Nationalzeitung las ich ein Inserat »Mehrere, allem Neuen aufgeschlossene Redakteure« gesucht. Die Sozenpresse druckte das nach und schrieb dazu: »So ist also unsere Prophe-

zeiung eingetroffen, dass das Basler Linksblatt das erste sein würde, das umfällt!« Es wird dort einen grossen Redaktorrutsch geben. Den allsamstäglichen »Kulturspiegel«, der immer Greueltaten gegen die Juden festnagelte etc., brachten sie schon seit 6 Wochen nicht mehr. Immer waren sie in Deutschland als Judenzeitung verschrien. Du schriebst vom Dezemberband der »N.Z.Z.« und nanntest ihn noch recht erträglich. Ja, da lasest Du am 3. 12. z. B. *Korrodis* Aufsatz über »Lotte in Weimar« von Thomy etc. Aber lies sie mal heute, nach Frankreichs Niederlage! Entsetzlich! Allem aber setzt *Karl v. Schumacher* die Krone auf, der schreibt jetzt nazischer als der Migrosonkel Duttweiler in der »Tat«. Thomys allerersten Urteil über die Weltwoche, als Du sie ihm 1933 zuschicken liessest, war also doch das richtige. Die »Tat« bekommt man bei Einkäufen in der Migros umesunscht. Sie ist mein Hoflieferant. Wie tief ist *Bernhard Diebold* gesunken, dass er dort jetzt als verantwortlicher Feuilletonredakkel fungiert – neben dem Quatschkopf *Felix Möschlin* und Herbert von Moos, dem ehemaligen Privatsekretär von Lord Halifax, mit dem er in Indien war, als jener noch Vizekönig von Indien war. Wenn Hitler kommt, wird Herbert von Moos Minister in Bern – dermassen ist er umgefallen. –
Was nun Fränze betrifft: Ich las, was »News Chronicle« über die Gefangenen auf Man schrieb. Demnach sind Anfang August über 100 deutsche Frauen entlassen, Tausende haben ein Befreiungsgesuch eingereicht. Was sagst Du dazu?
Solange Fränze auf der jetzt nur von Deutschen und Italienern (im ganzen 30 000) bewohnten Insel ist,

bleibt sie von Bomben verschont, denn die Deutschen werden die Insel nicht bombardieren. Andererseits: wie furchtbar das Schicksal derjenigen Emigranten ist, die Hitler gesammelt in einem Lager in die Hand fallen, weisst Du vielleicht. In Mittelfrankreich geriet ein solches Lager geschlossen in Himmlers Klauen. Alle kamen in ein deutsches K. Z. Ihr Los ist unvorstellbar schaurig. *Lion Feuchtwanger* ist dabei, der Mann, der 1927 Hitler in dem zweibändigen, sehr treffenden Reportageroman »Erfolg« verhöhnte und grossartig entlarvte – und dann 1933 »Geschwister Oppenheim«! Hast Du es gelesen? Es ist ja schluderig geschrieben, ganz kunstlos, eben auch Reportage, aber da beschreibt er doch Dachau! Und nun sitzt er drin! –

Hasenclever, Halbjude von Mutters Seite, wohnte seit 1931 schon in Südfrankreich, seit 1939 im französischen K. Z., erschoss sich dort, bevor die Himmlerschergen kamen. *Werfel* soll sich ebenfalls im letzten Augenblick noch erschossen haben, aber das ist nicht so sicher behauptet, wie die Fälle Hasenclever und Feuchtwanger und *Pohl*, ein Dir wohl nicht bekannter sozialdemokratischer Politiker und Schriftsteller, der zuerst noch seine Frau erschoss. Einer der besten Sozi, den ich von meinen zahlreichen Rätschtouren in die Pfalz persönlich kannte, kam mit Feuchtwanger zusammen ins deutsche K. Z.: *Johannes Hoffmann* – Kaiserslautern, zu meiner Zeit Mitglied des Reichstags, 1918 mit Kurt Eisner zusammen in der bayrischen Räteregierung. Früher war er Volksschullehrer. Er wurde 1916 mit Crispien und Breitscheid zusammen Führer der unabhängigen Sozi, später wieder Mehrheitssozialist.

Nach Dir wurden noch viele entlassen, aber im Mai alle wieder in die champs etrangères[!] gesteckt. In einem grauenhaften Lager an der Pyrenäengrenze, das voller Ratten, Mäuse, grosser Spinnen, Flöhe und Ameisen war, sassen 20 000 deutsche und italienische Frauen. Von Mai bis Ende Juni starben dort Hunderte. Dort wird auch Goldelse gewesen sein. Das ist das Kulturland Frankreich! Von der rapiden Faschisierung dort machst Du Dir keinen Begriff [...].
Einwanderung: Ich schrieb meiner Berliner Kusine, welche Nummer jetzt in Deutschland dran wäre. Sie antwortete: 50 000 wird gerade bearbeitet. Das war im Mai. Ich habe 47 000. Um die Sache ja recht zu machen, da ein frankiertes Kuvert Vorschrift ist, bat ich Frau Baum um eine deutsche 25-Pfennig-Marke, damit der amerikanische Konsul in Stuttgart mir ja Antwort gibt. Frau Baum sandte sie postwendend. Jeder deutsche Brief braucht 12–13 Tage. Immerhin schrieb ich doch Ende Juni an den Konsul, aber er würdigte mich keiner Zeile, wie Erich sagen würde. Dabei legte ich ihm alles ausführlich dar, sandte auch das Affidavit Charles Fortriedes im Original mit, da ich deren 3 besitze und die andern Affidavits im Januar 1939 von Dir und Marti auch im Original schicken musste. Auch ein Foto seines damaligen Schreibens und seiner Nummererteilung an mich sandte ich mit, das ich vorsorglich in Deutschland noch hatte anfertigen lassen. Schon zweimal hatte ich ihn gebeten, meine Akten an den Zürcher amerikanischen Konsul zu schicken. Ich habe natürlich keine Ahnung, ob Deutschland derartige Briefe von Emigranten einfach vernichtet. Also muss ich mich

in Zukunft an den gefürchteten Zürcher halten. Aber soll ich es nicht erst dann tun, wenn Deine Schritte dort erfolgreich waren?
Selbstverständlich bin ich politischer Flüchtling. Alle Belege darüber, Gefängnisentlassungsschein, Mahngebühren für Schutzhaftkosten etc. habe ich meiner Arbeit für die Cambridger Universität eingeklebt, da sie in den Bedingungen so grossen Wert auf Dokumente legte, die die Behauptungen als wahr erweisen können […].
Corona-Heft mit *Hebel-Aufsatz* werd' ich mir in der Kantonsbibliothek besorgen. Hebels Prosa geht mir über alles, und Strauss war ja 1911 auch noch wer. – *Bernhard Kellermann* ist Nazi geworden, schrieb ein Buch über Japan (früher vor dem 1. Weltkriege schon mal eins), darin beschreibt er Englands Wirken in Japan in Göbbele-Tönen. Er wird jetzt von den Nazi hoch geachtet. *Adolf Bartels* und ich hielten ihn für halbkoscher, 1. sieht er so aus, 2. verkehrte er früher am liebsten mit jüdischen Dichtern, wie er noch Mitglied der Berliner Dichterakademie war. Bartels schreibt von ihm in seiner Literaturgeschichte, in der er jedem den nichtarischen Stempel aufdrückt, wo er ihn irgend vermuten durfte: »Behauptet, von fränkischen Bauern abzustammen!« Das war zu Anfang dieses Jahrhunderts, als man sich vor Herrn Bartels noch nicht mit seinem »Ahnenpass« auszuweisen brauchte, als er vor Drucklegung seines Mistes jedem einen Brief schrieb: »Sind Sie Jude oder stammen Sie von Juden ab?« Wer das glaubhaft verneinen konnte, wurde in seinem Werk als grosser Dichter gepriesen, z. B. *Hero Max* und die *göttliche Toni*, die damals ausser der »Pfaueninsel«,

»Blume im Schutt« und dem »Stummen Klavier« noch nichts Nennenswertes verbrochen hatte. Kürzlich war hier das »Haus zum kleinen Sündenfall« antiquarisch für 1,75 Sfr. ausgestellt. Ihren erlauchten Namen fand ich in »Wer ist's?« (die deutsche Nachahmung von »Who is who?«). Nur ganz schäbige Antisemiten vermerken ausser der Religion auch noch »arisch« auf dem Fragebogen. Tonichen ist unter ihnen. Auch »Bergassessor Hermann« ist vermerkt und Apothekerin Klara »vermählte« Bahrenburg. Geschieden, weil Schwiegersohn Defraudant und im Gefängnis in Flensburg war, steht nicht dabei. Ja, so findet man in Frauenfeld seine alten Busenfreundinnen wieder, mit denen man die Nächte durchschwätzte. –
Ein fruchtbarer, anscheinend in der Schweiz immer noch hausender Schriftsteller ist *Golo Mann*, Thomis Bruder. Kennst Du *Konrad Falke* persönlich? Er wurde kürzlich 60, ist Verfasser unbekannter Dramen, hat einen grossen Fussack im Gesicht und heisst Karl Frey. –
Toni Sender! Der teure Name rührt jede Brust mit neuem Grame! Grüsse sie vielmals, und sie soll es nur nicht übelnehmen, dass ich 1927 nach Berlin kam und gegen sie kandidierte als Dr. Richard Lohmanns Nachfolgerin als Leiterin der »Frauenwelt«! Tatsächlich bin ich ja auch als gänzlich unbekannte Provinzspinatwachtel durchgefallen, und die Parteimutter *Juchacz* hatte nicht mal den Anstand, mir das mitzuteilen, sondern ich erfuhr es durch die Zeitung, dass Toni gewählt sei. Anfang Januar 1928, nachdem sie ihre Stelle angetreten hatte, fand sie dann wohl die Korrespondenz mit mir über den

Posten oder meine Vorschläge für die Redaktion der Zeitschrift, die ich auf Wunsch des Parteivorstandes anfertigte. Da schrieb sie mir, dass sie die Stelle bekommen hätte. Du kannst Dich vielleicht dunkel erinnern. Reinbold telegrafierte mir, ich solle sofort nach Mannheim kommen und mich dort mit der Juchacz treffen. Ich gondelte los, Peter Mayer und Reinbold hatten der J. gesagt, dass in Baden keine ausser mir in Frage käme (was auch wahr war, denn unter den Blinden ist der Einäugige König, und ausser mir waren die andern paar Sozischriftstellerinnen in Karlsruhe und Mannheim alle Volksschullehrerinnen mit Zehntelsbildung oder emporgekommene Gewerkschaftlerinnen mit Tausendstelbildung).
Die Juchacz war 2 Tage mit mir in Mannheim zusammen (trat wie 'ne Fürstin auf) und sagte, sie würde mir telegrafieren, wenn sie die Wahl für mich vorbereitet hätte in Berlin. Das Telegramm kam gegen Abend einige Wochen später, es war am 16. oder 17. Dezember. Die Genossen in Mannheim sagten zu mir, ich fiele durch, wenn ich mit so langen Kleidern und langen Haaren in Berlin aufträte (damals war die beinfreie Mode). Ich machte schnell einen Saum in mein graues Samtkleid und Ihr holtet Sepp Vögele, der mir in der Küche den Kaiser-Wilhelm-Gedächtnis-Zopf abschnitt. Ihr bandet eine rote Schleife dran und einen Zettel: »Die Mähne der Hausfrau« und hingt ihn im Studio auf, wo ich ihn nach meiner Rückkehr fand, in der Mitte der Stubendecke hängend. Ich kam am 23. 12. nachts um ein Uhr, Ihr hattet mir den Schlüssel vor Fränzes Fenster gelegt. In Fränzes Bett lagt Ihr beide, ganz

wach, Du hattest einen dicken Sweater an. Es war plötzlich irrsinnig kalt geworden. Um 11 Uhr wart Ihr an der Bahn gewesen, weil Ihr dachtet, ich käme mit einem früheren Zug. Aber den nahm ich nicht, weil der nur I. und II. Klasse hatte. Ihr wart fast erfroren, auf dem Bahnhof wartend, Du hattest die dicke, graue Ohrenkappe von Neuhart auf. Die hab' ich jetzt hier, werde sie Dir mitbringen samt dem herrlichen Aluminiumkoffer mit 2 Paar braunen Schuhen und Strümpfen und Deinen Büchern, der noch bei John Knittel steht (viele Sachen für Dich, auch neue Schuhe etc. sandte ich an Fränze). Weißt Du noch, dass an jenem Tage ein Weihnachtspaket von Alma Rosenthal für Euch kam, an mich adressiert? Ihr Schlingel hattet es geöffnet und fein säuberlich wieder verknotet. Ich hätte es nie gemerkt, aber Ihr gestandet am Heiligen Abend Eure Missetat selber. –
Nach Berlin war ich abends mit dem 8-Uhr-Zug gefahren, kam morgens um 8 an. Raste zum »Vorwärts«, um rechtzeitig zum Büroanfang dazusein, von *Richard Husemann* geleitet, dem ich meine Ankunft telegrafiert hatte. Es war kein Mensch vom Parteivorstand da – diese fleissigen Arbeiter am Wohle des deutschen Volkes erschienen erst zwischen 10 und 11. Zuerst kam Hannes Stelling, der Mecklenburger, der in der Bartholomäusnacht in Köpenick auch mitgenommen, im Keller der SA in der Hedemannstrasse 5–6 totgeprügelt wurde und dessen Leiche im Hohenfinowkanal angeschwemmt war. Das brachte im April 1933 sogar noch die Freiburger Zeitung, d. h. nur die Anschwemmung des ehemaligen mecklenburgischen

Ministerpräsidenten, natürlich ohne Kommentar. Hannes Stelling, der einzige, der mir in Berlin sympathisch war von den Parteihäuptern, erzählte mir den ganzen Hergang meiner Kandidatur im Vertrauen, dass die männlichen Genossen bei der Wahl ausschlaggebend seien und dass sie bestimmt Toni [Sender] wählen würden, dass aber die Juchacz, weil sie eifersüchtig auf Tonis Erfolge in der Liebe war, eine Unbekannte aus der Provinz geholt habe, dass das Ganze eine schamlose Intrige der Bonzenweiber gegen Toni sei. –

Du kannst Toni noch erzählen, dass gleichzeitig mit ihr unser gemeinsamer Freund Ludwig, der ehemalige 2. Bürgermeister aus Primasens ausgebootet wurde. Das wird sie interessieren. Ludwig war ein kleiner, aber braver Mann mit einer wackeren Frau, die Toni von einem Schulungskurs kannte. Ich habe wiederholt in Pirmasens Vorträge gehalten, daher meine Freundschaft mit dem Ehepaar Ludwig, das mir viel von Toni erzählte. Übrigens ist sie die Kusine von Dr. Epstein – Rosastrasse (dafür kann sie nichts). Erzähle ihr, dass ihr Vetter E. und seine Frau in Deutschland bleiben wollten. Der Sohn, ihr einziges Kind, hatte eine Offenburger Konditorstochter geheiratet und war Persilvertreter in Lörrach. Die junge Frau wurde Jüdin, sie hatten 3 reizende, kleine Mädchen, fuhren Ende August alle 5 (also im letzten Augenblick 1939) nach Amerika. Ich traf einmal Epsteins mit den 3 Kindern, da sagte der Dr.: »Hier sehen Sie fünfmal Sara Epstein«, denn auch die junge, einstmals Christin gewesene Frau musste den Namen Sara tragen. – Könntest Du auch mit *Father Divine* wegen mir sprechen? Elsa L. sagte, er sei bei der amerikanischen Regierung allmächtig, obwohl er so kohlpechrabenschwarz ist. Aber tu es natürlich nur, wenn er tatsächlich Polturaken hereingeholt hat. Du wirst das ja wissen. – Briefe der Sunlicht A. G., aus denen hervorgeht, dass ich da angestellt war, nützen wohl nichts? – Nun lebe wohl, erhol' Dich gut an einem stillen See, in balsamisch duftenden Wiesen liegend, aber doch auch wiederum nicht zu lange, denn das soll ja schrecklich sein mit den Sonnenstichen, man liest hier in den Zeitungen täglich, wie viele hundert Amerikaner wieder am Sonnenstich gestorben sind. Viele herzliche Grüsse und Küsse, Deine treue Mutter

Frauenfeld, den 24. August 1940

Teurer Sohn,
hoffentlich hat Mrs. Hueneke meinen Luftpostbrief richtig erhalten. Er war zu meinem Entsetzen furchtbar teuer. Heute schreibe ich noch einmal per Luftpost, dann wieder mit dem Schiff über Lissabon, weil das noch erschwinglich ist. Hier ist wieder stormy weather, schreckliche Kälte, der Säntis liegt voll Schnee. Napoleons Mutter Hortense schrieb: Saint Yss. In dieser elenden Mansarde sind schon wieder 13 Grad, draussen ist auch nicht viel über Null. Unter 18 Grad kann ich einfach nicht existieren, ohne krank zu werden. Natürlich kein Gedanke bei Renners an Heizen. Die Schweiz bekommt nur

noch ein Viertel ihrer Kohlenration, nämlich die von Deutschland gelieferten, die bisher aus anderen Ländern bezogenen bleiben aus [...].
Ich sehe schon, wie es kommt: Nach grässlich langen Jahren stehst Du in Sammet und Seide gehüllt am Newyorker Hafen und nimmst mich als ganz weisszotteliges, heruntergekommenes Weiblein in Empfang. Der amerikanische Konsul in Stuttgart antwortete endlich. Nämlich, dass er mir nie mehr antworten würde. Nach dem neuesten Gesetz würden diejenigen von der Liste gestrichen, die sich aus dem Bereich des Konsuls verziehen, bei dem sie registriert waren. Ein süsser Trost ist mir geblieben: Stuttgart bearbeitet jetzt erst die Nummern bis 24 000. Ich habe 47 000, käme also, wie mir der Konsul mitteilt, in absehbarer Zeit nicht dran. Du bist viel eher Bürger, ehe meine Nummer aufgerufen wird und, wie er schreibt, kann ein Bürger über 21 Jahre seine Mutter sofort kommen lassen. Meine Vermutung im Januar 1939 war also die richtige! Damals erfuhr ich zum erstenmal, da ich vorher nie mit auswanderungslustigen Juden über so was sprach, dass man sich eine Nummer geben lassen muss. Also beantragte ich sie Anfang Januar und bekam sie Ende Januar. Herzfelds aus Freiburg liessen sich ihre Mitte Dezember 1938 geben, bekamen 38 000.
Gretchen und ihr Mann haben in Berlin Nr. 78 000, Tante Emma hat 80 000. Diese kommen in 8 Jahren dran. In Berlin sind augenblicklich 50 000 usw. dran. Auf diese trotteligen jüdischen Beratungsstellen kann man sich doch in der ganzen Welt nicht verlassen. Ich schrieb Dir, ich wäre in Bern gewesen,

und Dr. Levy von der Jüdischen Auskunft hätte mir im Februar 1940 dort gesagt, ich käme im Juli 40 dran und nach allen Scherereien, die mir der amerikanische Konsul – Zürich erfahrungsgemäss machen würde, könnte ich im Spätherbst fahren. Der Esel hat Berlin und Stuttgart verwechselt, ist vielmehr gar nicht darüber orientiert, dass das 2 Paar Stiefel sind. Es gibt natürlich in Deutschland etwa 8–10 amerikanische Konsulate. Da in Baden keins ist, gehörte ich nach Stuttgart in Württemberg. Da sich in Berlin viel mehr Menschen zum Auswandern melden, ist da eben jetzt schon 50 000 dran – in Stuttgart aber eben erst 24 000. Mir ist die Verteilung der deutschen Quote auf die amerikanischen Konsulate in Deutschland vollkommen klar – dem amtlich angestellten und bezahlten Auswandererberater Levy aber nicht. – Nun wurde ich Mittwoch hier wieder vorgeladen und energisch ermahnt, abzugondeln. Der hiesige Gemeindeammann hätte es sicher nicht getan, aber der ist in Ferien und der Stellvertreter wollte wohl auch mal eine Amtshandlung vornehmen und sich aufspielen. Das tat er denn gründlich. Er behauptete, länger als bis zum 1. Dezember 1940 wollte er mich keinesfalls in Frauenfeld sehen. Zum Schluss streckte er mir noch die Pfote hin, was ich übersah. Ich hätte ihm etwas Schweres an den Kopf werfen sollen. Ich lechze danach.

Tu also bitte, was Dir möglich ist. Der Kerl will Dir, falls Du damit eher Erfolg hättest bei dem Komitee, einen Schein ausstellen, nach dem ich an einem bestimmten Termin an die Grenze gestellt würde, falls ich nicht weiterwandere. Aber Du müsstest ja findig wie Herr Grünlich sein, wenn Du mich bis 1. 12. 40 ins Gelobte Land brächtest. Das Geld ist ja vorläufig nicht mal die höchste Sorge, denn ich lebe sparsam, drehe mir meine Zigaretten selbst mit einem niedlichen Apparat à la Morphiumspritze, wandere mit meinem M.-R.-Täschchen alle paar Tage an den Bodensee, da die Äpfel wunderbar geraten sind, und als es noch wärmer war, ging ich täglich schwimmen in der Thur, an deren Ufern ich wie Robinson lebte, d. h. mir morgens ein Feuer machte, um die Bremen fernzuhalten – und dann legte ich in die glühende Asche Kartoffeln, die nachmittag gar waren und mein Mittag- und Abendessen bildeten. Auch gibt es hier die grosse Konservenfabrik Lenzburg. Die hat Erbsen und Karotten angepflanzt, riesenhafte Felder, wie man anderwärts Getreide sieht – und ihre Erzeugnisse füllten auch oft mein M.-R.-Täschchen und sparten mein Mittagessen. Dabei dichte ich unaufhörlich Schüttelreime, wie August Wilhelm Schlegel: Im Stehn, im Gehn, im Wachen und im Bette, auf Reisen selbst, wie unterm Schutz der Laren, stets dichtend…, z. B.: Wie sommerselig deine Wellen schwatzen, Thur, Die Berner Bären heben sich ernst zum Tatzenschwur! – Die Senner haben klare Stimmen, Aufwärts sieht man die Stare klimmen. – Gern trinken die Nervösen Bittern, Ohn' dass sie gleich den Bösen wittern. – Es schrieb gar viel von Minne Sachs, Das träufelt in die Sinne Max. – Im Schweizer Emigrantensumpfe Stinnes, Ist heute auch ganz stumpfen Sinnes. – Wie freudig gab er einstmals den Beglükkungssüchten Raum, Heut lässt er nicht mehr streifen sich vom Gerüchtensaum! (Edmund Stinnes, der Marga von Schulze-Gävernitz – Freiburg heiratete und das von seinem Gaunerpapa Hugo Stinnes zusammengeraffte Vermögen an die Ruhrarbeiter verschenken wollte. Er lebt in Ascona, wo auch Dr. Wolfgang Heine, ehemaliger sozialdemokratischer Innenminister als Emigrant lebt.) Im Hitlerjahr fuhr nach Ascona auch im schnellen Wagen Heine, Und sieben Jahre später spricht der alte Recke Hagen: Ach ich weine! – Hoch vom Pilatus sieht man gerne Stans, Der Ernst verliert sich an die Sterne ganz! – Ernst Leisi war nämlich mal begeisterter Astronom […].

Hast Du *Annettes* letztes Büchlein gelesen? Sie war in Amerika, bemühte sich um Teilnahme an einem Defilee vor Roosevelt. Es gelang ihr auch, und um dessentwillen wurde das ganze Büchlein geschrieben, wie einstmals wegen ihres nach Mühen erreichten kurzen Empfangs durch Briand das ganze Buch »Aristide Briand«. Wie immer beschreibt sie ihre schrecklichen Nöte wegen des Gepäcks, des Geldes etc. Das ist ihr nun schon Ehrensache, weil sie weiss, dass die Leute dann sie liebend belächeln. Das Ganze, bei Oprecht, wieder nur so ein verflattertes Kleinwerkchen, viel zu anspruchslos für ein Büchlein – Inhalt nur ein Feuilleton füllend. Aber sie kann es nun nicht mehr, was sie noch im »Exemplar« und in »Daphne« konnte. –

Dass *René Schickele* zu seinem Glück im Februar in Südfrankreich starb, 56 Jahre alt, weisst Du wohl. Auch mehr hingebende Persönlichkeit an die jungen Expressionisten, denen er so viel half, als grosser Dichter. In Berlin starb entsetzlich verarmt, seit Jahren erblindet, 45 Jahre alt, Ernst Blass. Du weisst

ja: »Die Strasse komme ich entlang geweht.« Nach diesem Bändchen bei Kurt Wolff, das hast Du ja, schrieb er später Gedichte, die die Natur besingen, aber als die Nazi mit Blubo anfingen, hörte er damit entsetzt auf und begann wieder, wie er schrieb, »als Blass zu dichten«, wurde aber von den Nazi, da er sich ihnen nicht anschloss, als »Asphaltdichter« abgelehnt. – Zuckmayer, Stefan Zweig und der Münchner Sozialdemokrat *Oskar Maria Graf* sind in New York [...].
Hoffentlich hast Du in Chicago wieder eine so reizende Hauswirtin, die Dir in Erkältungsfällen Deine Tisanen kocht. Und vielleicht kann es Schreiberin dieses auch noch mal wieder tun, denn Du weisst nun, dass ich mich hier auf Monate, auch Jahre, aber nicht auf Aeonen einrichten kann!
Deine treue Mutter

Frauenfeld, den 24. Nov. 40
bei Dr. Renner, Wielsteinstr. 38

Mein lieber Wern,
Du kannst Dir wohl vorstellen, dass ich Dir gar nicht mehr schreiben mag, denn ein Brief soll doch auch ein bisschen Freude und Lustigkeit hervorrufen beim Empfänger, aber auf etwas gute Stimmung wartete ich immer vergebens. Zu gross ist meine Aufregung wegen Fränze Tag und Nacht. Du hast wohl auch vor etwa 6 Wochen gelesen, dass die

Angehörigen künstlerischer und wissenschaftlicher Berufe aus der Gefangenschaft entlassen sind. So lese ich nun mit Todesangst die täglichen Nachrichten von den schrecklichen Bombardements und sehe Fränze, wie sie bei Tage und in der Verdunkelung vor dem Tode davonläuft und nur noch in dem Gedanken denkt, ob sie in der nächsten Stunde noch lebt. In der Oxford-Street, die nur noch ein Trümmerhaufen sein soll, ist ja ihre Schule. Unter dem neuen, sozialdemokratischen Arbeitsminister, Bevin, sei die Lage der Emigranten nun etwas verbessert, las ich in der »Thurgauer Arbeiterzeitung«, aber sie sei noch immer sehr schlecht. Was darunter zu verstehen ist, weiss ich nicht, denn ich habe nur den einzigen Brief von Fränze, den sie im Juni schrieb und der im August hier ankam. Drei Briefe von mir hat sie nicht bestätigt. Ich werde nun morgen wieder an ihre Freundin Allan schreiben [...]. Von dem Vater der Frau Herzfeld aus Freiburg, dem über 80jährigen, sehr gebrechlichen Herrn Neumark, bekam ich einen erschütternden Hilferuf, in dem er um Geld, Kleider und warme Wäsche bittet. Du hast vielleicht gehört, dass aus dem östlichen und früher österreichischen Deutschland alle Juden nach Polen transportiert wurden zum Wiederaufbau der zerschossenen Gebiete. Sie dürfen nur mitnehmen, was sie tragen können, aber Kochtöpfe z. B. sind verboten. Sie werden ausgeladen, schlimmer als das Vieh, und für Nahrung und Obdach sorgt niemand. Nun wurden auch alle Juden vom Neugeborenen bis zum 90. Jahre aus Baden und Württemberg und der Pfalz *deportiert,* und zwar nach Südfrankreich. Herr Leisi war als Vorstand der

Bodenseehistoriker in Konstanz und erfuhr dort, wie das Überfallkommando die Unglücklichen aus den Häusern zusammentrieb und in Viehwagen pferchte. Sie hatten 20–25 Minuten Zeit, um etwas zusammenzupacken.

Es stand hier in allen Zeitungen, nur nicht in der »N.Z.Z.« und ähnlich total vernazten Blättern. Die konservativen »Basler Nachrichten« fügten auch hinzu, dass das Los dieser 9000 Menschen unvorstellbar grauenhaft sei. Sie bekämen als Lager verfaultes Stroh in unheizbaren Baracken. Viele der von der Pétain-Regierung ergriffenen Emigranten, die seit Juli in diesen Lagern seien, wären schon verrückt geworden. Zahlreiche sterben an Epidemien. Die Historiker, die Leisi von dem Abtransport erzählten, fanden diese Massnahme z. T. ganz grossartig und meinten, dass auf diese Weise dieses Volk im kommenden Winter endlich sicher zugrunde ginge. Auch Herr Neumark, der ja viel zu schwach ist, um irgend etwas tragen zu können, gab mir als Adresse an: Baracke Nr. 15.

Falls Du davon gelesen hast, war es Dir sicher ein Trost, dass ich durch meine tolle Flucht zu Kriegsbeginn, ohne Schweizer Visum, diesem schrecklichen Schicksal entging. Mir ist es wie dem Reiter überm Bodensee. Auch alle getauften Jüdinnen und Juden wurden mitgeschleppt. Jetzt stell Dir in dieser längst entnervten und undisziplinierten Gesellschaft von Tulde Strauss, Frau Rechtsanwalt Reis, dem Psychopatherl Friedländer etc. die Skramlikine vor, Stefanie Wichert, die Frauen von Professor Burger, Redakteur *Ruppert Giessler* und so! Was hat es diesen Unglücklichen genützt, dass sie sich über die

Juden erhaben und als Christinnen gefühlt haben? Ich kann diesen Frauen nur wünschen, dass sie die Kraft besitzen, ihrem Leben selber ein Ende zu machen.
Ich habe unendliches Mitleid und sandte Herrn Neumark zunächst 30 Schweizer Franken. Es war unendlich schwierig, weil nur die Zürcher Nationalbank den Clearingverkehr mit Deutschland und den von ihm besetzten Gebieten regelt und natürlich eigentlich nur im Geschäftsverkehr, und ich muss nun abwarten, ob der arme alte Mann die 300 französischen Franken dafür bekommt. In den hiesigen Banken wurde mir geraten, für das Geld französischen Francs zu kaufen, ich hätte dann viel besser gewechselt, nämlich 500 fr. Fr., und diese in einer einzigen Note in einen Brief zu tun. Natürlich ist das von deutscher Seite strafbar, es steht Todesstrafe darauf und im Interesse des alten Mannes, der womöglich schwer bestraft würde, habe ich es nicht getan. Textilien sind hier auch alle rationiert, alles geht auf Marken mit Punkten wie in Deutschland. Kein Gedanke dran, dass ich ihm eine warme Unterhose hätte schicken können, wie ja auch Dir nicht mehr seit Ende Oktober 1939. Nicht mal alte, ganz zerrissene Sachen darf man exportieren.
Ich hörte einen Vortrag von *einer Frau Kägi – Zürich*, die diese Baracken in Südfrankreich mit Liebesgaben besuchte. Sie fährt aber nicht wieder hin, weil die deutschen Soldaten alles wegnahmen, z. T. sogar ihren Familien nach Deutschland schickten. Frau Kägi liess von Paris 60 Paar Schuhe kommen für das in der Schweiz gesammelte Geld, weil die Gefangenen nur noch Lappen an den wunden Füs-

sen hatten. Sie waren ja so weit gelaufen, ehe sie an der spanischen Grenze von den spanischen Beamten an die Deutschen ausgeliefert wurden. Die Gefangenen aber haben kein einziges Paar davon bekommen. Alle waren verlaust und halb verhungert. In einem Lager starben durchschnittlich wöchentlich 6 Menschen. Es war übrigens nicht unsere Freundin Adrienne Kägi, die immer noch unentwegt ihre »Exakte Brillenbestimmung« inseriert. Jetzt hilft ihr Bruder auch noch Reklame machen, denn er wurde sozialdemokratischer Nationalrat. Adrienne ist auch Sozin. Was die Sozialdemokratie hier für einen geringen Einfluss hat! Im Thurgau wird man als schändlich lasterhaftes Wesen betrachtet, wenn man gesteht, dass man dazugehört.
Auf Deine Anfrage: ja, ich komme noch jeden Sonntag und ausserdem einmal in der Woche mit Leisis zusammen, und das Verhältnis bleibt dank meiner Diplomatie immer gleich reizend. Wir schrieben Fränzen an ihrem Geburtstag gemeinsam. Sie sind ja immerhin noch die Besten in diesem ganzen hochnäsigen, gefühlsrohen Bourgeoiskreis, in den ich durch sie hineingeraten bin.
Es ist doch ein himmelweiter Unterschied zwischen Ost- und Westschweizern. Die Hiesigen sind alle geborene Nazi. Dazu wird man nämlich geboren. Die Thurgauer sind ein ähnliches übles Grenzvolk wie die *Wackes*. Sie können es gar nicht erwarten, Hitlern in die Arme zu stürzen. Ihnen ahnt schon Gutes. Die Schweizer Einigkeit besteht darin, dass sogar die einzelnen Kantone sich untereinander hassen und befehden, besonders bei Bundesratswahlen. Es gibt nur 7 Bundesräte. Jetzt ist eine Er-

satzwahl für die beiden freiwillig zurücktretenden Baumann und Minger. Jeder Kanton will den neuen stellen und beschimpft bei der Gelegenheit die andern Kantone. Baumann ist der Justizminister, wie man in Deutschland sagen würde. Also der Chef des Dr. Rothmund, der wiederum der Allmächtige der eidgenössischen Fremdenpolizei ist. Die Sozen präsentieren anstatt seiner den Rechtsanwalt Johannes Huber aus St. Gallen. Ich hätte die grösste Freude, wenn der es würde, aber wenig Hoffnung, denn die Sozi hatten ja noch nie einen Bundesrat. Heute ist die Wahl.
Huber ist ein ungewöhnlicher Mensch, wirklicher Sozialdemokrat und europäisch berühmt als Jurist. Kinderlos, die Frau, heute eine weisshaarige Matrone, hat er als russische Studentin in Zürich kennengelernt und geheiratet. Ich lernte sie auf einer Frauentagung kennen, und sie lud mich ein. Aber es ist doch zu teuer, nach St. Gallen nur für einen Nachmittagsbesuch zu fahren. Hubers haben die Witwe des ermordeten *Felix Fechenbach* (früherer Sekretär Kurt Eisners) mit ihren 3 Kindern 1933 aufgenommen und bis 1939 vollständig verhalten. Dann ist es ihm gelungen, sie, die in Berlin Fürsorgebeamtin war, als städtische Sozialbeamtin in St. Gallen anstellen zu lassen. Sie hat jetzt eine eigene Wohnung und verdient ganz nett. Etwas Unerhörtes für eine jüdische Emigrantin. –
Gerade eben erfahre ich, dass Huber nicht gewählt wurde, sondern ein Radikaldemokrat. Das ist dasselbe, was Regierungsrat Altwegg ist, also ultrakonservativ und antisemitisch und emigrantenfeindlich. Merkwürdige Bezeichnungen haben die Leute

hier: die Freisinnigen sind ganz rechts und haben keinen freien Sinn, und die radikalen Demokraten sind Nazi. Der Migrosonkel Duttweiler und Herbert von Moos sind als Nationalräte ebenfalls freiwillig zurückgetreten – ich fühle es, wie sich das Unheil vorbereitet. Deshalb bitte ich Dich, nochmals mit Toni Sender zu verhandeln und ihr klarzumachen, dass diese europäische Lues nicht ausgerechnet an den Schweizer Toren haltmacht. Eines Tages ist Hitler hier, und uns allen geht es an den Kragen. Dann wird Amerika wieder sagen, wir wollen die Emigranten retten, ehe sie massakriert werden, und sie werden, wie immer und wie alle Demokratien, zu spät kommen. Neulich sagte der fromm katholische Bibliothekar in der Kantonsbibliothek zu mir: »Ich bin nicht für Hitler, aber wenn er kommt und Frauenfeld von den Juden befreit, müssen wir ihm doch dankbar sein!« –
Ich erzählte das Leisi, und sie sagten, dass es in Frauenfeld nur 12 Juden im ganzen, mit Kindern, gäbe. Also, die Lage ist bedrohlich. Selbstverständlich kommt der Faschismus durch alle Länder und hinterher der Bolschewismus. Du meintest, ich käme nicht hier heraus, selbst wenn ich das amerikanische Visum hätte. Doch, dafür sorgt die Schweiz im Einvernehmen mit Deutschland. Wenn ein Emigrant erst mal das Visum hat, tut die Schweiz alles, um ihn herauszubefördern. Die Deutschen hatten die Eisenbahn zwischen Genf und dem unbesetzten Frankreich im Juni gesprengt, die ist jetzt wieder heile. Selbst wie sie noch nicht befahrbar war, hat die Schweiz solche Emigranten im schweizerischen Autocar über Genf an die spani-

sche Grenze befördern lassen. Das war freilich sehr teuer. Durch Spanien nach Lissabon ist dann die Eisenbahn billig. In Lissabon ist das Leben auch viel billiger als hier, dort würde ich also abwarten, bis ein Schiffsplatz frei wird. Die Schweiz lässt immer etwa 300–500 Auswanderer mit amerikanischem oder australischem Visum zusammenkommen und sorgt dann für ihre Beförderung.
Ich denke, dass es also nun wieder über die Eisenbahnstrecke Bellegarde geht. Für den Güterverkehr ist die reparierte Strecke schon wieder freigegeben. Seit auch noch im Juni 40 000 französische Kämpfer die Grenze bei Pruntrut überschritten, ist die Lage der Emigranten hier auch bedeutend verschlechtert. Ich hoffe, dass 30 000 dieser hier Internierten bald wegkommen. Verhandlungen sind angeknüpft, aber natürlich will die Schweiz erst ihr Geld von Frankreich. Bisher erlaubte Deutschland die Rückkehr nicht, auch nicht d e r französischen Soldaten, die im unbesetzten Frankreich wohnen, weil Deutschland sie nicht füttern wollte. Und der Nazi Pétain sagt ja zu allem ja. 10 000 der Internierten können nicht zurück, entweder sind sie Engländer oder Polen, die sich nach ihrer eigenen Niederlage über den Balkan nach Frankreich durchschlugen, um dort weiter zu kämpfen, etwa 5000. An Emigranten waren am 1. September 1939 hier 12 000. Hinzugekommen sind keine. Jetzt sind es 10 000. 1100 junge Leute aus Arbeitslagern sind nach St. Domingo gekommen, was Du mir so grossmütig anbotest und was ich hochmütig ablehnte. Die übrigen 900 sind meist nach Südamerika gekommen, nur ganz wenige nach U.S.A. Eben nur

die, deren Nummer dran war. Du schriebst mir schon zweimal zu meinem Erstaunen, dass Du annimmst, dass meine Nummer bald drankommt. Aber erstens würde das noch einige Jahre gedauert haben, wenn ich im Konsulatsbezirk Stuttgart geblieben wäre, und zweitens bin ich bei jenem amerikanischen Konsul ausgefallen, weil ich wegzog. Ich schrieb Dir doch dieses alles ausführlich, aber Du hast es nicht verstanden, darum wiederhole ich es. Der amerikanische Konsul in Stuttgart schrieb mir, dass ich mich frisch anmelden müsste beim amerikanischen Konsulat in Zürich. Das habe ich aber nicht getan, denn da ich unter die deutsche Quote falle, komme ich dann in etwa 12 Jahren dran. Ich schrieb Dir doch, dass meine Berliner Verwandten sich im Mai 1940 meldeten und in 8 Jahren drankommen. Bei dem grossen Pogrom im November 1938 meldeten sich täglich Tausende, standen Tag und Nacht vor den Konsulaten und schlugen sich mit dem Portier, wie es Günther Wichert selber angeekelt beobachtete, was ich Dir ja damals schrieb. Er musste ja auch unverrichteter Sache wieder heimkehren, nachdem er einen Tag und eine Nacht gewartet hatte, ohne ins Konsulatsgebäude hineinzugelangen.
Ich meldete mich schriftlich im Dezember 1938, das Konsulat war aber so überlastet, dass ich erst im Januar 1939 registriert wurde. Du weisst doch, dass es gar keinen Sinn hat, hier zum Konsul zu gehen und dass er keinen Rat erteilt. Man muss seine Nummer oder eine Vorzugsquote fix und fertig haben, eher lässt sich der Konsul doch nicht sprechen. Das hast Du doch alles selbst erfahren. Ich werde

mich also dort nicht blicken lassen. Ich würde mir nur schaden, denn Du schriebst doch, die Sozi würden mir ein Besuchsvisum verschaffen, da kann ich jetzt nicht hingehen und sagen, dass ich nach U.S.A. auswandern will. Du müsstest Dich überhaupt erkundigen, was ich sagen soll, und mich genau belehren. Du hast doch dieselbe Vorsicht walten lassen müssen in der Frage: Auswanderung oder Studentenvisum.

Die von Dir angekündigte Mitteilung der Sozenvermittlung, dass ich im Laufe des Dezembers ein Visum bekäme, mit dem ich die hiesigen Fremdenpolizeityrannen beschwichtigen sollte, bekam ich auch nicht.

Am 1. 12. war meine Toleranzbewilligung abgelaufen. Nun habe ich augenblicklich wieder die schrecklichsten Geschichten und Vorladungen. Nicht so entsetzlich freilich wie am 1. September 1940. Da war sowohl mein Pass wie meine Bürgschaft abgelaufen. Ich musste einen Bittbrief an Frau Sträuli schreiben, dass sie nochmals ihren Mann bäte, weiter ein Jahr lang für mich zu garantieren. Natürlich taten sie es sofort, weil sie mittlerweile schon gemerkt haben, dass ich keinen Gebrauch davon mache, aber es war doch sehr peinlich. Der deutsche Konsul in St. Gallen liess sich überhaupt auf nichts ein, weil ich schon ein Jahr unter seiner Oberhoheit stand und nie den bewussten Zettel ausfüllte, den Du und Fränze auch ausfüllen mussten. Ich schrieb ihm, ich hätte nicht gewusst, dass ich mich bei ihm melden sollte, und ich wollte gerne jede Strafe bezahlen, wenn er mir den Pass um ein Jahr verlängern würde, weil ich als Staatenlose sonst an die deutsche Grenze gestellt würde, und ich wollte doch nach U.S.A. Damit kein Zusammenhang mit Dir konstruiert würde, gab ich mich auf dem Fragebogen unter der Rubrik: Kinder als kinderlos aus. Der Konsul antwortete, dass ich ausnahmsweise den Pass um ½ Jahr, also bis zum 1. März 1941, verlängert bekäme, bis dahin müsste ich endgültig ausgewandert sein und für mein Versäumnis musste ich 10.– Fr. zahlen. Machte mit der Verlängerung 15.– Fr.

Ich beende diesen Brief erst heut, den 11. 12. Es wurde im November so schaurig kalt, dass ich nie fertig schreiben mochte. Ich hatte mit Renners ausgemacht, dass ich bei ihnen bleiben wollte, obgleich sie mein Zimmer wegen der Kohlenkatastrophe hier nicht mehr heizen wollten, sondern sich nur einen kleinen Ofen für ihre beiden Wohnzimmer anschafften, die Zentralheizung wird nicht mehr gebraucht. Ich meinerseits kaufte auch einen kleinen [...] Petroleumofen, um ganz unabhängig von jeder Installation zu sein. Dieser stinkt zwar entsetzlich, gibt aber nur bis zu 12 Grad Wärme. Unter 15 kann ich aber nicht existieren, und ich muss dauernd auf dem Kanzler (so heisst der eisige Hügel, auf dem ich wohne) herumlaufen, um mich immer wieder zu erwärmen, denn ich darf nicht wieder so krank werden vor Kälte wie voriges Jahr. Das war ein teurer Spass, und wenn ich noch die Operation hätte zahlen müssen, die Dr. Sträuli machte, hätte ich schon jetzt kein Geld mehr. Übrigens: danke Deiner freundlichen Nachfrage, ich habe noch reichlich Geld, schicke keins! Ich lebe möglichst sparsam, aber es ist schwer. Der Lebensmittelindex ist um

25% gestiegen. Manche Sachen aber, wie Petrol, sind um das Achtfache gestiegen. Ein Liter kostet jetzt 65 Rappen, dabei bräuchte ich wenigstens 2 Liter pro Tag, wenn ich das Öfchen den ganzen Tag brennen liesse. Da die Zimmer nicht im Preise gestiegen sind, wäre ich natürlich besser zum Winter umgezogen, aber es wäre doch zu unklug, denn Renners würden es mir schrecklich übelnehmen, und da er Kantonsrat ist und politischen Einfluss auf die Fremdenpolizei hat, muss ich eben bleiben.
Ich gehe natürlich viel in ihr Zimmer, um Petrol zu sparen, aber Briefe schreiben kann ich in dem Kinderlärm nicht. Jedesmal, wenn ich auf der städtischen Ausgabestelle die Petrolmarken hole, komme ich mir wie eine Verbrecherin vor, denn die Schweiz hat fast keines mehr, in Frauenfeld sieht man kein Auto mehr, kaum noch in Zürich. Der Treibstoffmangel ist eine Katastrophe. Ich bekomme jeden Monat 15 Liter Petrol, sie wurden mir natürlich erst nach schweren Kämpfen zugebilligt. Dabei ist die Dame, die die Karten ausgibt, ausnahmsweis nett gegen mich, ich rede sie immer mit »Schönste Blume von Hawaii« an, denn dort ist sie geboren. Das Ärgste ist mir hier natürlich, dass Dein Geld zu Ende geht und dass ich keins verdienen kann, während ich in den U.S.A. bei der ungeheuren Aufrüstung sofort Arbeit fände. Also nochmals: Tu bitte Dein möglichstes, das Damoklesschwert der Ausweisung hängt wieder ganz tief über meinem Kopfe […].
Hier ist Mangel an den wichtigen Nahrungsmitteln Milch, Butter und Käse, weil der Bund alle diese Dinge nach Deutschland liefert, um doch etwas an

Kohlen zu bekommen, denn Deutschland nimmt keine anderen Zahlungsmittel. Ausserdem wird der ganze schweizerische Export von der deutschen Gesandtschaft in Bern überwacht, die Schweiz darf nur noch Luxusartikel, wie Stickereien, exportieren (über Genua nach Amerika), alles andere, Molkereiartikel und Metallfertigprodukte, muss an Deutschland geliefert werden. Du solltest darüber mal die Amerikaner in der Öffentlichkeit aufklären, dass die Schweiz wirtschaftlich bereits vollständig im Schlepptau Hitlers ist. Neulich erschien in »Das Deutsche Reich« (Hrsg. Will Vesper) ein Artikel »Verdient die Schweiz Nachsicht?«. Die »Frankfurter« druckte ihn nach. Nachsicht, d. h. im Fall, wenn die Schweiz zu Deutschland kommt, für ihr antinationalsozialistisches Verhalten [...].
Lieber Wern, schau, dass ich bald hier herauskomme! Es geht hier nicht mehr lange gut! Nur wegen Fränzen ist es mir schrecklich, wenn wir beide sie erst in dem versinkenden Europa allein gelassen haben! Und es wird sie auch verbittern. Aber wie lange soll ich hier noch König Ringans Töchterlein spielen: »Was tut sie denn den ganzen Tag, da sie nicht spinnen und nähen mag?« Wenn ich mich später daran erinnere, was ich hier eigentlich getan habe, werde ich denken: Frieren! Das war meine Hauptbeschäftigung, bis in den Juni hinein und wieder von September ab. Wie hiessen die Lehrersleute, die mich mal einluden, bei denen *Lampel* war? Waren es Mecks von Elsau im Kanton Zürich? Soll ich mal die Tschitschikowa besuchen, oder rätst Du ab? Ich weiss nicht mehr, wie sie heisst, darum konnte ich sie nicht besuchen. Jean hat mir nie mehr

geschrieben. Ich bin ganz einsam. Hätte so gern mal eine Menschenseele. Nur bei Müllers in Schneit bin ich immer willkommen, aber sie sind ja so arm mit ihren 6 unversorgten Kindern, da mag ich nicht so oft hingehen und auch mitessen. Herr Müller ist reizend, wir verstehen uns grossartig, bei ihm kann ich ungeniert auf diese verhitlerte Schweiz schimpfen. Hab' keine Angst, Du schriebst, ich sollte das nirgends tun, um den empfindlichen Nationalstolz der Schweizer nicht zu beleidigen. Selbstverständlich sind Müllers die einzigen, bei denen ich mich ausspreche, Herr Müller, gehört ja zum *Ragaz-Kreis* und ist ganz meiner Meinung, und sie ist eine holde Törin, die bei gar nichts mitreden kann. Eine Österreicherin [...].
Ich hoffe, dass es Euch beiden niemals leid tut, dass Ihr als Kulturdünger nach Amerika musstet – immer noch besser als Kanonenfutter in Eurer Heimat! Damit und mit den innigsten Wünschen für ein schönes Weihnachtsfest und ein happier New year will ich schliessen.
Deine treue Mutter

In Deinem Brief vom 4. Oktober schreibst Du so optimistisch, als ob ich das Visum oder wenigstens die Anweisung dazu von dem sozialdemokratischen Komitee schon zu Weihnachten bekäme. Es klingt fast zu schön, aber Du wirst ja mit dem grauen Haupte Deiner greisen Mutter keinen Spott treiben. Dann könnte ich schon zu Ostern Koscherköchin bei reichen Juden sein oder Klosettfrau mit Lappen und Schlüsselbund!

Hier, lieber Wern, noch einige Gedanken, die mir bei meinem Follen-Studium kamen: Follens revolutionäre Gedankenwelt ist keine sozialistische. Die Ziele seiner vielen Verschwörungen sind verschwommen. Georg Büchners Ideen sind dagegen viel eindeutiger als »Arbeiterbewegung« zu bezeichnen. Ich sehe nicht recht, welches Ziel er mit der politischen Macht, die doch nur ein Mittel ist, verfolgte. War nur der tumbe Vater Jahn sein Lehrmeister? Wusste er nichts vom Mazzinischen Geheimbund, vom »Jungen Europa«, von der ersten grossen englischen Arbeiterbewegung, dem Chartismus unter Robert Owens Leitung? Unter den deutschen Handwerkern blühten schon 1818–1820 Geheimbünde auf: der »Bund der Geächteten« und der »Bund der Gerechten«. Wusste Follen nichts von diesen utopistischen Organisationen? Nichts von St. Simon und Fourier? Alle sozialen Bewegungen begannen zwischen 1800 und 1810. Hauptsächlich in England. Ich finde aber keine Beziehungen zu Follen.

Frauenfeld, den 25. 2. 1941
Neue Anschrift:
Haus zum Pelikan

Mein herzgebappelter, kleiner Gaute,
nun trittst Du in das zweite Viertelhundert Deines abenteuerlichen Lebens und steuerst auf die 50 los,

in denen ich mich neuerdings befinde. Ich wünsche Dir Gesundheit, einen tiefen, unerschöpflichen Schatz von Heiterkeit und Freude und Wohlgefallen an so 'n paar Menschen, die es wert sind. Ischa man nich viel los mit die Bande. Dascha man zu schade, dass ich Dir nichts schenken kann und ich darfer garnich an denken, man kömmt'r dscha sonst ganz durchhin bei all das Unglück. Wenn'r nur man dschemand is, mit den Du so 'n büschen feiern kannst! Also schreib mir mal, wie der 18. März verlaufen ist.
Ich freue mich immer so riesig über Deine schönen Briefe, vielen Dank dafor, sowohl der vom 9. Dezember 1940 wie der vom 23. Januar 1941 kamen richtig an. Nach allen Deinen Bemühungen, für die ich Dir so dankbar bin, scheint es ja, dass ich noch in diesem Jahre unter dem alten Freiheitsmädchen im Hafen stehen werde. Du hast nun alles dafür getan, aber ich weiss nicht, ich weiss nicht, eck glöwwet man nich!
Ich habe das ganz bestimmte Gefühl, dass ich dieses Ziel nicht erreichen werde und dass ich Euch alle beide in diesem Leben nicht wiedersehe! Es ist ja fast unmöglich, die Transitvisa durch Frankreich, Spanien und Portulack, wie Onkel Bräsig immer sagte, zu bekommen.
Selbstverständlich werde ich dafür kämpfen, dass ich noch mal Koscherköchin in New York werde, ich werde den drei Konsuln nicht von der Pelle gehen, aber ich kann mir keinen Erfolg mehr vorstellen. Und zwar seit ich Marjorie Allen, Fränzes Freundin, telegrafierte und bei bezahlter Rückantwort um Nachrichten bat, die nie eingetroffen sind!

Ich hatte plötzlich keine Ruhe mehr wegen Fränzen, und ich kann ja von hier aus immer noch billiger telegrafieren als Du. Ich bestellte ein Radiogramm, d. h., meine Worte wurden an den Sender in Beromünster telefoniert und der gab sie dem Londoner Sender durch. Das Ganze dauert drei Stunden. Nun ist es schon einige Wochen her. Deshalb meine Mutlosigkeit. Ich bezahlte für die Rückantwort den gleichen Weg. Briefe von England kommen nicht mehr an, von der Schweiz nach England auch nicht. Priska Müller telegrafiert ihren Eltern nach jedem Bombardement auf London, damit sie beruhigt über ihr Leben sind. Bitte, gib mir eine englische Anschrift von irgend jemand, der Fränzen gut kennt. Dann werde ich dem auch ein Radiogramm senden mit bezahlter Antwort. Ich kenne z. B. Miss Forman's Adresse nicht. Wenn ich nicht den vorigen Krieg schon mit seinen Schrecken der Ungewissheit mitgemacht hätte, könnte ich es gar nicht aushalten. – Hichens ist nun zum erstenmal ein büschen unzufrieden mit mir gewesen. Aber nicht schlimm!! Du hast wohl gelesen, dass es den Freunden von James Joyce nach monatelangen Schwierigkeiten mit dem Bund gelungen war, ihn, seine Frau, seinen Sohn, seine Tochter und seinen Enkel (ich weiss nicht, woher, der Kleine heisst auch Joyce) von Paris hierher zu bekommen. Joyce wurde sofort krank, kam in das Schwesternausbildungsspital, das da in der Nähe der Uni ist, weisst Du, wenn man von der Uni geradeaus geht und die Freiestrasse rechts liegen lässt. Da wurde er an einem Darmübel operiert und starb nach vierwöchentlichem Aufenthalt in der Schweiz. Er liegt ganz in der Nähe von Büchner

begraben, auf dem Allmendfriedhof. Zur Trauerfeier hatte er sich als Atheist jeden Pfarrer verbeten. Es wurden bedeutende Reden gehalten, auch vom englischen Gesandten aus Bern. Also fragte ich in meinem letzten Brief Hichens, ob er auch dabei gewesen sei. Unglücklicherweise schrieb ich auch noch, dass ich gerade »Ulysses« läse. Er antwortete, nein, da wäre er keineswegs gewesen. Er hätte bis zu der Todesanzeige (die seine Frau in der »N.Z.Z.« aufgab) nicht gewusst, dass Joyce in Zürich wäre. »Ulysses« hätte er gleich nach Erscheinen gekauft, aber niemals lesen können. Wer so etwas lesen könne, wäre a literary snob. Schon viele seiner Bekannten hätten das Buch gekauft, aber noch keiner hätte mehr als einige Seiten lesen können. Es könnte ja sein, daß Joyce ein besonderes Talent sei, ihm aber jedenfalls zu besonders. Usw.
Ich werde Hichens, um ihn zu versöhnen, schreiben, dass auch ich schon den 1. Band nach 40 Seiten in die Ecke knallen musste, den 2. öffne ich gar nicht, sondern gebe den ganzen Ulysses Herrn Müller in Schneit, von dem ich es geliehen habe, so bald wie möglich zurück. – Das zweite, was Hichens verstimmte an meinem Briefe, betraf Knittel. Ich habe nun in der »Basler Nationalzeitung«, in den »Basler Nachrichten« und in 2 sozialistischen Zeitungen gelesen, dass Knittel Nazi geworden ist und nach Deutschland ziehen wird. Hichens schreibt, das sei alles Nonsens. He is no nazi and will never be. Nicht abstreiten aber tut Hichens, dass Knittel vor Weihnachten lange in Berlin war (1940!!!) und sich von verschiedenen Nazigesellschaften sehr feiern liess. Die Schlussfolgerung, die die Schweizer Zeitungen

daraus zogen, war also falsch. Knittel las unter Hakenkreuzen auf Hakenkreuzpodium bei der Hitlerjugend aus seinen Werken vor, im Kriege, als Mann einer Engländerin und Sohn einer solchen. Und dabei hasst er also, nach Hichens Aussage, die Nazi. Ich kann da nur sagen: Dann desto schlimmer! Ich hatte Hichens nur auf diese 4 Zittige aufmerksam gemacht. Er antwortete, dass Knittel nicht wieder nach Deutschland gehen wird, vielmehr jetzt 2 Monate mit ihm in Ascona war. Augenblicklich sei er with his wife in Bern und Hichens im Bellerive. Jedenfalls hat Knittel hier in der Schweiz ausgespielt. Die Mehrheit, die gegen Hitler ist, zeigt sich ergrimmt gegen ihn. Die Vereine, bei denen er Ende 1940 in Berlin aus seinen Werken vorlas, waren in der Zeitung mit Namen genannt. Ich hatte meinen Brief an Hichens mit »Hail Churchill« geschlossen. Er schloss seinen an mich mit den gleichen Worten. – Mit der Gemeinde hier hatte ich nun seit dem 1. 12. 1940 dauernd Krawall. Als mal eine Zeitlang kein Brief von Dir kam, sagte ich das zu Frau Renner. Die Kuh hatte nichts Eiligeres zu tun, als meine Sorgen ihrer Freundin, einer Regierungsratsfrau, mitzuteilen. Die Regierung bezog sich nun auf diese m e i n e Äusserungen und warf mich deshalb im Verein mit der Gemeinde wieder heraus. Natürlich ging ich keineswegs. Da lud mich das Bezirksamt vor, das ist hier, wie in Deutschland, die oberste Polizei. Auf dem Vordruck stand: »Der Angeschuldigte hat in sauberem Zustand pünktlich zu erscheinen, er wird sonst von der Polizei vorgeführt!« Also erschien ich sauber. Der Statthalter Gubler sagte mir, dass er mich von 2 Polizisten herausschaffen lassen müsste.

Darauf sagte ich ihm, er möchte mal erst beim Rektor Leisi, beim Professor von Greyerz und beim Obergerichtspräsidenten Dr. Schneller (Frau Leisis Bruder) telefonisch anfragen, was sie dann dazu sagen würden. Vorher hatte ich gesagt, ich könnte als Sozin nur mit Lebensgefahr die deutsche Grenze überschreiten. Da sagte der Statthalter, wieso diese Herren denn für mich eintreten würden, ausser Greyerz seien das doch keine Sozi. Ich konnte also nach Hause gehen.
Greyerz alarmierte sofort den sozialdemokratischen Gemeinderat, Leisi lief zum Gemeindeammann Dr. Halter und Schneller zu seinem Duzfreund, Regierungsrat Altwegg. Es wurde also beschlossen, ich könnte hier bleiben, wenn ich einen Brief von Dir notariell bestätigen liesse, in dem stünde, dass Du für mich sorgen würdest, also, dass ich der Gemeinde nicht zur Last fallen würde. In Deinem Brief vom 9. 12. steht ja genügend über Deine Bereitwilligkeit, der Notar ist auch sozialdemokratischer Gemeinderat. Das ist also in Ordnung. Unangenehmer war das andere. Sträulis Bürgschaft war wieder abgelaufen. Er sollte sie nun nicht nur erneuern, sondern auch auf 2000 Frs. erhöhen. Ich schickte ihm daraufhin 1000 Frs. in bar und bat um eine neue Bürgschaftserklärung und um die Erhöhung, nachdem ich ihn gegen dieses neue Risiko rückversichert hatte. Er schrieb mir darauf selber einen ganz ausserordentlich netten Brief und schalt darüber, dass ich ihm die 1000.– geschickt hätte. Es sei nicht nötig gewesen. Seine Bürgschaft über 2000.– habe ich nun auch Halter geschickt. Sträuli lud mich auch ein, wieder zu ihm zu kommen.

Vorläufig, ohne zwingende Not, will ich davon keinen Gebrauch machen. Es ist doch peinlich. Ausserdem ist ein neues Gesetz herausgekommen, nach dem alle Emigranten in Lager kommen, auch die Besitzenden, die noch von keinem Schweizer unterstützt wurden.
Mir ist es sehr recht, wenn ich in ein Lager komme und Deine sauren Groschen nicht mehr verzehren muss. Ich bedenke nur die politischen Rückwirkungen. Erstens ist dieses neue Gesetz höchstwahrscheinlich auf Hitlerdruck zustande gekommen, und das Triumphgeheul der Nazizeitungen über das jüdische Emigrantengesindel, das die langmütige Schweiz nun endlich habe einsperren müssen, liegt mir schon schmerzlich in den Ohren. Dann aber wird es nun genau wie in Frankreich für Hitler ein Leichtes sein, uns alle mit einem Schlag zu schnappen, wie er es in Frankreich ja gemacht hat mit denen, die nicht mehr ins unbesetzte Gebiet vor ihm fliehen konnten. Ich war zu Sylvester bei Frau Endress in Zürich eingeladen. Wir besprachen dort mit mehreren prominenten Sozialdemokraten aus Berlin, die seit 1933 geflüchtet sind, diese vielleicht eintretende Lage. Es wurden Vorkehrungen für uns getroffen, dass wir in die Berge fliehen könnten. Natürlich wäre es für mich wunderbar, wenn ich so schnell wie möglich, ehe ich ins Emigrantenlager müsste, das amerikanische Visum bekäme. Aber eck glöwwet und eck glöwwet nich! Damals, wie Fränze alles für mich in England geregelt hatte und das Hilfskomitee mich angefordert hatte beim englischen Konsul in Frankfurt (als dem mir nächsten), schrieb dieser Konsul mir sehr höflich, ich möchte

kommen, um mein englisches Visum in Empfang zu nehmen und meinen Pass mitbringen. Aber mir war damals gerade zum dritten Mal der Pass abgeschlagen, sonst wäre ich ja noch nach England gekommen.

Wieso mir der Passamtsdirektor Siebold (ehemaliger Soze) in Freiburg, nachdem Karlsruhe abgelehnt hatte, am 2. September den Pass in die Hand drückte, weiss ich noch heute nicht. ¾ Stunden später sass ich auf dem Bahnsteig, um in die Schweiz ohne Visum zu kommen. Kein Gedanke mehr daran, das englische Visum von Frankfurt zu bekommen. Also denk' ich mir, wenn es *Mr. Warren* und Roosevelt und Toni Sendern genehm sein sollte, mich in U.S.A. zu haben, müssten sie auch dem Zürcher amerikanischen Konsul schreiben, dass er mir schreiben solle, mein Visum sei genehmigt und ich solle mit meinem Pass antanzen. Toni kann Dir doch schreiben, ob U.S.A. es nicht auch so macht, wie England damals. Übrigens ist mein Pass schon wieder abgelaufen, er galt am 1. Sept. 1939 ein Jahr, dann verlängerte ihn mir der deutsche Konsul in St. Gallen infolge meiner Trixe, ohne in Freiburg zu recherchieren, auf ½ Jahr, das ist am 1. März 1941 um. –

Bei Renners bin ich ausgezogen, gewitzigt, wie ich nun schon bin, ohne Krach, denn ich begegne ihnen gesellschaftlich oft, da ich hier infolge Leisis Empfehlungen (die einen Narren an mir gefressen haben) jetzt vielfach eingeladen werde. Ich habe Frau Leisi, die literarische Ehrgeize, aber wenig Begabung hat, zwei Artikel geschrieben, die zwar nicht honoriert, aber angenommen wurden unter ihrem Namen, und auf die Mär hin werde ich nun herum-

gereicht. Bis jetzt gefiel mir nur der Direktor der Konservenfabrik Lenzburg, der mich ja schon oft ernährt hat, ohne es zu wissen. Seine Frau aber ist auch unmöglich, wie die meisten Frauen hier.
Bei Greyerz wurde neulich mein Abschied gefeiert, weil der Olle Angst hat, dass ich plötzlich ins Lager komme. Ausserdem zieht auch eine Freundin von mir fort. So war es für den Ollen ein Aufwaschen [...]. Nachdem ich nun dank Leisis wirklich rührender Fürsprache überall hier so fest im Sattel sitze bei den Frauenfelder Honoratioren, werde ich wohl nicht mehr an die Grenze gestellt, aber ich muss Dich nun doch um Übersendung von etwa 500.– Sfr. bitten, da ich Sträuli das ganze Geld schickte und nun gar nichts mehr habe. Ich finde es ganz gut, dass Sträuli das Geld aufbewahrt, dann ist auf alle Fälle was da, wenn ich wirklich plötzlich nach U.S.A. fahren könnte. Das Fehlende sollen mir Leisis dazu leihen [...].

Den 3. März
Geliebter Sohn, mittlerweile ist das Radiogramm von Marjorie Allen zurückgekommen. Die englische Post war so nett, sie zu suchen, denn sie wohnt natürlich gar nicht mehr in London, sondern in Kingston. Ich weiss nicht, wo das ist. Sie telegrafiert: »Frances well and happy.« Her Address: Isle of Man.« – Sie ist also noch gefangen!! Wenn Du nun das viele, gute Geld auf meinen Namen legst, bedenke die Folgen. Ich las in der Zittig, dass Amerika deutsche, italienische usw. Guthaben blockiert. Das könnte also auch mit diesem Geld geschehen. Ganz

schlimm aber würde die Sache, wenn Amerika mit Deutschland in einen Krieg eintritt. Erkundige Dich also genau!!!!, ob Du nicht Gefahr läufst, dass alles Geld als feindliches Eigentum blockiert wird. Danach musst Du Deine Dispositionen treffen!
Lieber Werner, wie ich bei Frau Endress hereingeschneit kam, seh' ich da so 'n Korallenbäumchen stehen, wie Frau Vögele, Frau Harter und alle diese Haslemer Damen auf dem Treppenabsatz vor der Türe stehen hatten. Mir wurde ganz schwummerig! Ich nahm zwei von den roten Böllele ab. Eins entkernte ich und säte es in einen Blumentopf, das andere trocknete ich, um es in Amerika einzusäen. Nun ist der Samen tatsächlich aufgegangen, der ganze Topf ist einen cm hoch grün. Das gäbe 50 Korallenbäume. Einen werde ich hier noch versetzen und anpflanzen. Ich bin gewunderig, wie hoch der noch in meiner Schweizer Zeit wird. Ich muss immer, wenn ich den grünen Samen anschaue, an Roseggers Gedicht denken: »Mein Freund ging nach Amerika!« Das schrieb ich Dir doch schon auf, gelt? Sonst schreib mir's , dann tu ich's noch!!
Lieber Werner, gestern hatte die wirklich herzensgute Frau Leisi mich mit Frau Bundesrat Häberlin zum Mittagessen eingeladen! Hiernach ist es ja unmöglich, dass ich noch ausgewiesen werde, denn der Erfolg (dass die Bundesrätin sich für mich interessieren sollte) wurde erreicht. Häberlin ist zwar Alt-Bundesrat und war politisch durchaus, was in Deutschland nazisch ist – aber immerhin! Es ist doppelte Verwandtschaft: Häberlin ist Frau Leisis Onkel und die Bundesrätin ihre Kusine. Ihre Frau Kusine muss ich wohl sprechen, bei die Vornehm-

heit!!! Leisis umarmten mich stürmisch, als ich mit dem Radiogramm von M. Allen ankam! So freuten sie sich, dass Fränzen nichts passiert ist! Wirklich, unter diesen schrecklichen Frauenfeldern hätte ich gar keine besseren und edleren Beschützer finden können.

Gestern nachmittag war ich mit Leisis und Dora Häberlin, der bundesrätlichen Schwester, durch herrlichsten Vorfrühlingssonnenschein in Matzingen im polnischen Interniertenlager. Die beiden Damen hatten für 10.– Franken Zigaretten gekauft, die wir verteilten. Diese Polen sind natürlich Elite, sie waren nach dem Fall Polens teils nach Ungarn, teils nach Rumänien übergelaufen (nach Rumänien auch der Marschall Beck) und sind dann über Jugoslawien, Italien und die Riviera nach Frankreich gefahren, um ihm zu helfen.

Ein Offizier, der aus der Nordbukowina ist, also früher Österreicher war und deutsch spricht, erzählte mir, wie er mit einem Brettchen über dem Kopf sich unter dem vielfachen Stacheldraht hindurch ins Freie wand, in tiefer Nacht, und dann zu der polnischen Legion stiess. Ich nenne diese Leute Elite, weil sie weiterkämpfen wollten, anstatt sich zu sagen: »Weit vom Schuss gibt alte Soldaten!« – Das hätte im vorigen Krieg kaum einer getan, damals war jeder froh, wenn er gefangen oder verwundet wurde und aus dem Schlamassel rauskam. Im vorigen Kriege habe ich auch jeden hoch geachtet, der sein Leben schonte, statt weiter zu schlachten, denn dem Vaterland war mit dem Leben mehr genützt als mit dem Tode, weil es ein ganz sinnloser Krieg war. Heute denke ich anders. Jetzt ist es ein

Weltanschauungskrieg. Damals war das Schlachten ein sündhafter Nationalismus. Heute sagt man sich, dass ein Hitlerfrieden, dass die Zeit von 1933 an alles andere als Frieden war, denn Friede ist Recht, und solange Hitlerunrecht herrscht, ist kein Frieden. Aber – ums Himmels willen – damit will ich nicht gesagt haben, dass ich persönlich Heldenmutter werden will!! Vielmehr bete ich zu allen Göttern, dass Amerika so taktvoll ist und Dich nicht gen Deutschland schickt, damit Du Herbert Vordtriede und Hepting abknallst. –
Die polnischen Offiziere sind natürlich mit Recht ausser sich darüber vor Zorn, dass der Bund Hitlern auf sein Verlangen die ganze, gewaltige, kostbare Kriegsausrüstung (Munition, Geschütze und Pferde) geschenkt hat, die die 43 000 Franzosen beim Übertritt in die Schweiz am 9. Juni mitgebracht haben. Dieses war ja das einzige Pfand, das die Schweiz für ihre riesigen Kosten in der Hand hatte. Nachdem alles Kriegsmaterial an Hitler abgeliefert war, durften die französischen Internierten vor 3 Wochen heimkehren, die Polen und Engländer blieben natürlich hier. Du wirst ja wissen, dass das Drecksrumänien Hitlern die polnischen Internierten ausgeliefert hat. Gott weiss, zu welchem Schicksal! Es ist unerhört von *Antonescu*, gegen die Genfer Konvention und überhaupt alles Völkerrecht!
Mich freut, dass Beck im letzten Moment fliehen konnte! Obgleich er auch ein grässlicher Diktator und Judenschinder war! – Der Auszug der Internierten gestaltete sich höchst dramatisch. Einzig die Spahis durften ihre Pferde behalten. Sie führten sie nahe der Grenze am Zaum, vor der Brücke nach

Frankreich hinein schwangen sie sich mit leuchtender Miene auf und sprengten los. Ihre Burnusse wehten. Im vorigen Kriege hiess es immer, sie seien Scheusäler, die sich nachts bis in die deutschen Linien zwischen die Schlafenden, wie die Katzen, schlichen, ihr krummes Messer im Mund, mit dem sie dann den Deutschen die Bäuche aufschlitzten. Na, ich weiss nicht!

Einer Bekannten von mir passierte folgendes: Sie musste durch einen stockfinsteren Wald mit einer grossen Geldsumme, die sie zur Kantonalbank bringen musste. Hinter dem Wald hält der Autobus, der sie nach Frauenfeld führen sollte. Da sah sie im Wald vor sich einen Spahi spazieren, und sie bekam grosse Angst vor ihm. Der ging ganz langsam, und weil sie unbedingt den Autobus erreichen musste, fasste sie sich ein Herz und überholte ihn. Da merkte sie, dass er laut vor sich hin weinte. Da hatte sie keine Angst mehr und sagte zu ihm: Pas pleurer! Qu' avez-vous donc? Er antwortete: Mal du pays! Da bat sie ihn um seine Begleitung durch den dunklen Wald, weil sie soviel Geld bei sich hätte. Er nahm ihr die Aktenmappe, in der das Geld war, ab, und sie gingen, französisch radebrechend, zusammen an das Auto. Sie bedankte sich für die Begleitung und wollte ihm 3 Franken schenken. Er war aber ein Kavalier und wollte sie absolut nicht nehmen, bis sie sie ihm aufdrängte. Die Spahis sind auch Menschen und sind hier fast vergangen vor Heimweh und Kälte. – Wir feierten bei Müllers in Schneit rührenden Abschied mit 2 Internierten. Wir assen wunderbar zusammen, tranken Wein, tanzten zum Grammophon, zuletzt küsste der eine, der verheiratet ist, das jüngste Müllerkind (Mädi) auf die Wange und sagte: C'est de Madeleine et c'est de Raymond! (Seine Kinder.) Dann haben wir uns alle geküsst, geweint und gewunken aus dem Schulhaus heraus, bis sie im Walde verschwunden waren. Ich gab dem einen ein Kistchen Zigarren mit für den unglücklichen Herrn Neumark in *Gurs*, dem Vater der Frau Herzfeld. Der arme, alte Mann hat sie bekommen und mir riesig gedankt. Ich hatte bei seinem Schwager, Minheer de Jong in Holland, für ihn gebettelt und daher 200 Sfr. durch den Clearing für ihn bekommen.

Du hast wohl gelesen, wie es in dem furchtbaren Barackenlager Gurs ist. Ich glaube, da hattest Du es noch besser. Dort sterben jede Woche durchschnittlich 45 Menschen vor Hunger und Kälte. Es sind Juden dort von einem Tage alt bis zu 104 Jahren. Graf Theos Nichte ist dort gewesen als Rote-Kreuz-Schwester und hat ihm einen fürchterlichen Bericht über das Elend geschickt. Hast Du ihn auch gelesen? Er wurde auch in Amerika veröffentlicht. Denke, wenn ich jetzt dort wäre! Den Frauen sind die Haare und Zähne vor Hunger ausgefallen, die Nägel schrumpfen ein! Schwester Elsbeth hat in der Weihnachtsnacht, in der furchtbare Kälte herrschte und in der dort 29 Menschen starben, mit eiskaltem Wasser die schwer beschmutzte Wäsche der Dysenterie-Kranken gewaschen. Sie konnte die Wäsche nicht kochen und hatte fast gar keine Seife. Eine Kiste Kondensmilch hatte sie aus der Schweiz mitgebracht. Allen gab sie eine mit Wasser verdünnte, warm gemachte Tasse Milch davon, aber weil sie nicht auskam, nur denen bis zum 75. Jahre, weil die

Alten ja doch bald sterben. Sie liegen in den Ecken der Baracken, wie alle auf dem nackten Boden, mit 2 Wolldecken bedeckt. Eine uralte Frau hielt sie am Rockzipfel fest und bat auch um etwas warme Milch, aber die Schwester riss ihr den Rock aus der Hand. Sie gab ihr nichts, denn sie musste sich hart machen, wenn sie den übrigen Tausenden die Milch einteilen wollte. Sie schrieb dazu, dass es ihr gewesen wäre, als ob sie ihre eigene Grossmutter von sich stieß und zum Hungertode verurteilte. –
Die Schweizer Bauern hatten den französischen Internierten viel mitgegeben. An der Grenze aber standen deutsche Soldaten, die ihnen alles wieder abnahmen. Die Rucksäcke durchwühlten sie und nahmen ihnen sogar die Fotos weg, auf denen sie mit den Bauern standen, bei denen sie gearbeitet hatten. Besonders die Wäsche haben die Deutschen den Internierten restlos gestohlen. Hermi Müller hatte ihrem Interniertenschatz einen blauen Pullover gestrickt mit dem Thurgauer Wappen. Der wurde ihm auch geklaut. Beim Eintritt ins besetzte Gebiet mussten sie unterschreiben, ob sie für Pétain (diesen Schuft) sind oder für de Gaulle. Die Polen schimpfen entsetzlich auf die Franzosen, die feige und betrunken gewesen sein sollen – die Franzosen haben im Interniertenlager die Engländer so geschlagen, weil sie sich in Dünkirchen einschifften (das heisst natürlich nicht die hiesigen!), dass die 200 Engländer in ein apartes Lager mussten. – Diese wahrhaft welthistorischen Dinge, die ich hier erlebt habe, würden ein Buch füllen. Vielleicht kann ich einmal alles in Amerika veröffentlichen. Dieser totalitäre Krieg ist doch viel ungeheuerlicher als der

vorige. Niemöller, dieser anrüchige Übernationalist, dessen Wunsch, weiterhin Engländer per U-Boot zu ersäufen, Hitler nicht nachgab und der also weiterhin im K.Z. sitzen muss, hat (als Bielefelder Pastorensohn und -enkel) an den Berliner Bischof geschrieben und um Aufnahme in die katholische Kirche gebeten. –

Bei Renners war es nicht mehr auszuhalten. Ich wäre schon ein Jahr früher, gleich nach meinem Einzug, wieder ausgezogen, wenn ich mir nicht gesagt hätte, dass der Dr. als Kantonsrat nicht verärgert werden dürfte. Im Oktober kauften sie sich einen Holzofen und heizten nur den, obgleich sie den ganzen Keller voll Koks gehamstert hatten. Ich kaufte mir für das Loch auf dem Estrich einen Petroleumofen, der wohl stank, aber nicht warm gab. Ich war immer krank von der Luft. Vom 1. 1. 1941 ab gab die Schweiz kein Petrol mehr aus. Da hatte ich guten Grund, zu verschwinden bei diesen Leuten, denen ich ein Jahr lang die Putz- und Kinderfrau umsonst gemacht habe und dafür ekelhaft behandelt wurde.

Ich fand ein wundervolles Zimmer, 5.– Sfr. billiger, mit knuffig heisser Ölheizung, riesig gross, bei einem sozialdemokratischen Gemeinderat, der mich rührend empfing, weil er so glücklich war, jemand zum »Dischkerieren« zu haben. Es sind sehr gute Leute, pensionierter Eisenbahner, wohnen seit 25 Jahren in dieser schönen Wohnung und hatten ihre Mieter, nach meiner Erkundigung, immer 8–10 Jahre lang. Ich hätte dort meine Wäsche waschen und baden dürfen, lauter Dinge, die die Rennersche nicht duldete. Ich nahm den Hausschlüssel in Empfang, bezahlte, ging zu Renners und sagte, ich zöge aus. Da machte die Frau ein Mordstheater, fiel mir küssend um den Hals (nachdem sie mich ein Jahr lang wie Dreck behandelt hat), heulte grässlich und telefonierte ihrem Mann aufs Verhöramt, dass er sofort kommen müsste. Ich war schon dabei, den grössten Koffer zu packen, da warfen die Kinder mir alles wieder raus, setzten sich selber rein und jaulten: »Nei, Kätterle, därfsch nüt zügele, Kätterle!« Was sollte ich machen? Der Mann kam ganz entsetzt aus dem Büro und richtete mir sofort ihr bestes Zimmer ein. Von da führt eine Schiebetür in ihr einziges geheiztes Zimmer, die sollte ich denn immer aufmachen und auch immer bei ihnen im Zimmer sitzen. Ich holte also das Geld für Miete wieder, gab den Schlüssel den reizenden Leuten zurück und gab mich geschlagen. Ohnehin fuhr ich am gleichen Tag nach Zürich zu Frau Endress, wo ich acht Tage blieb.

Spät nachts kam ich heim, hatte Renners meine Ankunft gemeldet, das Zimmer war eisig, draussen waren 15 Gad unter Null, die Wielsteinstrasse ist auf einem Berg und kälter als die eigentliche Stadt. Nun wurde es noch viel schlimmer, weil ich mich da unten nicht waschen durfte, sondern immer im Nachtgewand die Treppen hinauf in das Estrichzimmer laufen musste. Wenn ich die Schiebetür öffnete, um etwas wärmer zu haben, wenn ich schreiben wollte, machte das Weib sie wieder zu. In dem Zimmer war der Schreibtisch des Mannes, morgens musste ich früh raus in die Saukälte, damit der Dr. an den Schreibtisch konnte. Nun wollte König Jakob nicht wieder weich werden, sondern

rannte einfach los. Zu den reizenden Leuten getraute ich mich nicht wieder, sondern zog hierher in den Pelikan, wo eine Etage seit 4 Jahren leer steht. Die Pelikane, ein altes Ehepaar, sind so verrufene Leute, dass niemand mehr zu ihnen zieht. Ihren Laden unten haben sie schon seit 5 Jahren leer. Hier kann ich kochen (es ist ein Gasherd da), waschen und baden nach Herzenslust und zahle noch 5.– Sfr. weniger als bei Renners. Es ist ein uraltes, herrliches Patrizierhaus. Allein an der wundervollen Maserung der Türen und ihren riesigen Messingbeschlägen habe ich wohlgelebt. Das Bett ist ordentlich, bei Renners war es eine Marterstatt. So lasse ich mir denn das wunderliche Wesen und die unglaublichen Launen der Pelikane gefallen und habe sie eigentlich ganz gern. But I am mirrorless! Aus 5 Haushaltungen habe ich mir Möbel und Geräte geliehen, die Pelikana hat mir nur Bett und Stuhl geliefert.
Um meinem Leichtsinn die Krone aufzusetzen, kaufte ich mir 2 Hyazinthenzwiebeln, die gute Schweizer Erde holte ich mir im Walde, und 2 Blumentöpfe fand ich auf dem abenteuerlichen doppelten Dreigroschenoperspeicher. Der ist genau wie der bei Hugo (Browarski). Die Zwiebeln sind herrlich aufgegangen, und ich bin g'schpanne, ob sie lila, blau oder rosa kommen werden. Das Zimmer ist mir jetzt noch einmal so lieb, die Töpfe stehen zwischen den Doppelfenstern. Das Stück kostete 50 Rappen – entschuldchense man bloss, edler Brotgeber! Ich schränke mich sonst natürlich riesig ein […]. Ich habe viele gute Filme hier gesehen, noch nie Geld fürs Kino ausgegeben, denn entweder nimmt mich

die gute Leisin auf ihr Abonnement, oder die Platzanweiserin, die mich von der Sozenpartei her kennt, lässt mich heimlich, still und leise für umesunscht rein [...].
Zum Emigranten-Ikaschtelungsgesetz lese ich noch soeben, dass man alle 9 Monate Urlaub bekommt, um seine Weiterreise zu betreiben, und dass die eidgenössische Fremdenpolizei ein Extrabüro einrichtete für solche, die das Visum für U.S.A. oder die Südstaaten haben und dass einem von dort aus bei der Beschaffung der 3 Transitvisa geholfen wird. Ich muss schon grad' sagen, ich möchte lieber heute als morgen hier fort. Es ist undenkbar, dass Hitler einzig die Schweiz in Ruhe lässt und hier nicht einmarschiert. – Jetzt ist hier alles rationiert, bis auf Brot und Fleisch, infolgedessen werden die Emigranten immer unbeliebter. Viele Küsse: Deine treue Mutter

Frauenfeld, den 26. Mai 1941
Haus zum Pelikan

Dearest son,
hoffentlich hast Du meine Luftkarte mit meinem herzlichsten Dank für Deine milde Geldsendung von 513.– Sfr. erhalten. Ebenso hoffentlich Deine Klassenzittig von anno dunnemals. Da der Spass nur 15 Rappen als Drucksache kostete, dachte ich, ich könnte ihn Dir und mir machen. –
Mittlerweile hatte ich ein Telegramm von Fränze und eine Luftpostkarte. Am 18. April wurde ihr

Releasegesuch vom höchsten Tribunal abgelehnt, doch schrieb sie, dass sie trotzdem Aussicht auf Befreiung habe, dass ich bei der englischen Botschaft in Bern alles für sie bezeugen solle usw. Sie hält eben den Stacheldrahtanblick nicht mehr aus – wir beiden, die ebenfalls, jeder für sich, in einem anderen Lande, Gefangene waren, können ihr das ja nachfühlen, aber ich denke immer nach einem so schrecklichen Bombardement auf London: »Wie gut, dass sie noch sitzt!« Das letzte war ja nun das furchtbarste von allen! Müllers und eine Familie Häberlin, die auch eine Tochter in London haben, sind jedesmal ganz von Sinnen beim Anhören des Radios und beruhigen sich immer erst wieder, wenn die Töchter telegrafiert haben, dass sie noch leben. Ich glaube, ich schrieb Dir schon, wie erschütternd es war, als ich im Januar in Schneit bei Müllers zum Besuch war und der englische Ansager die ersten Mitteilungen über das damalige Bombardement im Radio machte und wir in Schneit hörten, wie seine Stimme zitterte und er vor Weinen einmal nicht weiterreden konnte. Fränze aber in ihrem jugendlichen Leichtsinn denkt: »Da wackelt die Wand, da ist was los, da muss ich ringetreten sinn!« Ich habe auch, wegen ihres Drängens, an die Botschaft nach Bern geschrieben, aber keine Antwort erhalten. Fränze schreibt immer, ich solle doch alles das Belegmaterial einsenden, das ihre einwandfreie Hitlergegnerschaft beweist. Aber das kann ich doch gar nicht, da sämtliches derartiges Züügs mit meiner Arbeit als dokumentarische Beweise meiner Behauptungen an die Harvard University ging. – Ausser der sehr liebenswürdigen und Hoffnung er-

regenden Antwort habe ich nie wieder etwas von den Leuten gehört. Ischa wohl alles derselbe Humbug wie mit dem Warren-Komitee, dem angeblich mein Gesuch am 17. Januar vorgelegen hat. Ich glaube nichts mehr von allen den schönen Versprechungen der Toni Sender und sonstigen Emigranten. Die schreiben Dir nett, damit Du sie nie mehr behelligst, und denken im übrigen: »Leck fett, die Butter ist teuer, Hauptsache, dass ich im Fett sitze!« – Es ist zum Steinerweichen! Jetzt könnte ich in U.S.A. Geld verdienen, nachdem sich Eure gesamte Industrie umgestellt hat, und statt dessen muss ich hier in dem täglich teurer werdenden, weil täglich mehr abgeschnürten Lande hocken und Deine paar sauren Spargroschen auffressen! –
Ich lege Dir nochmals meinen Rausschmissschein bei, damit Du es noch einmal, ein letztes Mal versuchst, mich herüberzubekommen! – Nie schrieb ich Dir, wie mühsam ich hier Arbeit gesucht habe, bei Juden und Christen, bei Konservativen und Sozzen. Die Letzteren haben mich am schmählichsten behandelt, und zwar, fürchterlich zu sagen, auf die intriganten Betreibungen der göttlichen Anna hin. Anna Siemsen ist hier, seit Adele Schreiber-Krieger (Du erinnerst Dich an ihren Frauenkalender!) noch mitsamt Möbeln, rechtzeitig die Emigrantengehässigkeit der Schweiz erkennend, nach England weiteremigrierte, die einzige in ihrem Fach. Da kann sie täglich ihr Spieglein befragen: »Wer ist die Klügste im ganzen Land?« –
Denn da die Partei hier auch nicht eine einzige hervorragende Frau besitzt, buchstäblich nicht eine einzige, noch so bescheidene Rednerin, sondern

auch auf Frauenversammlungen alles von den männlichen Parteigenossen besorgt wird, so war sie die Klügste im ganzen Land. –
Da kam ich mit meiner auch nicht kleinen politischen und vor allem agitatorischen Erfahrung. Es begann ein übles Kapitel. Siemsen entblödete sich nicht einmal, in ihren allwöchentlichen Weltchroniken in der »Thurgauer Arbeiterzeitung« meine ihr dummerweise eingesandten politischen Artikel über meine letzten Erlebnisse in Deutschland als Eigengewächs wörtlich abzudrucken. Ich bin natürlich machtlos, denn durch ihre Heirat mit dem Arbeitersekretär Vollenweider (37 Jahre jünger als sie!) ist sie Schweizerin. Ich habe die Sache aber bei den Zürcher und Berner Emigranten anhängig gemacht, und dort ist sie nun vollkommen erledigt. Das heisst, das war sie schon vorher, denn sie hielt sich fern von jeder Emigrantensolidarität und spielte sich als urchige Schweizerin und Stauffacherin auf. Natürlich nur hier im Thurgau, in Zürich haben die gebildeten Genossen sie nicht aufkommen lassen, aber hier sind die Sozzen alle Hornochsen. Anna ist leider Jüdin, und das macht die Sache um so betrüblicher. –
Wie gesagt, ich habe das Rennen mit ihr längst aufgegeben, habe Arbeit als Dienstmädchen bei Juden gesucht oder in solchen Fabriken, aus denen Hitler die deutschen Arbeiterinnen zurückgepfiffen hat. Aber die (allerdings immense Arbeit) mit der kommunalen, der kantonalen und der eidgenössischen Emigrantenpolizei wollte sich niemand wegen meiner machen. Es handelt sich für den Arbeitgeber eben darum, nachzuweisen, dass er ge-

rade mich und keine andere braucht. Na, Du kennst das alles ja aus Deiner eigenen Laufbahn bei Winters etc. – Nun endlich wurde mir die Sache und das nun wieder herannahende Rausschmeissdatum zu bunt. Ich rannte bei vielen Bauern herum und bot mich zum Mistfahren usw. an. Alles vergebens! Dabei steht täglich von Dr. Wahlens »Anbauschlacht« die gesamte Presse voll, dass die Schweiz jetzt gezwungen ist, autark zu leben, dass nichts mehr hereinkommt, dass der Mehranbau gefördert werden muss etc. Tatsächlich ist aus jedem Stadion nun bald ein Kartoffelacker geworden.

Also nahm ich allen meinen Mut zusammen und schrieb an den augenblicklich berühmtesten Mann in der ganzen Schweiz selber, nämlich an Dr. Wahlen. Einen kühnen und bewusst originell gehaltenen Brief. Er antwortete höchstselbst postwendend, bedankte sich vielmals, und ich würde sofort angestellt. Ich hoffe also, Dir im nächsten Brief als Adresse ein herrliches Dörflein im Bernbiet oder im Tessin angeben zu können. Das sagt aber nicht, dass ich nicht U.S.A. preferieren würde, falls es Dir doch noch gelingt, denn hier darf ich ja nichts verdienen und muss für Kost und Logis arbeiten und auch das nur, bis die Hördöpfli innebrocht sind, dann wäre ich im Winter wieder arbeitslos, und das Frieren und Schikanieren durch die Behörden beginnt aufs neue […].

Nun kam mittlerweile auch ein ganz schnoddriger Brief von der »Sektion für Arbeitskraft« in Bern, in dem mir mitgeteilt wird, dass Dr. Wahlen sich für mich eingesetzt habe, dass aber die Fremdenpolizei nicht dulden könne, dass eine Emigrantin, auch

ohne Bezahlung, Erntearbeit verrichte!!! Ich habe zwei Tage nicht weiterschreiben können an diesem Brief, so niedergeschlagen war ich. Nicht einmal die Zeitung konnte ich seither lesen und mich über den Stand der Schlacht in Kreta orientieren, denn vor meinem rechten Auge sehe ich, seit ich den Unglücksbrief gelesen habe, dauernd schwarze Russfähnchen. Es bedeutet natürlich nichts, ich bin nur ganz zusammengeklappt, weil ich jetzt weiss, dass mir auch die letzte Tür zugefallen ist. Nie im Leben hätte ich gedacht, dass ich mich noch mal so darüber aufregen würde, dass ich nicht ummesunscht bei einem giizigen Schwyzer Buer schaffen und wahrscheinlich in einem Bett mit der Magd schlafen darf. Das Zimmer hier im Pelikan hab' ich aber v o r Empfang dieses Unglücksbriefes schon gekündigt. Ich weiss nun nicht, wo ich bleiben werde, schreib mir jedenfalls noch an diese Adresse, ich werde einen Postnachsendungsantrag aufgeben.
Vielleicht geh' ich zunächst auf ein paar Tage zu Müllers nach Schneit [...]. Herr Müller hat sich von Anfang an geweigert, Religionsunterricht zu geben, also müssen alle Schneiter Kinder dazu nach Elgg, und Müllers werden von den biederen Dörflern schrecklich verachtet. Im nächsten Dorf, Gerlikon, wohnt der grässliche *Alfred Huggenberger*, der sich natürlich auch hoch erhaben über die ärmlichen Müllers dünkt. Diese Familie ist nun also die einzige, die mich Tag und Nacht, monatelang aufnehmen würde, ohne jede Bezahlung. Sie haben noch einen ganz anderen Narren an mir gefressen als die Leisis, bei denen ich auch noch immer eingeladen werde, aber doch nicht zum Schlafen. Zu Müllers

Unbürgerlichkeit kommt noch hinzu, dass Schneit im Kanton Zürich liegt und dass mir dort der Aufenthalt streng verweigert wurde. Also ich weiss noch nicht, wohin ich gehe.
Der Gemeindepräsident in Schneit heisst Götz. Er ist so entsetzlich reich, dass er die Feufliber in der Besäufnis zum Pfeifenanzünden nimmt. Mich mag er auch sehr gern leiden, Pfingsten gehe ich mal hin und frage, ob sie nicht die grosse Wäsche vorm Heuet machen wollen, dann könnte ich da erst mal acht Tage sein, ohne dass es die Polizei merkt. Aber ich sehe, dass es hier nie und nie etwas wird mit einer rechten Arbeit und dass mich die Polizei immer verfolgen wird. Im Grunde ist das Hitlers Arm, der so weit reicht. Kannst Du denn man nich mal an die gute Miss Frances Perkins, Fräulein Arbeitsminister, selber schreiben und ihr meine Lage in einem ganz aparten Brief vorstellen? Bitte, Wern, tu das doch!! Ich weiss sonst keinen Rat mehr. Gerade las ich, dass augenblicklich wieder Plätze auf Frachtschiffen zu haben wären. Von hier fuhr unlängst die Globetrotterin *Annemarie Clarac-Schwarzenbach*. Sie wurde von dem Verlag Conzett-Huber über Lissabon nach New York geschickt. –
Jetzt werden hier auch die Luxushunde schon erschossen, besonders die grossen Rassen, die viel Futter gebrauchen. Eine Hundebesitzerin, die sich auch nun von ihrem reizenden, lieben Schäferhund trennen muss, weil sie für ihn keine Rationierungsmarken bekommt, hielt mir das neulich vor mit Bezug auf die Polen, die hier immer noch interniert sind und Essen heischen. Wenn die Leute »Internierte« sagen, meinen sie »Emigranten« und wollen

mich stupfen. Neulich sagte mir ein Eisenbahnbeamter im alkoholfreien Restaurant, jetzt, wo für die Schweiz die Hungersnot vor der Tür stünde, wollte man keine Emigranten mehr essen sehen. Ich beschwerte mich natürlich bei der Vorsteherin, und der Mensch wurde auch gebührend angeschnauzt von ihr, aber wie peinlich ist das doch für mich! Hitler drängt darauf, dass die Schweiz ihm die hiesigen Polen ausliefert! Ach, wie der Hirsch nach frischem Wasser, so schreit meine Seele nach Freiheit! Welch ein Irrtum, sie auf den Schweizer Bergen zu wähnen! –

Ist es denn bei Euch auch so lausig kalt? So, wie in diesem Mai, hab' ich im Leben noch nie gefroren!!! – Wie ich aus Deutschland flüchtete, sang Lore Baum: »Die Pfanne hoch, die Eier sind verschwunden die Pfanne hoch, die Butter rationiert!« – Jetzt aber haben sie mehr zu essen als die Schweizer. Hier ist auch jeder Autobusverkehr verboten! Auch die elegantesten Stromlinienautos führen jetzt ein Extrawägelchen hinter sich mit einem Holzvergaser. Wenn ich mal noch ein richtiges Benzinauto sehe, mache ich einen langen Hals wie anno 1900: »Kuck mal, das Auto fährt von ganz alleine!«

Bisher hatte ich für Dich und für Fränze auch noch viel gelismet, aber das hört nun auch auf, denn kein Mensch schenkt mir mehr Wollrestchen. Statt Wolle kann man hier auch nur noch Ersatz kaufen. Wenigstens hab' ich hier wunderbar lismen gelernt. Die elenden Socken, die Du damals in Diinner Festungstid so feurig dankbar akzeptiertest, waren mein erstes Paar und das missratenste, was je auf diesem Gebiet geleistet wurde. – Ausverkäufe sind jetzt hier auch verboten wegen Warenmangel, und Dein Freund Gautschi kann nun nie mehr 85 Zahnbürsten auf einmal kaufen. –

Den alten Pelikanen tut es leid, dass ich abhaue. Die Pelikana sprach doch so gern mit mir über die Hohenzollern und andere Dynastien, in denen sie als alte Thüringerin so zu Hause ist wie ich. Ich wollte ihr ein heimatliches Buch leihen, aber da sagte sie: »Och, ich läse man ja jarkeene Lektüre, nur Zeitungen!« Wie vornehm! Lektüre!! Das könnte meine Tante Meta gesagt haben, die mir auch manchmal schreibt, seit sie mit Tante Emma zusammen wohnt.–

Was meine Finanzen anbetrifft: Ich habe dem alten Neumark regelmässig monatlich Geld durch den Clearing geschickt und ausserdem diesen Monat auch ein Paket mit Lebensmitteln durch Vermittlung eines Zürcher Geschäftsmannes, der seinerseits wieder einen Lissaboner Geschäftsmann an der Hand hat. Dieses Paket kostete mit allen Provisionen und Unkosten 44.– Sfr. Aber ich kann, nachdem ich nun einmal den Schmuck seiner Tochter, Frau Herzfeld, hier an Frau Leisis Schwager verkauft habe (einen Juwelier), den armen Alten natürlich nicht verhungern lassen. Er schrieb auch in jedem Brief, dass er längst in Gurs begraben läge ohne mich und die Esspakete und das Geld. Andererseits liegt ja der Erlös des Schmucks fest bei Dr. Sträuli, wie ich Dir schrieb (700.– Sfr. und ein von Juwelier Stähli auf 300.– Sfr. geschätzter Brillantring), weil ich ja damals bange war, dass er vielleicht doch verärgert würde darüber, dass er nun plötzlich seine Bürgschaft verdoppeln musste.

Ich denke immer, dass Dir meine Inanspruchnahme Deiner Freunde höchst peinlich ist, aber mir blieb nichts anderes übrig, wenn ich nicht an die Grenze gestellt werden sollte. Und Sträuli musste es nach Ansicht der Behörden machen, weil er sich damals für mein Visum eingesetzt hat und meine Freilassung aus dem Basler Grenzgefängnis erzwang. Vielleicht beruhigt Dich dabei etwas die Meinung von Medicus, der mir sagte, er fände es selbstverständlich, dass jeder Schweizer für einen Emigranten bürgte (der in solchen Verhältnissen lebt), er habe auch für einen gebürgt und jeder seiner Bekannten da in der Schneckenmannstrasse und Umgebung auch je für einen. Ich kann mich ja nun auch wieder beliebt machen, und zwar auf die einzige, komische Art, auf die sich Emigranten beliebt machen können, indem ich Sträulis, Medicus und Leisis abwechselnd meine Rationierungsmarken, Einmachzuckermarken, Schuhmarken und Textilkarten abgebe. Für jede Mahlzeit muss man auch Mahlzeitenkarten abgeben, selbst für zwei Zwänzgerstückli in der Patisserie. Also schicke ich morgen an Hichens 40 Mahlzeitenkarten und frage an, ob er auch Seifenkarten will, denn er bekommt zum Rasieren nur ein kleines Stückchen Rasierseife pro Monat. –
Ich hoffe, dass Du ein schönes und poetisches Weihnachtsfest mit den Martis hattest. Du schriebst kein Wort darüber, so dass ich fürchten muss, dass auch sie Dich bei näherer Freundschaft enttäuschten oder doch nicht ganz zu Dir passten, und ich möchte doch so gerne, dass Du wenigstens e i n e Familie hättest, die Dir im fremden Lande mit Liebe und Treue in allen Lebenslagen beistünde. Eine Familie

wäre Dir doch noch ein besserer Beistand als nur ein junggeselliger Freund. – Nun leb wohl, mein viellieber Sohn, bleib frisch und gesund; so es der Himmel will, sehe ich Dich auch noch einmal in diesem Leben.
Deine treue Mutter

Kloster Kartause, Thurgau
c/o Colonel Fehr
The July 9. 1941

With copy!!

My dearest children,
Many thanks, dear, poor Frances, for your card from May 5. 1941 and your telegram. In April I wrote to you a letter, have you got it? And thanks for you, dear son, for your letter from June 18. Today I wrote to you very quickly, without dictionar, excuse the many mistakes, I have no time for thinking. Dear Wern, I wrote to you, that allien-policy did not give the allowance, that I may help at the hay-harvest. The next day I told Dr. Leisi, and he rang up his friend, the colonel Eduard Fehr, the posessor of this wonderful *convent*. Of course he took me immediately and the coachman fetched me with my luggage. Since that I had many troubles with the policy, but the colonel, a very kind principal, says, I shall remain, till they imprison me.

This is nearly the largest estate of Switzerland and so policy cannot make so much, and the colonel cries through the telephone, they shall send still five emigrants, for he will have half a dozen. I am living quite monastically. I cannot describe the strange Eichendorff-atmosphere, when we are sitting at the terrace under the blooming lime-trees in the evening and the many, many fountains of the old monks are marbling, the seventy cows are pawing and the eight horses in her stables. Besides we have still 140 porcs. There are nine dogs too, I have one for me alone, Mr. Feldmann, he has his house unter my window and he has such a great friendship for me, that I nearly may forget Timm. We have 350 Juchart wood, vines, potatoes, meadow-land etc. I am workwoman for all, especially in the vines, a hard, but good practicum for America. I am hoping, that the colonel will write still many short, but long letters at the allien-policy, that I may stay here. I have service from six o'clock in the morning till eight o'clock in the evening, but I am not irked and working is such a good narcoticum and quickly it gets accustoming, quicker than dolce far niente. I must not dwell in the house of the domestics (there are 25, I am the only woman), the old Mrs. Fehr, mother of the colonel, invited me, to take my residence in a grated room in the convent, next door of the splendid Barock-church. All is property of the family Fehr, they buyed the convent from the state, that will mean the old colonel Fehr, the grandfather from this.

There is a quite clever boy from Maienfeld, out of the neighbourhood of John Knittel. His name is

Giacomo Battaglia and I often am working with him. He always says: Tu langsam, Katherine. Of course we have much Gegenwind. He told me many things of Knittels.The chauffeur Apto is returned to Africa, but Ibrahim, the black servant, is still there. But he is no longer beloved in the village, like formerly, when he always spent much money for the young people in the restaurants. 1939, when he knew, that he may not return to his sweethart in Africa, he took one in Maienfeld, daughter of a peasant and now he must pay for a little child, half and half, white and black. –
The lovely picture of this estate will not readily be forgotten in America. In the nights I hear the nigthingale and the fountains. I am nearly swimming in the Thur (therefore Thurgau!) all days. How should I like, to show to you the refectorium! The characteristical shrub of this convent is the heldertree, which is flourishing out of all corners. The old lady here (86 years) is the friend of *Helene Voigt-Diederichs*. 1912 Wilhelm II. was her visitor. He went over a red carpet through this terrace, where I am sitting now. I am on good terms with the whole village. – Now the second news. The Consulate General in Zürich has received a communication from the Department on account of my visa. Let us hope, that I reach it, before the war begins between Hitler and America. Either it will go like with my english visa, which I could have, if the english consul in Frankfurt was not departed to England two hours before I rang up him. Of course my heart will be nearly broken, when I leave with Europe you too, dearest Frances and when I never will hear you

singing: »My heart, my heart« of Schubert. Oh, what a dreary life for you! And our poor, little Gaute! If his pretty, fair name is already shared? There are remarkable ways, which the heaven is leading us all! – Here all the people are kind to me, besides the administrator. So we must always return to the good, old *Christoph von Schmid!* I am hoping, that I as Rosa von Tannenburg may safe his little son out of the Thur! – Mr. Feldman is snoring at my feets, so I must end my letter, that I bring him in his hat. Good night!

Den 16. Juli!

Geliebter Sohn,
Du weisst, wie tief es mich bekümmert, dass Du alle diese peinlichen Schritte wegen meines Visums tun musstest! Und dass Dich das alte Mistvieh gar noch wie einen Erpresser behandelte, mein armer, ehrenzarter *Honvedoffizier*! Ich habe leider zu wenig Zeit, um schriftlich alle Deine mir gespendete Sohnesaufopferung richtig zu würdigen! Glaub es so!!
Heute bekam ich folgenden Brief: Zürich, July 15. Madam, Reference is made to your recent inquiry regarding the possibility of obtaining a visa for entry into the United States. You are informed that under the new visa regulations, effective July 1. 1941, two of your sponsors in the United States should communicate with the Department of State,

Washington, D. C., and request Forms B and D from the Department. After your sponsors have completed the forms, they should return them to the Department of State for consideraton. The Department will then communicate with this Consulate General concerning your case. No action can be taken, on your application until the receipt by this Consulate General of word from the Department, at which time you will be informed.
Demnach sind die Bedingungen seit dem 1. 7. wieder mal verschärft. Aber habt Ihr beiden meine sponsors denn diese Vordrucke nicht bereits ausgefüllt? Bitte, lasse doch dann diese Papiere sofort an den Generalkonsul schicken! Es wird sonst bestimmt gleich gehen wie mit dem englischen Visum, über dessen Gewährung mich der englische Konsul in Frankfurt 2 Tage vor Ausbruch des Krieges benachrichtigte!!! Dieser doppelte Schicksalsschlag wäre wohl nicht mehr zu parieren! Denn selbstverständlich gibt es neben der rosigen Schilderung meines hiesigen Aufenthaltes auch grosse Schattenseiten, mit denen ich aber in meinem Briefe Fränzes Gemüt nicht noch mehr verdüstern wollte!
Erstens werde ich auch das Letzte, meine Gesundheit, verlieren, wenn ich hier im Winter als Magd bleibe! Denn hier muss man bei j e d e m Wetter »vorusse« (= draussen!) schaffen, und ich bin vor diesen knuffig heissen Wochen Ende Mai und Anfang Juni oft an einem Tage viermal klatschnass und wieder trocken in den gleichen Kleidern geworden. Die Knechte können das, abgehärtet, wie sie sind, aber auch ihrerseits ist dieses oft zum Kündigungsgrund in der Kartause geworden. Ferner hätte ich

kein heizbares Zimmer im Winter. Die Winterarbeit besteht für die Knechte im Bäume-Fällen und Holz-Spalten, für eine eventuelle Magd im Kartoffeln-Verlesen nach Grösse und Güte und Abkeimen sowie im »Verzetteln«, d. i. den Mist in Schubkarren auf die Wiesen fahren und dort mit einer Gabel verstreuen. Die Kartoffelarbeit tue ich immer in der riesigen Kartoffelscheune, in der ich sogar im Juni schon vor Kälte gezittert habe, da es damals hier in diesem Jahre ungewöhnlich eisig war. Die Kartoffelscheune erhält ihr einziges Licht durch die beiden offenen Torflügel, so dass ich im Winter im Freien ganz still sitzen müsste.
Ich hielte das nicht aus, die vorige Wintermagd ist schon im November deswegen davongelaufen, und die Knechte mussten ihre Kartoffelarbeit weiter tun. Ausserdem würde die Fremdenpolizei dann misstrauisch, denn da ich wegen Erwerbsarbeit angezeigt und vors Bezirksgericht geschleppt wurde, gab ich als Entschuldigung an, dass Amerika mich nur hereinlasse, wenn ich eine landwirtschaftliche Tätigkeit nachweisen könnte.
Auf die Frage des Richters, wie lange Amerika das verlangte, gab ich zu Protokoll: 3 Monate. Viel länger als bis zum 1. September kann ich mich also nicht auf der Kartause herumdrücken. In der Stadt aber bekomme ich keine Aufenthaltserlaubnis wieder, nachdem ich mich nun polizeilich dort abgemeldet habe. Ausserdem würde ich dort bei der schon jetzt beginnenden Heiz- und Hungersnot und bei den Irrsinnspreisen zugrunde gehen. Zum 1. August bin ich, wie Du weisst, ohnehin aus der ganzen Schweiz ausgewiesen. Es wird grosse Mühe

für Herrn Fehr kosten, eine Aufschiebung um 2 Monate zu erwirken. O Gott, nie wieder Schweiz!!! Ersuche das Department unter Hinweis auf meine gedrückte Lage in der Kartause (natürlich nicht gedrückt von der liebenswürdigen Familie Fehr!) um beschleunigten, wahrhaften Druck auf den widerspenstigen Generalkonsul! Es wird dann noch Wochen dauern, bis ich die drei Transitvisa habe! Ist der Konsul nicht telegrafisch zu zwingen? Wie ewig lange dauert ein Brief! Der Krieg mit Amerika wird meiner Auswanderung wieder zuvorkommen!

Willst Du mir das Reisegeld schicken, Werner? Die 700.– Sfr. bei Dr. Sträuli langen mir nur für die Fahrt nach Lissabon, die Spedition der Koffer und die Bezahlung des amerikanischen, des französischen, des spanischen und des portugiesischen Visums. Kosten für die ärztliche Untersuchung kann ich sparen, das macht meine Freundin, die (gebürtige Russin) *Dr. med. Paulette Brupbacher* für ummesunscht. Aber die Eisenbahn ist ja hier im Sommer so teuer, da es nur im Winter Retourbilletts gibt. Von hier zur Bahn nimmt mich Herr Oberst im *Gig* mit. Wenn Du noch nicht soldier bist und also noch Zeit hättest, wäre es vielleicht zu empfehlen, wenn Du ihm einen kurzen, sehr höflichen Brief schriebest, in dem Du ausdrückst, dass es Dir eine grosse Sorge weniger sei, wenn Deine greise Mutter hier bis zur Ausreise bleiben kann, und dass Du ihm für sein Entgegenkommen dankbar bist. Adr.: Oberst Eduard Fehr, Kloster Kartause, Thurgau. Das wird ihm schmeicheln, er ist sehr nett, aber ein typischer, dummer Krautjunker, passionierter Jäger und Rotspontrinker [...].

Der amerikanische Generalkonsul hatte mir zunächst einen kilometerlangen Fragebogen geschickt, den ich sofort beantwortete und scheinbar zu seiner Zufriedenheit, denn er kommt in seinem Schreiben ja nicht darauf zurück, doch liess er mich mit diesem 2. Schreiben erst mal 14 Tage auf Antwort warten!!! Und dabei haben die deutschen Gazetten gestern wieder grenzenlos auf Roosevelt geschompfen! Die beiden Originalbriefe des Konsuls warf ich den hiesigen Hyänen vor, damit sie doch mal was zum Fressen haben und mich mit ihren ewigen polizeilichen Nachstellungen nicht alle Wochen frisch aufregen. Vieles kommt zusammen, um mir selbst hier bei der anstrengenden Arbeit, zu der mich der Verwalter den ganzen Tag herumhetzt, den Schlaf zu nehmen. Ich dachte, ich würde hier wieder schlafen lernen. –
Lieber Wern, wende bitte ein Brieftelegramm an mich (Kosten 15.- Sfr., unterwegs 3 Tage, 26 Worte), wenn dadurch meine Abreise zu beschleunigen ist. – Um Dir die mich schrecklich drückenden Kosten etwas zu verringern, schrieb ich der edlen Dora, die immer noch Präsidentin der Emigrantenkinderhilfe ist, dass ich so ein Wurm gegen entsprechende Bezahlung mitnehmen würde, das seine Eltern schon drüben hat. Sie schrieb postwendend sehr reizend zurück, dass ich vielleicht 2 Kinder zur Wartung anvertraut bekäme, doch ist auch da noch nichts Sicheres. Ich darf nicht darauf rechnen in bezug auf die Unkosten. Übrigens schrieb sie tief bedrückt – kein Wunder, bei der beginnenden Judenverfolgung hier in Zeitungen und Radio. Sie wollen auch auswandern. Auch Hichy schrieb, deeply depres-

sed. Ich teilte ihm meine verbesserten Aussichten für U.S.A. mit. Doch tönt er kein Wort von Deinem Koffer, so dass ich ihn nochmals darum mahnen werde. Es ist der herrliche, mit Nickelgeflecht geschützte Aluminiumkoffer, der Deine Bücher, Deine handgearbeiteten Schuhe und sonst noch etwas neue Wäsche für Dich enthält, also die Sachen, die ich damals durch *Edmund Goldschagg* herüberschmuggelte. –

Mein armer Junge, ich bin noch gar nicht auf Deine mich tief bedrückenden Ausführungen eingegangen! Ja, sie haben mich sehr getroffen! Zwei Kinder nur und beide verzweifeln am Leben und verwünschen seine Fortführung! Soll ich Dich mit dem noch grösseren Elend trösten, in das die Grausamkeit der Zeit andere Menschen gestürzt hat? Denke an meine 83jährige Tante Emma, die mit Gretchen und Martin in das polnische Reservat verschleppt wurde, von dem die hiesigen Zeitungen schreiben, dass es dort zwar keine Lebens-, aber desto sicherere Sterbensmöglichkeiten gibt! Sie haben mir kein Sterbenswörtchen zum Abschied geschrieben, keinesfalls durften sie es, sonst hätten sie es getan. Meinen Brief zu ihrem 83. Geburtstag hat Emmachen nicht mehr erhalten, denn in jenen Tagen las ich in den Zeitungen, dass nun kein Jude mehr auf deutschem Boden lebt, sondern alle restlichen 150 000 in jenes polnische Ghetto verschleppt wurden, in dem etwa Platz für 100 000 ist und in dem schon 50 000 früher aus Pommern und Schlesien Verschleppte sitzen, natürlich unter den üblichen Bedingungen, 20 Minuten Zeit von der Mitteilung bis zur Abfahrt, Packen eines kleinen Rucksacks und ausserdem Mitnahme von 10.– RM. Kannst Du Dir meinen entsetzlichen Schmerz vorstellen beim Gedenken an die rührende, zarte, liebe, alte Frau, an Lores reizende Schwiegermutter Luzie (ihr Schwiegervater Georg starb zum Glück im Januar 1941), an den schönen, begabten 17jährigen Heinz, den Bruder ihres Mannes Franz? Mir ist tausendmal weher zumute als bei Georgs, meines Bruders, Tode, und sein grosses Bild, das jetzt von einer Klosterwand auf mich herabblickt, presst mir alle Tage den Gedanken ab: »Wie gut, dass du gestorben bist!« –

Diese Massenhaftigkeit des Leidens war noch nie da. Es ist schlimmer als im Weltkrieg, der die Zivilbevölkerung fast kaum heimsuchte. Mir fallen Rilkes Worte ein, die er von der Schweiz aus an eine unbekannte Münchner Verehrerin schrieb, die ihn zu ich weiss nicht mehr welchem Werke anregte: »Im Mittelalter litten manche Menschen auch Furchtbares. Aber Gott kannte jeden Einzelnen und züchtigte ihn! Und das war, als Ausnahme, eine Mahnung für alle anderen. Jetzt aber leiden ganze Massen, unbekannt und ohne Wirkung auf die Mitmenschen!« – So ungefähr.

Zu meinem tiefsten Entsetzen kam Ende Juni nun auch meine allmonatliche Geldsendung an den 82jährigen Neumark, früher in Gurs, jetzt im Gefangenenlager *Récébédou*, zurück, da, seit der Judengesetzgebung nun auch im besetzten Frankreich, die gefangenen Juden kein Geld und keine Pakete mehr erhalten dürfen. Er hat auch seither nicht mehr geschrieben. Das darf er wohl auch nicht mehr. Im letzten Brief bat er mich so rührend um schleunigste Überweisung einer Summe aus dem Fonds, den ich

für seine Tochter aufbewahre, weil er nichts mehr essen könne, denn er hatte seine beiden Zahnprothesen zur Reparatur einem französischen Zahnarzt gegeben, der ins Lager kam. Aber die Rotekreuzschwester händigte ihm die reparierten Stücke nicht aus, weil er die Reparatur nicht bezahlen konnte. Über Portugal schickte ich ihm ein Paket, das mit allen Unkosten und Provisionen an den portugiesischen und den Zürcher Agenten bereits 44.– Sfr. gekostet hat, das bekam er auch nicht mehr ausgehändigt. Der Zürcher Agent schrieb mir mittlerweile, dass nur noch an Arier! Pakete aus Portugal ausgehändigt werden, aber das Geld ist nun futsch, denn die beiden Agenten haben ihre Pflicht getan, wie ich aus den auf meine Reklamation gesandten Belegen ersehe. –
Gewiss, das europäische Elend ist kein Trost für Dich, mein guter Junge! Aber lass Dir sagen, dass Du keineswegs nach diesem Kriege auf geschwärzten Mauern sitzen wirst! Du wirst, wie ich Dir schon öfter schrieb, das treu in Amerika gehütete Geistesgut, mit Hilfe der dann noch lebenden, wenigen Kulturmenschen in Deutschland, wie *Vossler – München*, an Ort und Stelle zurücktragen und noch vermehren! Die Kultur des deutschen 65-Millionenvolkes kann nicht ganz untergehen [...].
Ja, ich empfehle Dir heroische Gleichgültigkeit gegen das Waffentragen und seine unvermeidlichen Folgen und philosophische Gelassenheit und Trost im kameradschaftlich-lustigen Beisammensein mit gleichgesinnten Soldätchen! Aber glaube nicht, dass ich nicht Tag und Nacht mit grösster Sorge an die Gefahren denke, die Dich während der Ausbildung

zum Morden bedrohen! […] Schreibe bald! Und beordere möglichst einen New Yorker Freund zum Abholen für mich an den Hafen, nur niemand aus dem erlauchten Willy-Simon-Klan! Leb recht wohl, mein armer Junge, lach' auch zwischendure mal wieder, wie es zu tun sich bemüht Deine treue
Unschuld vom Lande

Kloster Kartause, Thurgau, Schweiz,
den 10. August 1941

Mein teurer, ehrenzarter Honvedoffizier, *hurrah, hurrah, hurrah,* nun soll den Brüdern viel vergeben werden! Also brauch' ich nicht zu zitieren: »Nun schneidet nimmer deine Mutter dir – der Locken Zier!«, denn Du hast ihnen noch!! Mögen sie dir erhalten bleiben! Zu Deiner Assistentenstelle wünsche ich Dir den nötigen Grips und die tiefgründige Gelehrsamkeit, die einem strebsamen, dschungen Manne so wohl ansteht! – Dem verruchten Staatsanwalt, der Dich reinlegte, geben wir mal gemeinsam Saures! – Hier ist es weiterhin ganz nett, aber anstrengend, doch bin ich noch nicht vom Fleische gefallen, obgleich wir neuerdings bis 8 Uhr auf den Feldern schaffen müssen, anstatt um 8 Uhr hiersein zu dürfen wie bisher, so dass es nun immer ½ 9 Uhr wird, bis wir daheim sind, und bis man an den Wasserkran zum Waschen kann und zu Abend gegessen hat, ist es 9 Uhr vorbei und stockdunkel.

Dann kann ich nicht den leisesten Brief mehr schreiben. Hier ist nämlich jetzt auch die Sommerzeit eingeführt, weil die Chaibe doch Hitlern alles nachäffen müssen, und da ist es nun morgens um 4 Uhr zu dunkel für die Knechte, um das Morgengras für die 70 Kühe und die 10 Pferde zu holen, also fangen sie eine halbe Stunde später an. Da ich aber sowieso morgens nicht zu grasen brauche, weder am Nekkar, noch am Rhein, so arbeite ich jetzt ½ Stunde mehr als früher, im Ganzen 12 und ½ Stunde pro Tag, das ist zuviel fürs Geld, da ich laut fremdenpolizeilicher Vorschrift keines bekomme und nur fürs Essen (Saufrass) und 's Wohnen schaffe. Über meinem Schreibtisch hängen Fränze, Werner, mein verstorbener Bruder Georg, Thomas Mann, *Masaryk* und Käthe Kollwitz. Der Anblick dieser Köpfe ermuntert mich jeden Morgen um ½ 6 Uhr. Es ist ein Glück, dass ich mit allen Knechten so sauglatt stehe, und auch der Herr Graf sind weiterhin liebenswürdig gegen mich. Eigentlich ist er ja man Oberst, aber er sieht so ostelbisch aus, als hätte ihn *Nataly von Eschstruth* erfunden.
Im großen Ganzen gefällt es mir weiter gut hier, der unbeschreiblich schöne Gutshof, der gerade vor meinem Fenster am schönsten ist, mein lieber Jagdhund (Herr Feldmann), die Dorfleute, die mich gern haben, das sonntägliche Schwimmen in der Thur und werktags die Abendstunde von 9 bis 10 unter den duftenden Linden und den blitzenden Sternen. Natürlich stehe ich auch mit dem Oberküher sauglatt und kann die frische Milch kübelweise in mich hineinschütten. Im Winter aber wird hier das Kloster abgeschlossen, und die alte Frau Oberst Fehr,

die Gräfinmutter des jetzt Regierenden, 87 Jahre alt, zieht dann mit ihrem Personal ins Schloss Weinfelden, das ihr auch gehört, weil das Kloster im Winter wegen seinen düsteren Räumen viel mehr Heizstoff nötig hat. Dann müsste ich ins Knechtehaus ziehen, die grässlichen Kammern dort sind natürlich nicht heizbar. Also: die Aussicht auf die ländliche Winterarbeit ist für mich sehr trübe!!!

Der amerikanische Konsul hat mir nämlich nicht mehr geschrieben und es wird wohl noch lange dauern, »bis ich all' die Papiere und Stempel erreicht, denn es schickt sich, dass man sie nicht etwa zu leicht mache, die Fahrt übers riesige Wasser«. – Du irrst Dich, lieber Sohn, es steht nicht nur in des Konsuls Belieben, ob er mir ein Besuchs- oder Dauervisum gibt, es steht auch in seinem Belieben, ob er mir überhaupt eins geben will. Dazu wird er vom State Department ja nicht gezwungen. Den Brief, den Du mir vorschriebst, habe ich ihm mit der erforderlichen kleinen Änderung geschickt, die dadurch notwendig wurde, dass er mir ja zunächst nach Erhalt des Telegramms von selbst schrieb. Also: die Sache ist sehr schwierig, die Transitvisa, besonders das spanische (fast nicht zu bekommen!), die Zölle (von Genf ab 10 km durch deutsches, besetztes Gebiet), da wühlen einem die Nazi das Gepäck durch und durch – (dass ich diese Biester noch einmal sehen muss!), die Preise! Ja, das ist ein weites Feld! Ich stehe mit dem grössten Reisebüro – Danzas – in Verbindung. Der portugiesische Wucher ist unbeschreiblich. Bis Barcelona sind die Preise auch gestiegen, aber noch erträglich, es kostet bis dahin 155.– Schweizer Frs., dann übernachtet man da, das

Reisebüro zahlt 3 Nächte Logis und Mahlzeiten im Hotel, und dann ist der ganze Preis von Genf bis Lissabon 430.– Schweizer Frs. Diesen Preis könnte man verringern, indem man sich überhaupt keinem Reisebüro anschliesst, sondern auf eigene Faust reist, in Barcelona eine Nacht im Wartesaal verbringt und alleine versucht, dann weiter über die portugiesische Grenze zu kommen. Der Eintritt in Spanien ist das Schlimmste für deutsche Flüchtlinge. Der spanische Konsul in Zürich kann einem das Transitvisum gegeben haben, aber der spanische Zöllner kann einen zurückweisen, wenn es sich um deutsche, politische Flüchtlinge handelt. Viele gehen dann zurück und hängen sich in dem Wirtshaus an der Grenze auf, z. B. Hasenclever.
In Spanien wird man meist herausgeholt aus dem Zug und ein bisschen in Madrid ins Gefängnis geworfen. Das passierte sogar einem schweizerischen Abgesandten vom Roten Kreuz und seiner Frau, die mit Liebesgaben für die in Lissabon auf ein Schiff wartenden und hungernden Emigranten unterwegs waren. Die Passage kostet 1500.– bis 3000.– Schweizer Franken und muss vorher hinterlegt sein, sonst bekommt man die Visa nicht. Es ist aber sehr fraglich, ob man je so ein billiges Frachtschiff zu 1500.– erwischt, die Chance, fortzukommen, ist mit dem 3000-Sfrs.-Schiff natürlich viel grösser. Solche fahren denn auch keineswegs gleich nach New York, sondern oft erst über Cuba und liefern da Flüchtlinge ab. Und Gott weiss, in welchem Hafen sie noch anlegen! Das könnte mir ja wieder Wurst sein, wenn ich erst drauf hocke. Aber nun das Allerfürchterlichste: Von Genf bis Barcelona kostet das Gepäck pro

kg 1.– SFrs., die portugiesischen Wucherer nehmen dann 1,85 pro kg [...].
Ich habe bei Dr. Sträuli die 700.– Sfr. noch unangebrochen, doch muss ich aus diesem Geld auch den armen, alten Neumark unterstützen. Immerhin würde es mir bis Lissabon langen, die Fracht muss eben verringert werden, vieles muss ich in die Hand nehmen, z. B. Schreibmaschine, Pelzmantel, ledernen Handkoffer, schwere Sachen verkaufen (sehr schwierig hier!) und Deinen Prachtkoffer sofort vorausschicken, wenn ich das amerikanische Visum habe.
Ich kann dann nur hoffen, in U.S.A. sofort ordentlich zu verdienen. Wenn ich halb so viel, lange und schwer arbeite wie in der Kartause, sollte es gehen. Hildchen und Manfred, die Tochter und der Schwiegersohn meiner Base Gretchen, haben sofort Arbeit in New York gefunden, und zwar sehr gut bezahlte. Es geht ihnen gut, obgleich sie mit nichts ankamen. Gretchen sandte mir die Adresse, damit ich sie gleich aufsuche und sie mir helfen, Arbeit suchen. Ausserdem habe ich noch eine Adresse in N. Y., ein hiesiger ehemaliger Bauer, der dort auch wohlhabend geworden ist. Ich muss ihm von seiner Mutter, einer lieben Frau, Maiskörner bringen von einem Felde, das er selbst urbar gemacht und mit Mais bepflanzt hat. Ausserdem einen St. Galler Biber, das ist ein köstliches Mandelgebäck, denn er ist St. Galler. Müllers in Schneit gaben mir ausserdem die Adresse eines Freundes, der die Tochter Hermi mal liebte, dann aber die Tochter des Pariser Barons von Rothschild heiratete und im Juli 1940 mit ihnen flüchtete. –

Von Fränze habe ich lange nichts gehört, auf meinen Aprilbrief noch keine Antwort. Ist sie etwa entlassen? Schreib mir dann gleich die neue Adresse, damit ich ihr zum Geburtstag am 7. 10. schreiben kann. Ich nehme an, dass noch diese Woche der Krieg Amerika hereinziehen wird. Du musst Dich dann erkundigen, ob ich dann auch noch in See stechen kann, sonst aber musst Du dann kein Reisegeld schicken. Gott weiss, wo ich dann bleibe!! – Leb nun wohl, lass Dich nicht wieder von einer so pessimistischen Gesamtstimmung unterkriegen und grüble nicht über den Sinn Deines Lebens: das gehört zu den drei grossen Geheimnissen, neben dem Woher und Wohin. Dein immer etwas leidendes, auf der Ottomane liegendes Mütterchen, die lustige Witwe, die zarte, hinfällige Dame, die täglich die 400 m hohen Rebberge viele Male hinaufkriecht und wieder herunter,
Euryklaia Baucis

Kloster Kartause, Thurgau, Switzerland,
c/o Colonel Fehr, den 15. Aug. 1941

Mein Feldherr, trotz heftiger Vorpostengeplänkel, die Euer Liebden mit soviel Hilfstruppen siegreich beendeten, will sich die Stadt Konsul noch nicht ergeben. Wenn sie nicht bald fällt, wissen sich die Kartäuser Gegner keinen Rat mehr, denn das Schiff geht von Cadiz, wie ich aus der »NZZ« erfahre, am

20. September, und nun habt Ihr doch den Pulwer für die Passage schon verschossen!!
Ich kann Dir nie sagen, wie dankbar ich Dir dafür bin und für Deinen Brief vom 2. August und überhaupt für alle Deine Mühe! Möchte ich doch im Oktober, auf Adelers Fittichen sicher geführet, bei Dir landen! Dieses wird also der vorletzte Brief vor unserem Wiedersehen sein, denn ich brauche Dir ja nur noch den Fall der Stadt Konsul zu melden, da ich ja keine Antwort mehr auf europäische Briefe von Dir erhalten kann. Falls alles klappt!!! Ich kann es noch nicht mit dem Verstand fassen, dass es möglich sein sollte, ich wage es nicht, mich der Vorfreude auf unser Wiedersehen hinzugeben! – Das erste Telegramm, das Du mir in Deinem Briefe avisierst, hab ich nicht bekommen! Ich hoffe, dass Du das auch nicht abgeschickt hast, denn das sollte ja nur die Fremdenpolizei beruhigen! Diese i s t aber ruhig, sogar mucksmäuschenstill, ich bekomme auf mein Verlängerungsgesuch diesmal keine unverschämten Briefe und hochnotpeinliche Vorladungen, sondern sie antworten gar nicht. Und das hat mit seinem Singen der edle Graf getan! Er hat die Bande durchs Telefon gefährlich angesungen, und da Haudenschild, der Thurgauer Polizeipräsident nur Major ist und mein Graf Oberst, knickte er am Telefon ergebenst zusammen! Das ist Schwyzer Freiheit und Stolz vor Königsthronen!
Macht nichts, diesmal ist mir die echt schweizerische Kriecherei vor grossen Herren, zu denen der Millionär Fehr gehört, gut zustatten gekommen! Da er sich wirklich sehr für mich herumgeschlagen hat und persönlich ganz reizend gegen mich ist, in jeder

Weise zuvorkommend, wäre mir's also äusserst angenehm, wenn Du ihm den Dankbrief sofort (ganz, ganz kurz) senden würdest, damit er noch bei meinen Lebzeiten hier ankommt. Freilich, er hat mir keinen Lohn gezahlt (offiziell musste er unterschreiben vor dem Bezirksgericht, dass er das auch nicht tun würde, da ich nichts verdienen darf), ich war eine vom Himmel geregnete – wie er mir selbst sagte – sehr tüchtige Gratisarbeitskraft für ihn, aber er hatte doch soviel Anstand, mir nach Deinem Telegramm zu sagen, dass ich am 1. September mit der Arbeit aufhören solle, um meine Auswanderung vorzubereiten, und dass ich mich dann noch möglichst lang, bis zum äussersten Termin als Gast der Karthuus betrachten solle. Mein Gepäck fährt er dann selbst im Jagdwagen zur Bahn und gibt es auf, und bei meinen nun notwendig werdenden Reisen nach Zürich will er mich auch immer zur Station fahren. So ist er: Geld rauszumachen erpresst ihm körperliche Qual, aber sonst ist er pünktlich zu jeder Gefälligkeit bereit! Ich sagte ihm schon, dass Du Dich bei ihm für alle seine Mühe, die er wegen mir hatte, bedanken würdest, und da strahlte der Edle! Mit dem Brief wird er dann in seinen Kreisen renommieren, denn er hat in puncto Personal keinen guten Ruf, dauernden Wechsel, weil er so miserabel zahlt. Also Adresse: Oberst Eduard Fehr – er hat noch einen Bruder Oberst Werner Fehr, der auf dem benachbarten Schloss Steinegg residiert, und sein Vater war Oberst und Dr. h. c. Viktor Fehr. Mit dem teuren Bernhard Fehr sind sie nicht verwandt, so was Gebildetes haben sie nicht in der Familie. Ich werde Dir viel erzählen können von »als ich noch bei 's Kriechles war«, aber nun genug davon und zu Wichtigerem.

Nur will ich Dir noch sagen, dass wir mitten in der Getreideernte sind, wegen Arbeitermangel (viele Knechte im Grenzschutz) auch sonntags bis abends acht Uhr schuften müssen, nur schwere Arbeit auf den unübersehbaren Kornfeldern, dass ich aber munter und gesund dabei bin und nach Fiirobed die schönsten Lieder mit den durchweg reizend kameradschaftlichen Knechten singe, echte Schweizer Volkslieder, z. B. »Zu München am Bahnhof« nach der Melodie »Ein blonder Matrose«, mit dem Schluss »Herr Schammberleihn staunte und der Negus war platt, ja platt, dass es in Grossdeutschland noch Waschmittel hat«. – Dem schlechten Essen helfe ich nach, indem ich mich redlich von den Früchten des Feldes nähre, Heuschrecken und Baumrinde, die Gärtner, die mich reichlich damit versorgen, nennen's Äpfel und weiche Birnen. Schollenverbunden, wie Du's nennst, war ich, besonders bei Regenwetter, bis an die Knie, denn von dem Lehm in den Weinbergen machst Du Dir gar keinen Begriff [...].

Mir wird's ganz schwummerig! Ich muss noch etwas schlafen, denn ich bin, um Dir schreiben zu können, um Mitternacht aufgestanden, wie weiland die Kartäusermönche zum Gebet. Wie gut, dass das Kloster so gross ist, dass mich niemand klappern hört. Nun sei nochmals bedankt, mein lieber Schwan!

Deine Unschuld vom Lande!

Den 1. September 1941

Liebster Sohn,

Dein Handschreiben vom 11. August aus New York wurde mir richtig. Der Himmel weiss, warum ich hier noch in tödlicher Ungewissheit sitze und von morgens bis in die Nacht auf den Feldern krampfe. Fragen stelle ich keine an Dich, denn vor dem 28. September hätte ich ja keine Antwort von Dir, und bis dahin hoffe ich abgegondelt zu sein. Glaub' ja nicht, dass ich bei der Belagerung der Stadt Konsul einen Fehler gemacht hätte.

In Deinem Brief vom 2. August aus Chevy Chase schriebst Du mir, dass Du hofftest, dass ich den Brief, den Du mir Anfang Juli anrietest und auf englisch vorschriebst, nicht geschrieben hätte, um den mimosenhaften Konsul nicht zu beleidigen, nachdem er selbst sich an mich gewandt hätte. Ich habe ihm damals den von Dir vorgeschriebenen Brief ja nur ganz vorsichtig abgeändert geschrieben, wie ich Dir schon mitteilte. Hauptsächlich machte ich ihn darauf aufmerksam, dass die Aufenthaltserlaubnis bis zum 30. Juli mit grösster Mühe nur erstreckt wurde, dass ich nicht wüsste, unter welchem Vorwand ich nun abermals eine Verlängerung erflehen könnte, dass sie mir auch nur (wie ich aus ähnlichen Fällen wüsste) für 6 Wochen gegeben würde. Dass ich ihm, dem Konsul, ewig dankbar sein würde, wenn er nun ein bisschen tenger machen wollte.

Auf diesen wirklich netten Brief geruhte er nie Antwort zu geben. Das tut er überhaupt bei keinem, und Besuche lässt er rausschmeissen, wenn er einen

nicht selbst vorgeladen hat. Es ist nun auch so gekommen.
Ich schrieb der Fremdenpolizei in Bern, dass ich Verlängerung brauche, weil noch ein Papier fehle, das erst seit der Verschärfung durch das Gesetz vom 1. Juli verlangt würde, und dass ich bis 1. Oktober Frist brauche. Gleichzeitig erbat ich Erlass der sehr hohen monatlichen Aufenthaltssteuer, die immer für ¼ Jahr im voraus bezahlt werden muss. Ich bekam aber nur die 6 Wochen Verlängerung, die jeder nur bekommt, der gesagt hat, dass er kurz vor der Weiterwanderung steht, also bis 15. September. Dagegen musste ich die Aufenthaltsgebühr, die ich bis 1. August bezahlt hatte, nun bis 1. November im voraus bezahlen. Wieder 21.– Frs. zum Teufel! Dieser Entscheid wurde, wie immer, vom Major Haudenschild, dem Thurgauer Polizeipräsidenten, getroffen. Dieser hat eben eine besondere Wut auf mich, weil er mich im Juni mit der Polizei hier vom Hof holen lassen wollte, aber durch das Dazwischentreten des Grafen höchstselbst daran gehindert wurde.
Nun bekam ich im August endlich die Nachricht von der Berner Fremdenpolizei, dass ich bis 1. Oktober, also bis zur Beendigung der Kartoffel- und Maisernte, hier arbeiten dürfte. Diese Arbeit muss dann mein Astralleib machen, weil ich ja aus dem Thurgau bis 15. September verschwunden sein muss. – Ich schrieb Dir in meinem letzten Brief, dass ich in höchster Not doch noch mal die Stadt Konsul mit einem Briefe berennen würde. Ich schrieb ihm also am 17. August, dass ich bis 15. September abgereist sein müsste. Du habest zwar etwas von ei-

nem Dokument geschrieben, das über meine engere Verwandtschaft Auskunft gebe und das noch nicht notariell sei.
Ich hätte Deine Ausführungen gar nicht kapiert, falls es sich aber um die Geschwister meines Mannes handele, über die ich auf seine Forderung hin auch schon berichtet hätte, dass da nämlich noch so ein Bruder Fritz herumwimmele, so möchte ich dazu nur bemerken, dass das ein 150%iger Nazi sei, den ich gar nicht mehr kennen wolle und seit Jahrzehnten nicht gesehen hätte. Darauf schrieb er mir am 28. August erst eine Antwort: »Madam, Replying to your letter of August 17, 1941, the Consulate General confirms its letter, dated July 15, in which it was stated that two of your sponsors in the United States should file certain forms with the Department of State in Washington. Upon the receipt of the Department's opinion, you will be promptly informed by the Consulate General as to your actual visa status. Very truly yours«
Hinzu kommt, dass ich überhaupt keinen Pass in Händen habe. Er wäre zwar erst am 8. September abgelaufen, aber um nur ja zur rechten Zeit den verlängerten Pass zu besitzen, schickte ich ihn schon vor 3 Wochen dem deutschen Konsul, damit er ihn verlängere. Sonst dauerte das immer 14 Tage. Deshalb schrieb ich dazu, er möchte es diesmal schneller machen, weil ich nach U.S.A. in See stechen wolle. Vielleicht war das ein Fehler, vielleicht erkundigt er sich nun erst in Freiburg, vielleicht ist er nur in den Sommerferien in Deutschland – also ich bin in tausend Ängsten. Schlimmstenfalls muss Leisi hin. Es handelt sich um die Nebenstelle in St.

Gallen. Der Kerl heisst Dr. Weyrauch, und Leisi lernte ihn in seiner amtlichen Stellung als Präsident des Bodenseevereins, der zur Hälfte deutsch ist, kennen und verabscheuen. Er grüsst bei Versammlungen nur mit Heil Hitler, und wie Leisis Vorgänger kürzlich starb, ein St. Galler Professor und Schweizer Offizier, machte Weyrauch mit seinen Mannen um den Sarg herum Naziklamauk mit erhobenen Rechten. Was das in dieser gespannten Lage, da das Schweizer Heer doch nur gegen den etwaigen deutschen Einfall an der Grenze mobilisiert ist, bedeutet, kannst Du wohl nicht ermessen. Jedenfalls ist es ein gefährlicher, ganz junger Kerl, strohdumm, doch will Leisi ihn schlimmstenfalls zur Herausgabe des Passes bewegen. – Nun sprach ich auch mit dem Schwiegersohn eines Bekannten in Frauenfeld, Prof. Tanner. (Weisst Du noch »Geschwister Tanner« von Robert Walser?) Der Mann, ein Schweizer namens Cotti, war Vertreter für landwirtschaftliche Maschinen in Spanien für eine Schweizer Firma und hat so die Reise hin und her in letzter Zeit oft gemacht. Konnte mir also bestens Auskunft geben. Sie war furchtbar. Du bist falsch berichtet, wenn Du glaubst, ich könnte unangefochten in geschlossenem Autocar durch die von Nazi besetzte 12-Kilometer-Zone hinter Genf ins unbesetzte Frankreich fahren. Bei gewöhnlichen Reisenden wird nur Stichprobe gemacht, bei Emigranten aber (und das sehen sie ja aus meinem Pass) wird immer Körpervisitation bis aufs Hemd gemacht, sämtliche Photos, Briefe, Zeitungen, Bücher, die nach 1933 im Ausland oder vor 1933 in Deutschland erschienen sind – alles das wird weggenommen.

Ausserdem hochwertige Apparate (vielleicht diese Schreibmaschine!) und alles, was über das Notwendigste an Kleidung hinausgeht. Dann wird an die spanische Grenze alles über mich signalisiert, dort stehen wieder deutsche Nazi, aber Gestapo, d. h. Krimsche, also nicht in Uniform, nur an der Gemeinheit erkennbar. Dann kommt man in Spanien ins Gefängnis, wenn bei Genf irgend etwas gefunden wurde, was darauf schliessen lässt, dass derjenige sich in U.S.A. politisch betätigen könnte.
Schon bei Genf hat der deutsche Emigrant ein gleiches Verhör zu bestehen wie ich in Deutschland, bevor mir der Pass ausgehändigt wurde. Ich werde natürlich so dämlich erscheinen wie damals, aber jetzt ist man viel roher, denn den Verbrechern sitzt die Angst vor U.S.A. an der Kehle. Die Angaben Cottis wurden mir bestätigt vom Vertreter des Danzasreisebüros und nun auch noch durch einen Originalartikel im »Emmenthaler Boten« von einem nach Brasilien auswandernden Schweizer. Unser Käser kam vor 25 Jahren aus dem Emmenthal in den Thurgau und hält diese Zittig immer noch (Kantönligeist). Ganz entsetzt brachte er mir den zwei Feuilletons langen Bericht. Es haben sich ja nach dem Sturz Frankreichs schon so viele an der spanischen Grenze aufgehängt, u. a. Hasenclever und *Willy Münzenberg*, aber jetzt ist alles viel schlimmer. Ich las ja den Brief von *Babette Münzenberg*, der Frau Willys, an *Dr. Brupbacher* in Zürich [...].
Trotzdem, ich muss ja fort von hier. Es bleibt mir nichts anderes übrig! Die Feindschaft gegen die Emigranten hier ist zu gross. Jeder rät mir, nur einen kleinen Handkoffer von 15 kg mitzunehmen und

alles andere, auch Deinen herrlichen Aluminiumkoffer, hierzulassen. Aber dazu bin ich noch nicht fest entschlossen, denn ich weiss ja, dass Du durch meine verrückte Reise nun auch bettelarm wirst und kein Gedanke mehr dafür da ist, Hichy je das Geld zurückzugeben! Wie furchtbar das alles ist! Ich kann gar keine Worte Dir gegenüber darüber machen, dass Du nun so gänzlich blank dastehst, weil Dein Opfer zu gross ist, als dass ich es einfach mit einem Dankeschön abtun könnte. Wenn ich tatsächlich alles Gepäck hierbleiben lassen muss, könnte ich ja auch fliegen. Das ist billiger, nur müsste ich dann auch noch ein englisches Visum haben, denn es gibt in Lissabon kein Nonstopflugzeug, sondern es geht in Bermuda nieder und tankt. Aber das würde ich leicht bekommen. Plätze sind augenblicklich jede Woche frei, der Clipper fährt ja jeden Montag, Donnerstag und Samstag von Lissabon ab und ist nie voll besetzt, eben weil die Emigranten da nicht die 4 Zentner Freigepäck haben, die das Schiff gewährt, und die haben eben meistens ihr ganzes Gepäck schon bei einem portugiesischen Spediteur, und auf portugiesischem Boden hat man ja überhaupt keine Schwierigkeiten mehr.

Der Berichterstatter im »Emmenthaler Boten« schreibt auch, wie man da erlöst aufseufzte, wenn man die portugiesische Grenze überfahren hätte, nachdem er bei der Ausreise aus Franco-Land wieder bis aufs Hemd visitiert wurde. In Portugal kann man dann zuerst wieder mal zu ganz niedrigen Preisen sich satt essen. Ich aber habe ja immer nach England wollen und schon deshalb kein Gepäck nach Lissabon geschickt, und nun weiss ich ja gar nicht, ob ich über Cadiz fahren muss. Die Fahrt über Cadiz ist teurer, zu Lande, weil diese Stadt viel südlicher liegt als Lissabon, also viel weiter, und das Schiff von Cadiz muss ja schreckliche Umwege machen, ist also auch teurer. Der Flugpreis Lissabon – New York kostet einfach 525.– Dollar, retour 855.–, während das Schiffsbillett, wie Du schreibst, 560.– Dollar kostete. [...] Ich bin über alles so im Ungewissen, dass ich schon ganz resigniere. Nur fort muss ich auf alle Fälle. Ich kann mich nicht einfach so treiben lassen, denn das führt hier via Fremdenpolizei unweigerlich an die deutsche Grenze. Man kann das nur verhüten, wenn man dann von Schweizern eingeladen wird als Hausbesuch auf ewig, und die müssen dann Kautionen hinterlegen und ihre Bereitwilligkeit notariell erklären, dass sie diesen lieben Besuch, wenn nötig, bis zu seinem seligen Ende behalten wollen. Natürlich gibt es so edle Gastgeber, aber ich weiss keinen. Die edlen haben sich ja alle längst so einen Unglücksraben aufgehockt. –

Nicht resignieren kann ich natürlich in bezug auf Dein und Fränzes Schicksal. Aber ein Unglück, das Euch treffen könnte, wäre ja auch in Wirklichkeit noch das einzige, was mir noch passieren kann. Ich habe im April Fränzes letzte Karte bekommen, nichts seither. Ich fürchte, der 3. Kriegswinter nun auf der Insel wird sie sehr herunterbringen. Das einzig Vernünftige wäre, wenn ich hier auf der Kartause das Kriegsende abwarten und dann zu ihr fahren könnte, um sie aufzurichten und ihr beizustehen. Aber das ist es ja, was die Schweizer Polizei mit allen Mitteln verhüten will, dass ein Emigrant hier das Kriegsende abwartet, nicht zuletzt im Interesse der Emigranten selbst, denn die rechnen hier doch immer noch mit einem Hitlersieg, und dann würde es Emigranten und Schweizer Juden furchtbar ergehen, in Paris werden sie ja auch zu Tausenden erschossen. Tatsächlich, das muss sogar ich der Schweizer Polizei zubilligen, hat der Bund manche Drohung wegen der hier noch sitzenden Emigranten einzustecken, vor allem immer die ewig wiederholte Drohung: »Wenn Ihr sie nicht alle an die deutsche Grenze stellt, geben wir Euch nächsten Winter keine Kohlen!« Das aber würde den Hungertod vieler Schweizer Arbeiter bedeuten und Arbeitslosigkeit in nie gekanntem Ausmass. Wenn einmal mit dieser Drohung radikal Ernst gemacht wird, dann würde jeder Schweizer uns gerne opfern, und das mit Recht. Schon heute ist den Schweizern die Zange, in der sie Hitler und Mussolini halten, unerträglich und für die Gebildeten auch unwürdig. – Jedenfalls geh' ich, bevor ich an Oceanwave telegrafiere (nachdem ich das amerikanische Visum habe) zunächst mal zu dem hiesigen Paul Tausig und frage, ob sein Travel Bureau und Oceanwave identisch sind, denn so scheint es mir fast nach Deinem Brief vom 4. 8.

Wie immer in Eile,
Deine treue Mutter

Kloster Kartause, den 13. 10. 41
[Postkarte]

Geliebter Amadeus,
ja, ich bekomme jetzt alle Visen! Unfasslich! Als einzige seit dem neuen Gesetz! Kein Mensch fährt mehr ausser mir! Aber ich kann Dir jetzt nicht danken, weil ich es noch nicht glaube [...]. Sehr fatal ist es, dass Tausig entgegen Deiner Ansicht dem hiesigen Konsulat im August keinen Ton vom Deponieren der Passagekosten gepiepst hat. Grosse Schwierigkeit deshalb! Die Flüchtlingsstelle hofft ihrer Meister zu werden, ohne dass ich wegen der Bestätigung telegrafieren muss. Ich hoffe, übermorgen wegen Bestellung eines Platzes an Tausig telegrafieren zu können. Koffer sind abgeschickt und bezahlt, habe Hochstift und Ermatingerhefte gerettet, auch Deine Autogramme. Herr Oberst, ah, hocherfreut über Deinen Brief. Ich kable meine Ankunft.
Deine treue Medea [unleserlich]

18. Oktober 1941

Vorübergehend in Zürich, in der Predigergasse Nr. 12 bei Dr. Krämer (Wiener Emigrant), sonst alte Adresse Kartause
Geliebter Amadeus, ich schrieb Dir bei meinem letzten Zürcher Aufenthalt vor einer Woche, dass ich grosse Unannehmlichkeiten wegen der Bestätigung

von Tausig hatte. Du hast mir am 11. August geschrieben, dass Tausig dem amerikanischen Konsul die Schiffspapiere geschickt hätte, aus denen er ersähe, dass alles in Ordnung ist. Da der Konsul mein Aktenstück überhaupt nicht prüft, bevor alles in Ordnung ist, weiss ich gar nicht, ob Tausig es getan hat. Aber gleichviel – es genügt dem Wüterich doch nicht. Er verlangt, dass ihm bestätigt wird, dass ein Schiffsplatz f e s t gekauft und voll bezahlt ist, zu einem bestimmten Termin, an dem ich dann reisen muss. Ich verstehe überhaupt nicht, warum Du einem Reisebüro den Auftrag gabst, eine Schiffskarte zu besorgen, anstatt gleich zur Schiffahrtslinie zu gehen und den Vermittler zu sparen.

Ich nehme an, dass Du es am praktischsten machen wolltest, aber nicht orientiert warst. Weitaus am einfachsten wäre gewesen, wie ich Dir schon mal schrieb, wenn Du das Geld hierhergeschickt hättest, dann hätte mir Danzas – Zürich, das hiesige grosse Reisebüro, diese peinliche Lage zwischen Schiffskartenkauf und Visumserteilung erleichtern können. Auch hätten sie dann ein Interesse an meiner Weiterfahrt von Lissabon aus gehabt, was sie jetzt nicht haben. Der Passageabteilungsleiter ist ein Ekel, wie alle Schweizer Beamten, also auch diese privaten Beamten. Er weiss nichts und ist auch nicht geneigt, etwas in Sachen Auswanderung hinzuzulernen. Es führt zu weit, Dir alles dies zu erklären. Ich wollte ja Danzas überhaupt sparen, aber davon ist mir dringend abgeraten, weil nur die Reisegesellschaft und der Schutz eines mit dieser fahrenden Danzasbeamten mich aus den Naziklauen hinter

Genf retten kann. Ebenso brauche ich diesen Schutz gegen Franco. –
Nun zur Erläuterung des Telegramms, ich hoffe zwar, dass Du es verstanden hast, sonst wären ja 14 wertvolle Tage vertrödelt. Nämlich, bis dieser Brief Dich erreicht. Ich telegrafierte an *Romance Languages*, weil ich annehme, dass Du nicht mehr bei Marti bist. Falls Du also sofort Tausig das Geld wieder entreissen kannst, sollst Du es Danzas schicken (telegrafisch), dann kann Danzas besser disponieren – Du musst wissen, dass er jetzt meine Einschiffung auf den 5. 12. in Lissabon nur ungern festgelegt hat, denn wenn der Konsul wieder einen Rappel kriegt und nicht bis zum 25. 11. spätestens zu besiegen wäre – was dann? Es ist mir sehr schwer gefallen, dieses Risiko auf unser beider Schultern zu laden, aber bei der verrückten Forderung des Konsuls, dass zunächst der Platz nicht nur bezahlt, sondern auch fest belegt sein muss auf einem bestimmten Schiff, blieb mir ja gar nichts anderes übrig. Nun, angenommen, Tausig gibt Dir das Geld nicht sofort wieder raus, dann musst Du ihn veranlassen, bei der Schiffahrtsgesellschaft American Export-Newyork sofort einen Platz für den Dampfer *Excalibur* zu belegen und ihn sofort zu bezahlen. Du oder Tausig müsst dann sofort Americ. Exp. veranlassen, dem amerikanischen Consulate – Zürich ein Telegramm zu schicken, in dem muss stehen, dass Schiffskarte für die »Excalibur« abgehend 5. 12. bezahlt ist und dass Airmailbrief mit den beweisenden Schriftstükken gleichzeitig abgeht. Denn ein Telegramm kann jeder schicken, der Konsul wird es nicht anerkennen, wohl vielleicht mich dann endlich einmal emp-

fangen und eine gewisse Zusage geben, aber das Visum wird erst faktisch eingetragen, wenn der Airmailbrief mit den Schiffspapieren in seinen Händen ist. –
Sei so gut, mir das Ergebnis Deiner Bemühungen zu kabeln, denn ich muss es ja wissen, damit ich auch weiter disponieren kann und meine letzten Vorbereitungen treffe. Ich würde dann, wenn alles klappt, am 28. 11. nach Lissabon fahren. Nun hoffe ich zu Gott, dass Du alles verstanden hast und dass es bis zu diesem Termin klappt. Es wird bald eine neue Bestimmung kommen, schlimmer noch als die mit den Verwandten, die es mir von ihrer Wirksamkeit ab unmöglich machen wird, hier heraus zu kommen. Es wäre schrecklich – ich habe schon wieder die aufregendsten Dinge erlebt wegen meiner Aufenthaltsverlängerung.
Dieser Brief wird Dir vorkommen, als ob er in trüber Stimmung geschrieben wäre. Das ist nicht der Fall. Ganz im Gegenteil. Aber es ist Nacht, ich bin sehr müde und schreibe auf einer fremden Maschine bei fremden Leuten. Daher mein trockener Ton. Ich bin sehr glücklich, wie Dir der beigelegte Papyros zeigt, denn ich habe mit Cici jeden Tag und jede Nacht entzückende Plauderstunden. Wir verstehen uns ausgezeichnet, wie ich mich noch mit keinem Deiner hiesigen Bekannten verstanden habe […]. Gute Nacht für heute und vielen Dank für Deine abermalige Mühe, die Du neben allem andern her nun wieder hast.
Deine Elektra Büsjen.
Es wird wohl sehr schwer sein, das Geld wieder zu bekommen von Tausig, noch schwerer aber wird

sein, die staatliche Bewilligung (die Lizenz) für die Ausfuhr des Geldes zu erhalten. Dann also der andere Weg! Die Morgenzeitungen bringen den ganz nah bevorstehenden Kriegsausbruch zwischen Amerika und Japan! (19. 10.). Na, dann Gutnacht um sechse! Ich werde beinahe kribbelig [...].

Briefe aus USA 1942 bis 1964

10. 1. 1942
[New York] 191 West 94th Street

Geliebter Gaute,
von Herzen danke ich Dir für Deine 4 guten, lieben, wunderschönen Briefe, die Schüttelreime, das herrliche Gedicht, die Briefe von Fränze, an Fränze, von Frau Hueneke, Sofie Neumann, die 30-Cents-Marke und den *Varyan Fry*-Bericht. Natürlich kann ich mich nicht laut jubelnd dem neuen Leben hingeben, solange Fränze sich so sehr unglücklich fühlt und solange ich so schwer in Sorgen wegen ihrer Gesundheit, ihrer trüben Stimmung und ihres Mietprozesses sein muss. [...] Aber was sind das für grässliche Aufregungen, wenn man körperlich und seelisch so weit ist, dass einen alles umwirft! Selbst diese Dinge, die an sich kein Unglück und mit Geld aus der Welt zu schaffen sind! Sowie ich wieder über ein kleines bisschen Zeit verfügen kann, werde ich zu den Quäkern hier gehen und Fränzes Sache mit aller Energie verfechten.
Abgesehen von meinem Kummer um Fränze, der mich besonders immer morgens beim Erwachen so niederdrückt, bin ich den ganzen Tag über heiter, denn dazu habe ich allen Grund. Keineswegs ringe ich, über den Broadway irrend, meine dreckigen Putzfrauenhände. (Nach welcher Bemerkung Dir schon Gutes schwanen wird!) Und nach dieser beruhigenden Einleitung muss ich denn doch sagen: »Du ahnungsvoller Engel, Du!« – Alle vier Punkte sind haargenau eingetroffen – aber frage Dich selbst: »Ist das etwa schlimm, wenn auch soviel Gutes zu berichten ist?« Ich jedenfalls habe mich

bereits wieder beruhigt. Wieviel schlimmer wäre es, wenn ich den Podagra hätte, wie Entspektor Bräsig, und in die Wasserkunst müsste! Nein, ich bin gesund und eigentlich überglücklich über die leichte Art, mit der ich hier meine ersten Dollars in meinem Leben verdiente! Ich geniesse hier meine Freiheit, die Möglichkeit, gegen Entgelt zu arbeiten, Film, Abendschule, neue Bekannte, dieses reizende Heim, so warm, so gute Bade-Koch-Speisegefriermöglichkeit usw.

Nachdem mich zu meinem Erstaunen drei Tage lang hier niemand anschaute und keiner mir auch nur guten Tag auf der Treppe sagte, so dass ich gar nicht mehr herausging, wenn ich draussen jemand hörte, merkte ich plötzlich, dass hier die Mieter alle eine feste, gute Kameradschaft bilden, die jeden sofort wieder hinauswirft, der nicht mittenmang passt. Irgendwie habe ich wohl das Misstrauen zerstört – jedenfalls bin ich jetzt schon so weit, dass ich heute zu einer Gans eingeladen bin, die die Miss gebraten hat, die uns empfing, Miss Käthe Dornhardt. Alle sind jetzt reizend gegen mich – es ist, fürchte nichts, kein Grund zur Zurückhaltung meinerseits, lauter brave Leute, Handwerker, Dienstmädchen und Serviertöchter, ein Schweisser (d. i. Metallarbeiter), ein Tüncher, ein Elektriker, ein Rabbiner usw. – alles frühere Klavierspielende und brandmalende Töchter und Akademiker oder Kaufleute. Jeder hilft mir, weist mich Grünhorn an, schenkt mir Geschirr, so dass ich schon Kaffee kochen kann […].

Die Amerikaner sind Verkehrs- und Geschäftsmenschen, aber keine Bürokraten. Das ist wundervoll

und schrecklich zugleich, denn wenn man eben doch einmal etwas Bürokratisches zu erledigen hat, können sie einem nicht helfen, denn keiner weiss was Genaues. Bestimmungen wechseln alle Tage. Alles ein paar Tage zu verbummeln ist das Klügste. Denn so las ich in *Segers Sozenblatt,* wenn man die Registrationskarte mit Nr. noch nicht hat, solle man sofort nach Washington schreiben und um Beschleunigung bitten und sich dabei die näheren Angaben bei einem hiesigen Council holen.
Da ich den ganzen Tag in Stellung war, konnte ich nicht zu dem Council, das war mein Glück, denn mittlerweile heisst es wieder, dass man sich ja nicht um die Beschleunigung kümmern soll, weil die in Washington ganz überlastet seien. Die Registrationskarte käme von selbst. Da ich infolge der Stelle nicht mehr zur *Hias* gehen konnte und die mir auch nur sagten, ich müsste sofort die 2,50 noch einmal einzahlen, wollte ich die Petition durch meine Schulleiterin, Mrs. Frank, machen lassen. Ich hörte, die täte es auch. Die sagte: »Of course, my darling«, füllte aber die Formulare nicht selbst aus, wegen Zeitmangel, sondern gab sie mir, damit ich es daheim mache. Das tat ich im Schweisse meines Angesichtes. Es war furchtbar schwierig. Dann brachte ich sie in die Washington Street hier zum hiesigen Immigrationsbüro. Da hatte das entmenschte Weib mir die second paper gegeben, die zur endgültigen Bürgerschaft führen. Darum! Da stand nämlich drin, dass ich alles hier schon getan hätte, um mich als Bürger zu assimilieren. Da hatte ich was Schönes zusammengequatscht. Nun wirst Du wohl verstehen und verzeihen, dass ich Dir noch nicht schrieb

und täglich blödsinniger wurde und den Korrodiartikel in meiner Angst um die first paper nicht gebären konnte. Freitag, Samstag und Sonntag ist keine Abendschule. Ich also wieder gewartet. Endlich kam gestern ein Counceler, ein Beamter, in die Abendschule. Auf den stürzte ich mit der gestern von Dir retour erhaltenen money order und klagte ihm mein Leid. Glücklicherweise hatte er Formulare für die first paper bei sich und erledigte alles, was genau 2 Stunden dauerte, denn er hatte auch keine Ahnung, obgleich er zur Hilfe für die Grünhörner gestern in die Abendschule geschickt wurde. Er strömte über von Wohlwollen für mich, aber etwas mehr Sachkenntnis wäre besser gewesen [...].
Habe bitte keine Angst, dass ich etwas versäume. Meine Nerven mussten sich nur erst nach der Reise beruhigen, und ich musste mich in der Riesenstadt etwas eingewöhnen. Ich hörte von anderen, dass das 4 Wochen dauert, nach so langer Seekrankheit und Kopfbenommenheit. Nur bei Kindern geht es rascher, wie mir die Schwiegertochter von Protzenmaiers sagte. Ich werde nun alles folgerichtig erledigen, dann eine neue Stelle antreten. – Heute habe ich nun die Antwort *Fays*. Erschrick nicht – unser Brief war eine Dummheit, aber ich habe doch genau so geschrieben, wie mir's Paul Hagen so gütig diktiert hatte. Lass es Dich bitte nicht anfechten – aber mir scheint, dass Fay es übel aufgenommen hat. Er schrieb damals nach Empfang meines Manuskripts so reizend, jetzt ganz kühl, geht keineswegs auf meinen Brief ein, und das ist ja Antwort genug. Der Prüfer der Manuskripte war Dr. Hartshorne. Dieser ist jetzt Professor in Washington, hat die Manu-

skripte mitgenommen. Fay schreibt nur kurz, diesem sei mein Brief zugegangen. [...]
Deine treue Mutter

Sonntag, 11. 1. 1942

Lieber Werner,
heute will ich Dir den ganzen Tag schreiben, war gestern abend zu müde, heute habe ich den ganzen Tag frei. Also zunächst die 4 Punkte: Fay antwortete wirklich nicht, kann aber noch kommen!
Die Stellensuche war zunächst schwierig, entweder waren sie zu weit, oder ich war zu alt (für Kinder), oder ich sollte da schlafen (sleep in), ich preferiere aber sleep out, obwohl es unrentabler ist, weil ich das Zimmer bezahle, aber ich bin so gern hier und schon so eingewöhnt, die jiddischen Kaufleute an der Ecke radebrechen schon hochdeutsch wegen mir, und es wäre mir schwer, die Koffer schon wieder zu packen, nachdem ich sie so oft in der Schweiz, in Frankreich, Spanien, Portulack (wie Onkel Bräsig sagt) und USA packen musste. »Der stete Wechsel schreckt den Glücklichen!« (ich glaube bei Schillern). Meine Gefühle drückt der Prophet Hesekiel aus: »Da hob mich der Wind auf, und führte mich weg. Und ich fuhr dahin, und erschrak sehr. Aber des Herrn Hand hielt mich fest.« Ich will nicht wieder vom Wind aufgehoben werden, sondern mir hier in allen Ehren ein bescheidenes Proletarier-

dasein gründen, denn das ist nirgends leichter als hier. Soviel habe ich schon gemerkt: Nirgends ist es leichter, als Prolet durchzukommen, und nirgends ist es schwerer, ein gehobeneres Leben zu führen [...].

Ich bin also in den Stand der Putzfrauen gegen klingenden Lohn erhoben, und die 1. Gage wurde mir bereits mit 10.– Dollar ausgezahlt. Es ist angenehme Arbeit, aber doch anstrengend, denn es muss hopplahopp gehen, wie alles hier – 9 Appartements zu 3 Zimmern mit Badezimmer und kitchenette, grosses Treppenhaus und Strasse jeden Tag gründlich reinigen. Das sind 10 Stunden, ½ Stunde Lunchzeit dazwischen, ich musste es aber selber mitbringen. Schürzen bekam ich gestellt, ich zog aber meine eigene an, denn das waren mir zu abenteuerlich bunte Negergewandungen. Tatsächlich hatte diese Stelle auch eine Negerin, die krank geworden war, nun wollte man mal lieber eine weisse maid. 10 Dollar ist ein Ausnutzerpreis, wie mir die Superintendentin sagte – ich musste auch jeden Abend noch etwas waschen, nämlich die Badeteppiche und die Lokusmonokeldeckchen.

Es ist ein sehr elegantes Haus mit Ölheizung, irrsinnige Hitze in den Zimmern, die ich nie lüften durfte. Ich tat es nur, wenn die Bewohner nicht da waren. Es sind aber meistens Ehepaare, von denen die Frau dahockte. Sämtliche Mieter sind Amerikaner und von unbeschreiblicher Frechheit gegen mich, nur eine Wohnung wurde von einem geflüchteten italienischen Gelehrtenpaar bewohnt (Botaniker), die auch gerade wegen ihren first papers eingaben, die merkten, dass ich nicht immer Loküsse und Bade-

wannen gescheuert hatte und waren sehr nett. Das Haus gehört einem deutschen Nazi, Herrn Hering, der jeden Tag einmal hereinkam und dem ich mich, schon gewitzigt, als französisch sprechende Westschweizerin vorstellte. Glücklicherweise kann er kein Französisch. Es ist kein männlicher Superintendent da, die Frau ist Witwe, deshalb nahm sie diese Stelle, eine sehr nette, auch gebildete Amerikanerin, bei der ich viel Englisch für den Hausgebrauch lernte, natürlich ganz spielend, ich tat immer, als ob ich verstanden hätte, in Wirklichkeit erriet ich ihre Befehle. Was für ein reiches Vokabularium habe ich jetzt! Ich beherrsche alle Fachausdrücke: besom, rub-towl, slipper, cleanser, cupboard usw. Nun war aber die kranke Negerin wieder gesund, sie ist fixer als ich, aber anerkanntermassen macht sie es nicht so gut wie ich, besonders das Reinigen der Geschirre (fast alle stellten mir ein- bis zweimal einen Haufen Geschirr täglich zum Waschen hin), aber Hering nahm sie doch wieder, denn ich sagte, sonntags käme ich auf keinen Fall, auch nicht gegen Extrabezahlung, denn wann sollte ich da Briefe und *Artikel* schreiben? Ausserdem habe ich schreckliche Scherereien wegen der first papers-Beschaffung, vielmehr wegen des Antrages – und wenn ich um 7 Uhr abends aufhöre, kann ich gerade noch rechtzeitig zur Abendschule kommen, aber nicht mehr in Ämter und Büros. Ich hörte also gerne wieder auf.
Der Superintendentin tat es leid, ich vertrug mich auch gut mit ihrer Tochter, die Malerin ist, aber nun, wie auch Dumreicher, angewandte Kunst treibt. Der einzige Sohn ist Soldat, schon deshalb hassen sie Hitlern und das Nazitum. Mrs. Gurry sagte mir,

dass Mrs. Hering seit 16 Jahren hier sei und nicht halb so gut englisch spräche wie ich. Also schrieb sie mir schlankweg ein Zeugnis, dass ich zunächst 5 Jahre Nurse bei ihr gewesen sei, dann 5 Jahre Köchin, alles zu ihrer grössten Zufriedenheit. Haus- und Telefonnummer gab sie an, als ob sie die Besitzerin des Hauses sei. Sie sagte, das merkte kein Mensch. Ich glaube nicht, dass ich die Frechheit besitze, dieses Zeugnis irgendwo zu zeigen, die gute Mrs. Gurry schrieb diese Berufszweige, weil die besser bezahlt werden als Hausbuselarbeit.
Dann rief sie eine Agentur in meiner Nähe an und machte da Reklame für mich, was ich für eine reizende Person sei. Ich flehte sie an, zu sagen, ich sei erst ein Jahr bei ihr als Köchin, sie hätte ihren Haushalt verkleinert, weil der Sohn eingezogen sei und sie wollte jetzt selbst kochen. So sagte sie es denn auch, und die Agentur notierte meine Adresse. Sie sagte, ich machte alles viel zu gut, sie selber raucht nur den ganzen Tag die Zigaretten, die sie den Mietern klaut. –
Erich lud mich zu Sylvester ein. Wir feierten bei Lichtenbergs, weil die mehr Geschirr haben. Es war sehr hübsch. Lichtenbergs steuerten Tee und Butterbrote bei, Ilde selbstgemachten Herings- und Kartoffelsalat, die Würstchen und den Glühwein, Siegfrieds einen von Leonie bereiteten Apfelstrudel und Kekse. Tante Riekchen hatten sie vorher ins Bett gepackt und eingeschlossen, weil sie immer, wenn sie allein ist, alle Türen, auch die Korridortür weit aufmacht, und Annemarie (die 20 Jahre alt ist und das gleiche Wesen wie ihre 94jährige Grossmutter hat) war woanders eingeladen [...].

Am 2. 1. kam Erich, gratulierte mir sehr schön zum Geburtstag, dann gingen wir zusammen in die Library in der 42nd Str. und dann assen wir gegenüber bei Sheffield, sehr gemütlich. Er ist sehr amüsant, wenn er will und lehrreich. Bei dem politischen Kongress hier, der 3 Tage dauerte, hatte *Brüning* ein Hauptreferat. Er bezog sich dabei auf die Weimarer Verfassung. Erich trat ihm als amerikanischer Professor Dale entgegen und wies ihm nach, dass er mit den Nazis gekuhhandelt hat und keiner eifriger als er durch Notverordnungen am laufenden Band die Verfassung durchlöcherte. Brüning hatte das Schlusswort, was natürlich ungünstig für Erich war. Brüning trat Erich sehr scharf entgegen. Ich bin überzeugt davon, dass er zwar dem Professor Eric Dale antwortete, in Wirklichkeit aber dachte: »Du bist doch der entfamte, kleine Judenanwalt aus Deutschland!« – Nun, jedenfalls sprach ein hohes chinesisches Tier Erichen nach Schluss der Tagung an und interessierte sich für ihn. Erich träumt schon von einer Staatsstelle in Tschungking nach dem Kriege. Ilde antwortete mir auf diese meine Bemerkung: »Na, ich bitte dich, Käthe, warum nicht?« –
Erich schenkte mir 5 Dollar zum Geburtstag. Wenn ich jetzt trotzdem nicht im Gelde schwimme, so kommt das daher, weil ein Unglück selten allein kommt. Also das Ärmchen von meiner Brille ging ab, das ich mir gerade vor ½ Jahr in der Schweiz reparieren liess für 2,50 Franken. Aber Schweizer Handwerker sind ja unbeschreibliche Pfuscher. Hier ging ich zu einem Guden, namens Krohn (früher Kohn), der machte es tadellos in 10 Minuten, obgleich es solche Gelehrtenbrillen hier gar nicht

gibt (er fand nach einigem Suchen ein altes Brillengestell aus Deutschland), aber das kostete 50 Cents. Gleichzeitig biss ich mir die Vorderzähne meiner Prothese aus [...].
Jetzt will ich Dir schreiben, wo ich überall war. Eines Abends in Forest Hills. Ich wusste nicht, dass man für 5 Pfennige in eine andere Stadt fahren kann, der Zahnarzt sagte mir, ich müsste in der 42nd Str. umsteigen und einen Zug nach Forest Hills nehmen. Das tat ich. Es wurde immer leerer. Mit einem Male fing der Zug an zu rasen, keine Station konnte ich mehr entziffern, auch mit Brille nicht, der Zug hielt über eine halbe Stunde nicht, es ging viel schneller als mit express, ich wusste vor Angst nicht, wohin, ich dachte, vorne sitzt ein Mädchenhändler, der das Anhalten verhindert, mir brach der Angstschweiss aus, aber der Zug hielt nicht. Als er es endlich tat, hiess es Rooseveltplatz, da stieg ich aus und erkundigte mich. Da war ich ganz richtig gefahren, ich sollte nur wieder in die gleiche Linie gehen. Das tat ich mit Todesangst, und dennoch kam ich richtig an. Das Gebäude, in das ich eingeladen war, fand ich auch mit vieler Mühe. Mit mir im Lift fuhr *Julius Bab* hinauf, zu dessen Vortrag über *Eugene O'Neill* ich wollte. Ich erkannte ihn sofort von seinem Vortrag in Freiburg her, sagte aber natürlich nichts zu ihm. Er ist gar nicht gealtert. Wir waren in einem Appartement, das einem Bernhard Maier aus Deutschland gehörte. Solche miesen, kleinen, gemeinen Stürmerjuden, wie das Ehepaar Maier, sind Dir noch nicht untergekommen. Sie gingen früh heraus, ihr Sohn lebte seit 15 Jahren in der Schweiz, also gingen sie mit Sack und Pack nach Ascona. Ich habe nun genug

Juden hier kennengelernt, die erfüllt sind von den ethischen Geboten der Bibel, aber diese haben nur eins aus der Bibel gelernt: den Tanz ums goldene Kalb. Um das tanzten sie denn nun ümmerlos, Bab stand mit einem sehr vornehmen jungen Paar unbeachtet und mit zugeknöpfter Miene in einer Ecke, während die andern tanzten, d. h. um ihren Ensor, ihren Matisse und ihren Picasso. Ja, Du kannst es kaum glauben, unter dem tun es die Maiers nicht. Im Schlafzimmer mussten wir ablegen, das ist ja hier so eine scheussliche Sitte, da hingen auch Millionen an der Wand lang [...]. Dann wurde immer eine Kunsthistorikerin gefragt, Else Hofmann, Ph. D., in Wien graduiert, Schülerin von *Dessoir* und *Ernst Troeltsch* in Berlin, 2½ Zentner Lebendgewicht, furchtbare Waschfrauenhände und noch schlimmere Fleischerarme hat die Ärmste. Unglücklicherweise merkte sie, dass ich die einzige war, die Veit Schongauer von Matthias Grünewald unterscheiden konnte und ihre Werke kannte, da umärmelte sie mich gleich, das ging man jümmer »Ach darling, mein sweetheart«, dann brachte sie mich Klock 2 Uhr ganz vors Haus, küsste mich und wollte meine Freundin sein. Ich sagte, ich wäre man bloss Putzfrau. Sie liess aber nicht luck, gab nochmals einen 5er aus und fuhr dann endlich heim. [...] –
Also der Vortrag Babs war ausgezeichnet! Ich hörte so gut zu, schrieb nichts mit, könnte ihn Dir trotzdem wiederholen. Er wies bei O'Neill die Einflüsse der Antike (Orestie), Shakespeares und in einem Stück Shaws nach (Kaiser John, das Negerdrama). Ich möchte jetzt alles von O'Neill lesen! [...]. Was mir Babs Vortrag zu einem grossen Erlebnis machte,

das war, dass ich aus seinen Worten deutlich heraushörte, wie tief er hier unter der sagen wir mal allzu jungen Kultur und Traditionslosigkeit leidet. Wahrscheinlich hat das niemand ausser dem jungen, ihn begleitenden Paar und mir herausgehört. Er sagte es nicht direkt, aber indirekt: »Wir lieben das Leben ja nicht um seiner Annehmlichkeiten und Bequemlichkeiten willen, sondern wegen seiner Erschütterungsmöglichkeiten!« [...]
Ich werde jetzt das Buch von dem deutschen, christlichen Emigranten *Köstler* lesen: »Scum of the earth«. Darin schreibt er, dass wir, die bis zum Mai 1940 in Frankreich, England usw. als Märtyrer Hitlers hoch geehrt wurden, wenn wir emigriert waren, nun plötzlich in den gleichen Ländern zum Abschaum der Erde wurden. Es ist eine Schmach Englands. Erich bekam es ja auch zu fühlen. Soll es hier auch so werden? Etwa nach grösseren Niederlagen Amerikas? Ich hätte Lust, *Tante Roosevelt* eine Denkschrift zu schicken darüber, wo die wahren Nazi sitzen, nämlich unter den Deutsch-Amerikanern, deren amerikanische Bürgerpapiere in herrlichster Ordnung sind, die aber Nazi sind und wenn sie schon in der 3. Generation hier ansässig sind.
Es ist das genau wie in der Schweiz. Wir wurden verfolgt von der Fremdenpolizei, niemals aber die (ebenfalls nicht eingebürgerten) Deutschen, die lange dort ansässig waren, ihre Geschäfte betreiben konnten, während alle Schweizer zugrunde gehen konnten, weil sie ewig zur Grenzbefestigung einrücken mussten, während ihre Frauen Geschäfte oder landwirtschaftliche Betriebe nicht allein betreiben konnten – aber die Nazipapiere waren in Ord-

nung, sie waren Mitglied der Nazipartei, hielten die »Deutsche Zeitung«, die in Zürich herauskommt und dem Stürmer nicht nachsteht, feierten Hitlers Geburtstag und versammelten sich alle Woche zur Hetzpredigt in ihren braunen Häusern [...].
Kann man da nicht vorbeugen – muss es hier so werden wie in der Schweiz? Ich denke jetzt nur an die gefährliche Propaganda gegen uns – keineswegs an die Spionagegefahr für Deutschland, gegen USA, die ich für eingebildet halte. Nun schreib' ich Dir erst wieder im Februar. Bis dahin die innigsten Grüsse von Deiner treuen Mutter.

New York, den 1. Februar 1942

Geliebter Gaute,
drei Deiner lustigen Briefe, die mich, wie alle Deine Briefe, in strahlendste Laune versetzten, habe ich noch nicht bestätigt. Nun also herzlichsten Dank, auch für die 20 Meter! Nimm's nicht übel, ich möchte sie Dir zurückgeben, denn sonst verdirbst Du mir ja die Freude an Deinem Geburtstagspaket, für das ich schon etwas erstanden habe. Und das möchte ich doch aus selbst verdienten Talern zusammenstellen, wie S' vielleicht schon bemerkt ham wern! Jetzt habe ich noch genau runde 15 Taler im Besitz, die ich nicht anbreche, weil ich mir vorgenommen habe, dass diese Summe immer für Notfälle in meinem echt amerikanischen Schreibtisch ruhen soll.

Nächste Woche sende ich die restlichen 5 Meter zurück! – Ich habe zwar keine Silberstreifen zu vermelden, aber doch habe ich einen job zu annoncieren, der zwar nicht besonders schön ist, aber mich doch immer über Wasser halten wird. Ich könnte zahlreiche Stellen als Hausbusel bekommen, wenn ich sleep in ginge, aber nein – meine Freiheit über alles! Ich zahle lieber weiter hier pünktlich alle Sonntage meinem guten Meister Hinze die 4 Taler und habe dafür das beglückende Gefühl, abends in ein Bett zu sinken, das e r und nicht ich gemacht habe und um 10 Uhr in meine *gay ninety four* zurückzukehren, in der mich alle Kumpels mit Hallo empfangen. Ich bin natürlich die letzte, die von der Arbeit kommt, als Grünhorn habe ich den Bogen noch nicht so raus und bin in eine rechte Ausbeuterfamilie geraten: [...] Wiener Juden schlimmster Sorte. 3 ekelhafte Töchter, 7 Zimmer, 2 Badezimmer, jeden Tag zweimal kochen wie im Hotel, d. h., jedes Familienmitglied bestellt mir etwas Spezielles für sich und a l l e Tage einen Kuchen backen! Es wird nichts fertig gekauft, keine Suppe, kein Plätzchen, keine Nudeln für die Suppe – alles habe ich von eigener Hand zuzubereiten [...]. Sogar die 13jährige Tochter schreit aus ihrem Zimmer: »Hallo (so heisse ich da, mich wundert nur, dass sie mich nicht Minna rufen) bringen Sie mir ein Eiswasser!« Glaube aber nicht, dass ich mich im geringsten über die Bande ärgere, ich denke immer daran, was man nach Napoleons Fall von den Bourbonen sagte, als die wiederkamen: »Nichts gelernt und nichts vergessen!« Diese sind noch das gleiche dreckige Kapitalistenpack wie in Wien, obgleich sie, genausogut wie ich, einen Tritt in eine gewisse Körperstelle von Hitlern bekamen […].

Nun, ich bleibe bis Ostern, dann habe ich erstens experience und 2. eine wertvolle Empfehlung von der Nichte des Gouverneurs. Dann gehe ich zu Amerikanern in Stellung, um englisch zu lernen, denn bei dieser Hetzarbeit im Galopp kann ich nicht an englische Vokabeln denken, und die Abendschule, die ich so gern besuchte, schliesst gerade, wenn ich heimkomme. Ich gab als Empfehlung Mandls und Dumreichers an, sie fragte aber nur Mandls, denn Dumreichers Adresse schrieb sie gar nicht auf, der Name jagte ihr wohl Respekt ein, denn ich sagte, dass es sich da um einen Wiener Beamtensohn handele, und da merkte sie wohl, dass das keine Guden sind. Uniform muss ich auch tragen und zum Servieren ein Tändelschürzchen. Zum Besuch wird in meiner Gegenwart gesagt: »Lass doch, Mieze, das kann doch das Mädchen tun!« Weisst Du, wer das Mädchen ist? – Ich! – Das Weib legte mir nahe, den Dienstboteneingang und -Lift zu benutzen, was ich vornehm nicht verstand. […] Ich werde jeden Tag hochmütiger gegen die Leute, amüsiere mich innerlich köstlich und gebe ihnen ordentlich eins drauf, wenn sie mir was vorprotzen.

Nun ist der entzückende Sonntag da, und ich muss Dir dringend wegen des einliegenden Briefes schreiben, den Du am besten aufhängst. Mr. Buxton, dieses hohe Tier, empfing mich sehr huldreich. Es war einen Tag, bevor ich diese Stelle antrat. Buxton las, dass ich ein *danger visa* habe (als einzige der »Excalibur«) und lud mich deswegen vor. Alles, was ich ihm sagte, war ihm höchst wertvoll, gera-

de die Wechselwirkung zwischen Schweiz und Deutschland, die ich beurteilen kann. Was Du also damals angabst und mir in die Schweiz schriebst, dass mein politisches Verständnis Amerika nützen würde, ist also wirklich wahr, obgleich wir doch damals nur über Dein Dicketun damit lachten. Ich habe grosse schriftliche Arbeiten für Mr. Buxton anzufertigen über Themen, die er mir gab [...].
Ich hoffe, dass Du nicht mehr väterlich beunruhigt über mich bist und sende Dir die innigsten Grüsse. Deine treue Mutter.

13. 3. 1942

Mein geliebtes Wentzken,
Mittwoch werden es 27 Jahre her sein, dass Du um 5.20 Uhr p. m., mitteleuropäischer Zeit, an einem trüben Märztage, an dem es dauernd durcheinander regnete und schneite, das Licht dieser mittelmässigen Welt erblicktest, in einem Augenblick, da die Sonne knallig durch die Wolken brach, um Dich kleinen Hammel zu begrüssen. Und es blieb sonnig, bis die frühe Nacht sich herniedersenkte! Und wenn Du als verhutzelter Greis diesen Tag wieder erlebst, so wirst Du – ich hoffe es! – sagen: »Es sei, wie es wolle, es war doch so schön!« Dies ist mein Wunsch! Zu den wenigen Dingen, die ich noch erleben will, gehören das Wiedersehen mit Fränze und das Ende dieses Schandregimes.

Ich habe nicht nur den Quäkern an ihren Hauptsitz in Philadelphia, sondern auch noch drei anderen einflussreichen Personen, u. a. *Willy Sander* in London, einen englisch geschriebenen Aufsatz über Fränze geschickt, über ihre Gesinnung in politischer Hinsicht und über ihren Grundsatz »Ich bin gerettet, um andere zu retten«, den sie im Falle Familie Herzfeld und Hauserwillem so wunderbar bestätigt hat.
Hoffentlich kann ich Dich mit der Nachricht erfreuen, dass Professor Hartshorne, früher Harvardprofessor, jetzt Leiter des Information Office in Washington, der berühmte Soziologe, mir einen langen, liebenswürdigen Brief sandte. Ich schreibe ihn Dir mal ab, wenn ich Zeit habe. Er war der eine Prüfer meiner Arbeit und erfuhr nun auch, dass ich hierhergekommen bin. Vielleicht durch Fay, ich weiss es nicht. Er schreibt, dass er nun meine Arbeit nochmals las und er bittet mich daraufhin, aus meinen reichen Erfahrungen mit den »housewives in Baden« Rundfunkvorträge in deutsch auf short wave zu halten. Er ist der Leiter dieser Propaganda. Sowie ich kann, schicke ich ihm Dispositionen für zwei. Es ist schrecklich, dass ich so wenig Zeit habe. Hartshorne sandte mein wertvolles Manuskript zurück und stellte mir frei, Teile daraus hier zu veröffentlichen. Aber ich komme zu nichts, müsste mal eine Woche frei haben, um alle solchen Chancen ausnützen zu können, aber das will ich doch auch erst, wenn ich einen neuen job in der Tasche habe. Denn es ist doch zu schön, alle Woche a lot of money zu bekommen. Ich habe mir schon einen Pyjama (natürlich keinen so eleganten wie Dein Geschenk

von *Mazy*!!) gekauft und 2 Paar Schuhe, da sie teurer werden. Die restlichen 5.– Dollar findest Du in dem Büchlein über dem Kuchen, den Du gütigst selber mit den beigelegten Lichtern bestecken willst, weil der Kasten dafür zu niedrig ist. Ja, ich bin sehr glücklich, Dir ein kleines Päckchen aus selbstverdienten Dollars schicken zu können, und ich würde mich freuen, wenn alles passte […].
Ich hoffe innig, dass ich Dich, vielleicht in den Osterferien, hier mal ganz zufällig sehe – ich male mir ein noch zufälligeres Treffen als auf der Treppe im Herald Square aus. Hol' mich dann von meinen Brötchengebern, 355 Riverside Drive, Corner 108. Str., ab, wie der Sergeant seine Köchin. Ich muss Dich einfach sehen, um Dir mein Glück zu zeigen, hier zu sein, das täglich wächst. Wie könnte ich Dir von allen meinen erhebenden Erlebnissen schreiben, von allen grossen Menschen, die ich traf und von den vielen interessanten, die ich dem Namen nach in Deutschland kannte und die nun zum Teil mich einluden? Ich habe einfach keine Zeit! War noch nirgends, nicht mal bei *Walther Victor*, mit dem ich seit nun 45 Jahren befreundet bin!
Bei Tante Riekchen war ich auch nie wieder, ich schrieb ihr nur, weil ihre Enkelin Annemarie, die ehrpusslige Krankenschwester sich mit einem vortrefflichen Manne verlobt hat. Das erfuhr ich von Dr. Lichtenberg, den ich freitag abends im Ethical Culture Club treffe. Ich bin dort nicht Mitglied, denn das ist eine Kirche, und trotz Bearbeitung der liebenswürdigen Vorstandsdamen kann ich mich nicht entschliessen, einer solchen beizutreten. Ruth treffe ich auch oft, sie verkehrt in dem gleichen

German-American Culture Club wie ich, dessen Vorsitzender *Kurtchen Rosenfeld*, früher Justizminister Preussens, mich auch zu sich einlud. Wie viele erhebende Versammlungen habe ich hier schon mitgemacht! Alles fängt hier abends so spät an, darum rase ich noch hin. Und fast nichts von diesen erbauenden und bildenden Treffen kostet etwas – nicht mal Fahrgeld, wenn es am Broadway ist, wo ich ja arbeite. Es ist sonderbar, wenn ich in grösster Eile bis 9 Uhr abends die Küche bei Ungars wieder tadellos geputzt habe, dann kann ich keinen Brief mehr schreiben, überhaupt nichts mehr tun, aber in eine Versammlung kann ich noch gehen, und da werde ich wieder munter und aufnahmefähig. Dann sinke ich todmüde ins Bett, denn ich muss ja pünktlich bei meinem job sein. Eine Freundin habe ich jetzt in der 94. Str., die Dir sehr gefallen würde, die richtet es schlauer ein. Sie hat keinen Dauerjob, sondern badet in einigen Familien die *Timmchen* – ich schaue jetzt alle Timmchen darauf an, ob ich wohl als ihre Baderin in Frage käme! – für je 2,50 Taler und bekommt noch immer eine Mahlzeit dazu oder sie pflegt mal eine Woche eine Rekonvaleszentin und bekommt dafür 5.– täglich und feinstes Essen, kurz, sie macht nur so Gelegenheitsarbeit und sonst noch, wenn sie mal Lust hat, Heimarbeit wie Frau Mandl. Papa Mandl traf ich neulich in einer Versammlung von *General Deutsch*, meinem berühmten Wiener Parteigenossen und ich freute mich, wie er mit »Kiss d'Hand, gnä' Frau« auf mich zukam.

Meine neue Freundin ist hier mit ihrem Gatten, *Dr. Werner Richter*, einem Historiker, dessen Buch

»Friedrich III.«, ich komischerweise gerade in Frauenfeld aus der Bibliothek las und dann Leisis, die ja für die Hohenzollerndynastie schwärmen, empfahl, und ich diskutierte auch mit ihnen und Fräulein Munz über das Buch, Richters sind arische Flüchlinge, sehr angenehme, er war der bayrische Korrespondent des Berliner Tageblatts und verkehrte innig mit Maximilian Fuchs, überhaupt in jener Tafelrunde, der Menjou präsidierte. M. liess Richters aus der Schweiz kommen und hat ihnen zum Anfang eine Einladung für Monate bei reichen Amerikanern auf dem Lande verschafft. Er holte sie am Pier ab.
Menjous (die Frau ist »arisch«, wie er Dir erzählte, zu seinem grössten Stolz aus einer sehr vornehmen Magdeburger Familie, Krusius) geht es hier ausgezeichnet, sie haben einen big car und eine noble Wohnung. Sein Kompagnon aus München, der berühmte Hirschberg, der als hoher Offizier von 1914–18 dennoch ins K.Z. kam, ist auch hier. Natürlich lernte ich mittlerweile auch *Kläuschen Mann* kennen. Mit dem ist der Alte wirklich furchtbar geschlagen! Ich las wieder »Unordnung und frühes Leid« (heimlich bei Ungars, wie mal alle ausgegangen waren, sie haben eine fabelhafte Bibliothek, von der sie noch nicht einen Band gelesen haben), und da fand ich denn die trübe Ahnung Thomis, dass aus diesem Sohn ein Nichtschen werden würde.
Einige Programme lege ich Dir bei – von Versammlungen, die ich besuchte. *Karin Michaelis*, die gefährliche Alte, lernte ich nicht nur kennen, sie gab mir auch einen Backenkuss. Dem konnte man nach ihrem Vortrag gar nicht entgehen. Sie küsste wie wild

um sich – jeden, der auf die Bühne nachher zu ihr trat. Ich tat das natürlich gar nicht, sondern ich hielt ihr nur die Tür auf, wie sie rausspazierte auf die Strasse. Es war so eine, die einem immer auf die Nase schlägt. Karin küsste auch die jungen Männer, die sich ihr vorstellten. Nie sah ich etwas Komischeres […].
Herrgott, jetzt sollte ich Dir auch noch erzählen, dass ich mit der reizenden Kusine Franz Werfels befreundet bin, die mir ein Licht über ihren Sauvetter (als Mensch!) aufgesteckt hat. Alma Mahler, seine Frau und Witwe Gustav Mahlers, ist »arisch«, war früher grosse Nazine und ist 18 Jahre älter als er. Zwischen Mahler und Werfel war sie mit einem anderen Berühmten verheiratet, von dem sie geschieden ist und einen Deppen bekommen hat. An ihrem Hochzeitstage mit Kokoschka passierte Folgendes: Kokoschka, der aus unterster Proletenfamilie ist, hatte sich fein gemacht zur Trauung. Er wohnte mit seiner Mutter zusammen, die ihn kujonierte. Die Alte: »Woas hasch denn di so aufg'-putzt?« Oskar: »I geh zu mingerer Huchzit mit dr Alma Mahler!« Die Alte: »Nix da! Nix wird geheurat! Aasziehn tuast di, runter mit dem Sunntagsgwandl und gemalen!« – Vor lauter Angst telefonierte er an, und Alma und die Hochzeitsgesellschaft sassen mit langer Nase da. Die Alma Mahler und *Katja Mann* seien die gleichen Reklameweiber für ihre Männer, Alma noch perfider. Dass die *Fürstin Borgese*, née Elisabeth Mann, unter die Dichter gegangen ist (Thema: »Frauen«) kannst Du ihr nicht mal verdenken. Borgese ist doch 66! Dass Katja nicht schreibt, ist wohl ihre einzige gute Eigenschaft.

Du kannst Dir nicht denken, wie gespreizt Kläuschen an *Stefan Zweigs Trauerfeier* sprach! Mir war es peinlich. Aber dann kam *Emil Ludwig*, und da wurde es noch tausendmal unwürdiger! Ja, unwürdig, das ist das Wort, mag Stefan Zweig immerhin ein schmieriger, mir unsympathischer Saucenverfertiger gewesen sein. Meine neue Wiener Freundin verkehrte auch mit Hofmannsthal, mit Schnitzler und überhaupt allen.
Warum hat Dich mein voriger Brief so verstimmt? Dass meine Brötchengeber einen ordinären Charakter haben, ist doch wurscht bei meiner Riesenfülle an Humor. Dafür zahlen sie gut. Heissen Dank für Deine Bemühungen, mich da wegzubringen! Sie waren erfolglos. *Dr. Weissmann* (aus Karlsruhe), Leiter der Selfhelp, war entzückend gegen mich, aber sagte, er wüsste auch nur e i n e n Weg für mich zum Aufstieg: Du müsstest mir ein Stipendium für ein einjähriges Studium als Bibliothekarin verschaffen, das bekämen auch so alte Leute wie ich. Aber Du bist ja selbst froh, wenn Du soebent schnaufen kannst. Von Butler ischa man gar keine Rede, wenn Du Deinen job verlierst! Dann ziehst Du in dieses Zimmer, und ich gehe zu Ungars mit sleep in, wie sie es gern haben wollten, und ich gebe Dir meinen Lohn, damit kannst Du hier mal ein halbes Jahr Freiherr spielen, was Deiner Dr.-Dissertation nur notwendig ist, wenn wirklich etwas Hervorragendes draus werden soll. Hier kannst Du sehr billig leben, Koch- und Essgeschirr hab ich längst, da kochst Du selbst, kaufst *bei A & P* Deine notwendigen Kalorien und Kohlehydrate ein. – Ich bin – oder habe? – gemoved, mein Zimmernachbar ist jetzt ein

Norweger, heisst Thorvald Pedersen und kocht mir manchmal Kaffee. Ich wohne jetzt im 2. Stock, also eine Treppe tiefer. Herr Hinze, der Superintendent, bot mir dieses Zimmer zum selben Preis an, obgleich es fliessendes warmes und kaltes Wasser hat und eingebaute kitchenette [...]. Nun feiere irgendwie Dein Wiegenfest, ärgere Dich nicht über so komische Sachen, wie z. B., dass meine Ungars keine Kollegschaftigkeit mir gegenüber zeigen, denke, dass Du man einmal schung bist und dass die Jugend – sie kommt nicht mehr – so schrecklich kurz ist und dass Du es später b i t t e r bereuen wirst, wenn Du was anbrennen liessest. Dies der Rat Deiner
treuen Mutter

14. Oktober 1951

Lieber Werner,
als ich heute nacht, von Samstag auf Sonntag, um ½ vier Uhr durchfroren aus einer ungeheizten Wohnung vom Baby-Einhüten heimkam, fand ich Deinen Brief vom 9. 10. Auch Deinen Zettel bekam ich damals nach *Woodstock* nachgeschickt. Frau Kisch im 3. Stock hatte meine Adresse. Sie sandte auch die beiden Briefe, die nicht, wie Du schreibst, von Else Joseph waren, sondern von Dr. Schlossberg.
Du schreibst: »Schreib mir doch ein Wort, wie es Dir geht.« Falls Dich das w i r k l i c h interessiert (Du

fragtest seit einigen Jahren in Deinen Briefen nicht mehr nach meinem Ergehen), beantworte Dir die Frage selber. Es geht mir, wie es einer nicht proletarisch erzogenen, fast 61 Jahre alten, herzkranken, zahnlosen Frau ergeht, die für geringen Lohn 6 Tage in der Woche von morgens 6 bis nachts um 10 schwere körperliche Arbeit tut. Ich stehe um ½ 6 Uhr auf, dann mache ich hier das Haus sauber bis ½ 9, dann muss ich in meine alte Stelle zu den schmutzigen, polnischen Juden eilen, bei denen ich seit 1. August 1950 bin.
Ich habe die Verwaltung dieses Hauses mit Reinemachen, Wäsche ausgeben, Mieten einziehen etc. übernommen, weil Herr Wolff mich jetzt keine Miete mehr zahlen lässt und ausserdem mein Zimmer modernisiert. Ich habe alle meine Ersparnisse in Woodstock zugesetzt (nicht für mich, ich habe fast nichts gegessen und 17 Pfund abgenommen) und noch von Klara geliehen, obgleich ich als baby-sitter in Woodstock jede Woche etwa 6 Dollar verdient habe.
Oh, es tut mir so leid, dieser Absatz sieht aus, als ob ich Dir einen verbitterten Brief schreiben wollte, nein, ich bin nur traurig und unglücklich über Fränzes furchtbares Schicksal – ich erlitt in Woodstock einen schweren Nervenzusammenbruch, hörte völlig auf zu schlafen und weinte unaufhörlich, besonders morgens, wenn ich Fränze wiedersah, die auch fast nicht schläft. Ich kann mich auch hier noch nicht erholen vom ewigen Weinen und Gliederzittern […].
Ich hab mit Dir in *Princeton* einen Einblick in Dein sorgenfreies Leben getan, und Du hast nicht einmal

gespürt, wie mich der Gegensatz zwischen Namen wie Theodor Mommsen, Lenbach usw. und meinem eigenen Waschfrauendasein bedrücken muss. Also: Gespräche über Blumensorten im Präsidentengarten, schwarzen Ziegen in einem Tiroler Idyll will ich nicht mehr mit Dir. Andere Dinge bedrücken mich so, dass ich es fast nicht mehr ertragen kann. – Ich hab Dir schon voriges Jahr geschrieben, dass ich wohl hier wegziehen möchte, ohne eine neue Adresse zu hinterlassen, um Dir die Pflichtbesuche alle Jahre zweimal zu ersparen. Ich bin nun noch nicht gegangen, weil Umzug Zeit und Geld kostet, was ich beides augenblicklich wiederum nicht habe und weil mich Wolffs Angebot, sorgenfrei wohnen zu können, lockte.

Ich mache Dir keinen Vorwurf, wenn Du mit mir nicht sprechen willst. Schreib dann nicht mehr und komm nie mehr hierher. Zapplers werden meine Bestattung bezahlen (wenn sie nicht mehr leben, der Sohn), es ist reichlich Geld dafür da aus meinen Leihgaben an sie. »No religious ceremony«, meine Augen gehen an die Augenklinik, mein Nachlass ist in so tadelloser Ordnung, dass es Dich nicht mehr als 4 Stunden kostet, mitzunehmen, was Du willst (Deine beiden Briefbände an mich, 2 Silberlöffel und einige gute Bücher) –. Die Schreibmaschine kannst Du verkaufen und alle Kleider und Wäsche Fränze schicken.

Vor allem auch, wenn Du die Verbindung mit mir jetzt nicht lösen willst, schenk mir nichts mehr zu Weihnachten. Süssigkeiten hab ich voriges Jahr nach Palästina schicken müssen, weil ich keine essen darf, Geld hab ich selber (3 Paar Fussbekleidun-

gen von Fränze, sinnlos und lieblos gekauft, waren zu klein, gingen teils an Zapplers Schwiegertochter, teils nach Palästina, machten also nur Ärger und Unkosten!), Bedürfnisse hab ich eine Menge, aber keine Zeit, etwas zu kaufen, weil ich nicht, wie andere Leute, einen Achtstundentag habe – also, wie gesagt, Geld freut mich nicht, sondern ärgert mich nur.
Mir scheint, dass American Express in Amsterdam eine schlechte, unzuverlässige Firma ist, die keine Post nachschickt. Denn dorthin schrieb ich Dir. Fränze spedierte den Brief – aber vielleicht hat sie es auch gar nicht getan.
Ich bleibe aber immer in Liebe
Deine Mutter

4. November 1953

Lieber Werner,
[…] Hoffentlich gefällt es Dir nun wieder im Beruf. Sonst müsstest Du eben ganz einfach »undertaker and embalmer« werden. Mir gefällt es hier weiter sehr gut. Da Mr. Stanley mit den Kollegen die gestrigen Wahlergebnisse begutachten muss, hat er mir heute nicht viel diktiert, so dass ich eine Stunde für mich habe. Ich komme nochmals auf meine städtische Pension zurück. Ich glaube Dir gern, dass Du sie nicht erben willst, aber da die Rückzahlung in die Pensionskasse fürs letzte Jahr, die ich machen

muss, damit die 10 Dienstjahre bis zum Tage vor meinem 71. Geburtstag voll werden, da also diese mir jetzt ziemlich sauer werden, will ich der Stadt doch schliesslich nicht eine Summe von 4000 $ schenken, zu denen dann noch die Zinsen (3%) kommen. Im Fall ich gerade im 71. Lebensjahre sterbe. –

Wenn ich die Pension auch nur ein einziges Mal bezogen habe und dann sterbe, erbst Du ja sowieso gar nichts, dann bekommst Du nur die Bestattungskosten, aber die bekommst Du von der »social security« auch ersetzt. Die letztere ist viel ungünstiger, weil Du da überhaupt nichts erbst. Nur Ehegatten über 65 und Kinder unter 18 erben da etwas, kein Bargeld, sondern die kleine Rente. Die »social security« würde ich in Form von $ 55.00 monatlich schon in 2 Jahren beziehen können, wenn mein städtisches Gehalt nicht mehr als $ 75 monatlich betrüge. Ich bin ja in 7 Wochen 63. Also muss ich der »social security« das Geld jeden Monat schenken. In Anbetracht der Lage schreibe ich Dir also, auch wenn Du es nicht gern hast, die beiden Anschriften sogleich auf, denn beide Stellen zahlen nur, wenn der von mir im Vertrag genannte Benifizient sich meldet, sonst behalten sie alles. – Da so viele Erben zu dumm sind, um sich um ihre Rechte zu kümmern, nehmen beide Institute viel unrechtmässiges Geld ein. Bei der Stadt musst Du Dich also nach meinem Tode beim Board of Estimate melden, Division: New York City Employees Retirement System, 52 Chambers Street (es ist gleich beim Rathaus) […].

Letztere zahlen Dir etwa $ 500.00 aus, falls ich von der mir nach dem 65. Lebensjahr zustehenden old

age pension niemals Gebrauch gemacht habe – wenn ja, nur etwa $ 300.00 [...]. Jetzt habe ich Dich über all diese Sachen unterrichtet, und man braucht nicht mehr darüber zu sprechen. Ich bin nicht mehr im Municipal Building seit Freitag. Da ich nach Queens ziehen will, bat ich, mich nach dort zu versetzen, in eine dortige Abteilung des Dept. of Purchase. Es gefällt mir auch dort sehr gut [...].
Viele Grüsse Deine Mutter

12. März, 1956

Lieber Werner,
dieses Jahr ist Dein Geburtstag gerade kein so wichtiger, äusserer Abschnitt, denn 40 oder 41 ist ja ungefähr dasselbe – kein neues Jahrzehnt, in das Du eintrittst. Ich nehme an, dass Du sanft in Dein neues Jahr hinübergleitest, und ich wünsche Dir zu diesem Gleiten eine feste Gesundheit und viel Vergnügen zwischen 41 und 42.
In Deinem vorletzten Brief fragtest Du mich, ob ich 64 oder 65 bin. Also, ich bin 65 und berechtigt, meine Social Security-Pension zu beziehen. Die Regierung gibt ja leider keine part-time-Stellung, also kann ich die Pension dem Staat nur schenken – sonst hätte ich ganz gern nur 800 Stunden pro $ 1.50 jährlich gearbeitet, das wären die $ 1200.00, die ich neben dem Empfang der Social Security verdienen darf. Im übrigen muss ich sagen: »I had very careless parents.«

Von 65 ab braucht man nur für das Gehalt Steuern zahlen, was über $ 1200.00 liegt, d. h., ich hab' 2 exemptions (eine beträgt $ 600.–). Natürlich macht es für den »Tax Collector« viel zuviel Arbeit, jedem die Steuern zu ermässigen vom Geburtstag ab, und ich hatte in meiner Steuererklärung anzugeben, ob ich am 31. Dezember 1955 65 Jahre alt war. Das war ich nicht. So konnte ich nur eine exemption abziehen. Wie in ihrer reizenden autobiographischen Skizze Annette Kolb einst seltsamerweise schrieb, dass sie an dem Geburtstage, an dem sie 7 wurde, so schrecklich gequält wurde von dem Wunsch, dass sie anstatt 7 Jahre deren 9 zählen wollte, so erging es nun mir. Ich wäre so gern, wie Fontane, am Sylvestertage geboren, anstatt 2 Tage später, denn nun habe ich durch die Sorglosigkeit und den Leichtsinn meiner Eltern bare $ 200.00 verloren [...]. Wie gut ist es, dass Medicus gestorben ist. Für ihn, der weder wissenschaftlich so anerkannt wurde, wie er es wünschte, und niemand in der Familie nahestand, war es die höchste Zeit [...]. Ich kann es immer weniger verstehen, dass die Leute so ungern abtreten. Meine wiedergefundene Freundin aus Hessisch Oldendorf bildet sich ein, dass sie sich wegen ihres Mannes am Leben halten muss, obgleich sie so herzkrank ist. Dabei hat der Mann für sie gar nichts übrig und lebt nur in seinen Wahnideen, von denen ich Dir erzählte. Ich kann so sehr gut die alten Bauernfrauen meiner westfälischen Heimat verstehen (das heisst, mit 60 waren sie schon uralt), die täglich die Sterbechoräle in ihrem Gesangbuch lasen und sich so sehr auf das Vergnügen ihres Abscheidens freuten. Allerdings verliessen sie ein Dasein, das morgens um 4 Uhr mit Kühemelken begann und um 8 Uhr abends mit Küchescheuern schloss – unterbrochen nur durch die Geburt der üblichen 12 Kinder. Kein Wunder, dass sie auch ein bisschen Spass haben wollten, und das war der Grund für ihren festen Glauben an die Verheissungen der Choräle für ein riesig amüsantes Leben über den Wolken – tanzen, singen, herrliches Essen, das Gott weiss wer für sie zubereiten müsse – sie jedenfalls würden nicht mehr am heissen Herd stehen.

Auch Korrodi wird wohl kaum betrauert und vermisst werden, denn nach dem vorsichtigen Zeitungsbericht über eine jahrelange, schwere, schmerzhafte Krankheit hatte er ja wohl Krebs, konnte also wohl nicht mehr schreiben und nur noch eine Last sein.

Die »N.Z.Z.« kann ich im Gegensatz zu Dir nicht so herrlich finden. Im Kriege log sie durch Weglassen des Entsetzlichen. Ich kaufe sie manchmal, finde immer hauptsächlich spaltenlange Berichte über Sitzungen des Kantönlirats etc. Da nun *Weber* auch nicht halb so gut ist wie Korrodi, ist nichts in der »N.Z.Z.« geblieben, was mich fesselt. Ich kaufe auch manchmal die beiden grossen Basler Zeitungen, die sich im Gegensatz zur Zürcher und übrigens auch zur New Yorker »Times« nicht fürchten, manchmal eine Meinung zu äussern. Ja, die deutschen Zeitungen sind alle schlecht. Um sie zu bessern, müssten die Juden zurückkommen, äusserte kürzlich ein ehemaliger Bekannter von mir hier in einem sehr schönen Vortrag in deutscher Sprache. Hoffentlich kommen die Juden diesem gefährlichen, rein egoistischen Wunsche nicht nach [...].

Dann fragst Du in Deinem Brief vom 21. Januar, für den ich Dir vielmals danke, auch nach meiner Wohnung. Den herrlichen Teppich hatte ich ja schon, wie Du mich letztes Mal in New York sprachst. Den Bambusperlenvorhang bekam ich auch kurz nach Neujahr – auch japanische Gardinen »from wall to wall« über das »picture window« und die Glastür. Der Japaner schnitt die Gardine mit asiatischer Geduld und ohne etwas dafür zu berechnen, genau nach meinen Angaben. So war die Gardine billig, aber ich kaufte die notwendigen clips zu meinen Wänden in der Farbe passend, so teuer, wie ich sie nur bekommen konnte. Jeder clip hat den Stempel made in France. Alles sieht wunderbar aus und ist so bequem, dass ich fast keine Arbeit habe.

Sonntags um 8 Uhr abends setz' ich mich in meinen herrlichen Castro-Stuhl in Positur und höre eine Oper per Radio. Vor 14 Tagen »Die Zauberflöte« in deutscher Sprache, natürlich mit Kerzenbeleuchtung und Zigaretten. Ich singe immer noch vor mich hin (besonders im Office): »Dann wandert er an Freundes Hand vergnügt und froh ins bess're Land. Wen sollte dieses Bild nicht freun, verdienet nicht ein Mensch zu sein.« – Weisst Du noch, wie Dein Chef, der Schuhfritze Heilbronn, Dir mal einen Brief an seine Tochter diktierte und dieses Zitat abwandelte: »Verdienet nicht mein Kind zu sein.« Dann fragte er Dich: »Wo kommt das vor?« und Du stenografiertest diese Frage. Ausserdem wusstest Du nicht, wo es vorkam, und Schuhfritze wunderte sich über Dich. Genauso, wie der Pastor Friedrich Siegmund-Schultze, der einmal in der Schweiz zitierte: »Ihm blühen sechs liebliche Töchter« und Du wuss-

test nicht, dass das im »Grafen von Habsburg« vorkommt. Am nächsten Sonntag hörte ich »Aida«, gestern »Lucia di Lammermore« und nächsten Sonntag den »Freischütz«, wieder in deutsch [...]. Wenn es warm wird, kaufe ich noch Möbel und einen Baum für die Terrasse, dann bin ich fertig mit der Einrichtung. Ich spare schon längst wieder von meinem Gehalt und hätte Dir die 50.00 $ längst zurückgeschickt, aber ich hatte nie Zeit zu einem Brief für Dich, und da liess ich es, bis der Geburtstagsbrief fällig wurde. – Vielen Dank also, ich lege einen Scheck von meiner Bank ein. Bestätige den Empfang dann, wenn Du mal schreibst. Alles, was ich kaufte, ist sehr schön und solide, der Teppich ist von einem Faden, der Wolle u n d Nylon enthält und also keine Motten beherbergen wird. Das ist die einzig richtige Wolle.
Ich wollte Dir immer schon sagen, dass ich ein hübsches autobiographisches Buch von *Felix Braun* las, der übrigens jetzt zum 70. Geburtstag von der Stadt Wien mit einer Ehrengabe bedacht wurde – er kehrte zurück nach der Emigration. Ja, in dem Buch also kommt ein Knabe in sehr kurzen, eleganten Hosen vor, der nach einem Vortrag Rilkes diesem eigene Gedichte überreicht... Der Knabe war 14 und hiess *Herbert Steiner*. Klara traf ihn kürzlich zufällig auf der Strasse. Wieso schicktest Du die Nachricht und die Artikel über Korrodis Tod erst jetzt? Weisst Du noch, dass ich am Dienstag, den 6. September mit Dir über die Fifth Avenue ging und Dich nach ihm fragte? Du wusstest weiter nichts von ihm. Aber ich fand 2 Tage später im Aufbau einen sehr schönen Nachruf auf Korrodi von Ossip Kalenter, den ich bei

Frau Buchschacher traf. Da war er gerade 2 Tage vorher gestorben und noch nicht beerdigt. Das hat nichts mit übersinnlichen Dingen zu tun, obgleich ich buchstäblich und genau 15 Jahre nicht mit einem Gedankenhauch an ihn gedacht hatte und Dich nie nach ihm fragte. Aber sein Tod ist ja ganz gleichgültig für mich, denn ich konnte ihn ja nicht ausstehen – in seiner Haltung gegen *Thomy* und gegen Dich und gegen Nazideutschland. Ich lege Dir 2 Artikel über *Noel Fields* rätselhafte Adoptivtochter bei, die ja nun auch gerettet wurde. Ausserdem einen Witz, der Dich über Deine schwindende Lockenfülle trösten soll.
Schreib mir bitte, ob ich Dir die Korrodi-Artikel zurücksenden soll. Nun will ich schliessen und ein bisschen tun fürs Gehalt. Mein sehr netter Boss erlitt hier im Elevator einen Blutsturz, der vom Magen kam, deshalb hatte ich keine Arbeit und konnte diesen langen Brief schreiben. Ich muss Dir aber noch sagen, dass das Buch *Nordaus*, das mein Vater wiederholt las, keineswegs »Entartung« hiess, wie Du schreibst. So was hätte mein Vater ja gar nicht angefasst. Ich glaube, der Titel war »Konventionelle Lügen«.
Viele Grüsse zum Geburtstag,
Deine Mutter

5. Dezember 1962

Liebster Sohn: Dein Brief vom 27. 11. hat mich sehr betrübt. Plötzlich hört man von so vielen Kranken mit Bandscheibenschaden – sicher gab es das früher auch schon, die idiotischen Ärzte erfinden eben immer neue Namen für alte Leiden, nur Dauerkuren finden sie nicht. Da Du nun einmal kein Holzhacker bist, sondern mit dem Gehirn arbeiten musst, tu nur gleich beim ersten nächsten Migräneanfall etwas für Dich, ehe es wieder so schlimm wird. Hier rennen die Leute mit dieser Krankheit zum Chiropraktor. Ganz Forest Hills ist voll von diesen Leuten, die im allgemeinen Schwindler sind. Der Erfinder war ein ungelernter Arbeiter, ist jetzt ein Millionär.
Du musst einmal herumforschen, ob es dorten einen ehrlichen Chiropraktor gibt, der wirklich Wunderkuren vollbringt. Ich hörte durch eine städtische Kollegin mal von einem. In meiner Nachbarschaft sind es alle ostjüdische Schwindler. Im Haus nebenan wohnt einer, der nahm für 3 Besuche von mir (je 2 Minuten auf so einer hölzernen Schwindelmaschine) 53 Dollar. Ich hörte einen Knax in der oberen Wirbelsäule – davon sollte meine Schlaflosigkeit kuriert werden. Das Schönste ist, dass diesen Leuten die Praxis im Staate N. Y. streng verboten ist, dabei haben sie grössere Schilder an der Tür als Ärzte, und wenn ein Polizist kommt, kriegt er 100 Dollar Schmiergeld an den Kopf geballert. In Staaten, in denen nicht solch' ein Überschuss an Ärzten ist, sind sie erlaubt. Die elektrische Schreibmaschine hilft natürlich, aber wenn man ganz leicht antippt, hat man schon einen Fehler gemacht. Bevor ich richtige

Beamtin wurde und noch im Fire Department ½ Jahr lang Rechnungen als »probation«-Angestellte schrieb, hatte ich auch eine elektrische Maschine, hab' sie in wunderbarer Erinnerung [...].
Ich werde die Reise nach München wohl nur überstehen, wenn hier am 10. Stockwerk an der Terrasse der fliegende Teppich erscheint und ich mich draufhocken kann. Ich nehme jetzt Librium, eine neue Wunderdroge, die sowohl in Deutschland wie auch in Amerika sehr viel verschrieben wird. Über die Wirkung kann man erst nach 3 Wochen etwas sagen. Es wurde Ilden von 2 ganz verschiedenen Ärzten (einer in Norddeutschland, einer in Wiesbaden) verschrieben, ebenso einer Freundin von mir hier in N. Y. – Da Du schriebst, es sei doch einfacher, wenn ich flöge, habe ich mich nach dem Preis erkundigt. Es kostet 316 Dollar, Economy Class. Die Verbilligung von 50–60 Dollar tritt nur bei Flugzeugen und bei Schiffen ein, wenn man Rundreisebillett nimmt oder wenn man von Deutschland hier einwandern will. Es dauert von hier bis München mit der Hanseatic genau 8 Stunden. Der Unterschied zwischen der billigen und der 1. Klasse besteht darin, dass man nicht in die Bar darf und keinen Gratis-Champagner bekommt. Das würde ich ja vielleicht überstehen. Man wird auch in der Economy Class umsonst fotografiert und kann das Bild gleich mitnehmen. Ist mir auch äusserst wichtig.
Mein Mietkontrakt läuft bis 1. Oktober 1964. Dann muss ich verschwunden sein. Bis dahin w i l l ich verschwunden sein, denn meine nach mir eingezogenen Nachbarn (gleicher Flur, gleiche Wohnungsgrösse) zahlen schon 104 Dollar und sollen dann 110

Dollar zahlen. Den grausigen job halt' ich nur noch ¼ Jahr lang aus. Es ist ein Kind arbeitender Eltern, von morgens 7.30 bis abends 7.00, das furchtbarste, das man sich denken kann. Es sind ungarische Flüchtlinge, seit 2 Jahren hier, die Eltern sprechen jiddisch. Diese Mischung von Zsa Zsa Gabors Temperament mit der Frechheit amerikanischer Kinder, die es umgehend gelernt hat, kannst Du Dir denken. Viermal mach' ich täglich den Weg zum Kindergarten (leider nur 2 Stunden), das Mädchen ist 5 Jahre, ich renne also in allem Wetter 2x hin, 2x zurück. Ich habe auf diese Weise jetzt immerhin fast 1000 Dollar auf der Bank, wenn die erreicht sind, höre ich auf und hole monatlich 50 $ ab, bis ich nach München reise[...].
Dies ist ein widerlicher Brief, handelt nur von Krankheiten und Geld. Viel lieber schriebe ich über Hilalü, die ich so sehr geliebt habe. Es war in einer fürchterlichen, schlaflosen Nacht, als ich in Deinem Briefe an Fränze las, dass Du sie wiedergefunden hast. Eine merkwürdige Kraft ging allein von ihrem Namen auf mich gänzlich gebrochnen Menschen aus. Soviel Güte, natürliche Klugheit und Anmut! Einmal sassen wir mit Friedel Meinecke (Philologin, Tochter des grossen Historikers Friedrich Meinekke, sie hatte ein verkümmertes Händchen), Dir und Fränze in der mensa. Da kam der mensa-Vater, Geheimer Rat Oltmanns (Botaniker, Junggeselle, jeden Abend auf dem Bummel auf der Kaiserstrasse vom Martinstor bis Karlsplatz!) auf Dich zu und fragte: »Wie alt bist du denn überhaupt?« (Die Familien der Beamten hatten das Recht, in der mensa zu essen, wenigstens in der Inflation). Du sagtest: 10

Jahre. Da sagte er: »Junge, wenn du mit 10 Jahren in der mensa isst, dann bist du mit 15 Student und mit 20 Professor!« Er hat sich nicht mal so sehr verrechnet. 2 wunderschöne Tage sind mir in der Erinnerung geblieben, wie ich Hilalü über Nacht mit nach Emmendingen nahm. Gastfrei war ja die *Rothmundin*. Über den geliebten *Stepun* später [...].
Mit viel Liebe Deine Mutter

16. Februar 1963

Liebster Wern:
Ein ganzes Jahr lang hast Du mir so viele schöne und mich so interessierende Briefe geschrieben, und ich hab' hier immer noch die 3 Seiten, die ich Dir im Februar 1962 senden wollte, aber ich hab' den Brief nie beendet und ich habe Dir überhaupt nie richtig geschrieben.
Es war so ein schweres Jahr für mich. Ich habe es jetzt aufgegeben, Geld zu verdienen und will auf alles eingehen, was Du in Deinen Briefen beschriebst. Allein Fjodor Stepun – »der teure Name rührt jede Brust mit neuem Grame!« Ich schreibe später mehr darüber, wie seltsam es mich berührte, dass Du gerade mit ihm über Gott und weltliche Dinge philosophierst, heute nur soviel: In der Bayerstrasse war er *Lutz Hammerschlags* Nachbar, und Lutz war mit Klara Hammerschlag auch manchmal Gast bei seinen offenen Abenden, wo Lutz auch Hilalü kennenlernte und die, wie Du mir schriebst,

bereits verstorbene Natascha, die still ihre russischen Gerichte servierte, sich im übrigen nicht an den Debatten beteiligte. Sicher nicht, weil sie zu dumm dazu war, sondern, wie Hilalü mir mal sagte, weil Stepun dachte, die Frau hätte andere Aufgabengebiete. Also Lutz möchte, dass Du Stepun von ihm Grüsse bestellst und dass er bei seinem letzten Aufenthalt in Freiburg 1959 seine 3 Bände »Vergangenheit und Unvergängliches« gekauft habe und oft mit Wonne hier darin liest (so wie ich einst seinen 1. Roman »Wie war es möglich?« (nämlich der 1. Weltkrieg) verschlang, der viel Autobiographisches enthielt und den 2. , dessen Titel ich vergessen habe, las ich auch oft und oft). [...]
Um das Wichtigste aus Deinem Brief vom 25. Januar zu beantworten: Nein, die Miete kommt erst auf wahrscheinlich 110 Dollar am 1. Oktober 1964. So lang läuft mein Kontrakt (97 Dollar). Keinesfalls nehme ich an von Deiner Gutmütigkeit, Deine eigenen Reisepläne zu beschränken, um mir bei der Einrichtung mit den neuen Möbeln zu helfen. Ich werde ja nicht wieder arm wie eine Kirchenmaus wie Weihnachten 1941 in den anderen Kontinent kommen, sondern reichlich Geld haben, um Frau Keiditsch mir bei den Einkäufen helfen zu lassen, die ich dann, wie wir das hier gewohnt sind, stundenweise bezahlen würde. Oder, wenn Du das nicht willst, eine andere erfahrene Münchnerin. Schliesslich besteht ja immer noch die Möglichkeit, die ich schon einmal andeutete, dass die Haushälterin mir die Möbel eines ausgezogenen oder gestorbenen Gastes verkauft [...].
Tausend Grüsse, Mutter

26. Februar 1964

Liebster Wern:
Herzlich gratuliere ich Dir zu dem ehrenvollen *Ruf an die Universität Göttingen*! Ich hab' mich riesig gefreut darüber, dass man in Deutschland Dich jetzt kennt und schätzt! Ich hoffe nur, dass bei Deiner Ablehnung meine Anwesenheit in München nicht die geringste Rolle gespielt hat, dass einfach nur Deine Liebe zu München und zu Deiner schönen Wohnung und zu Deinen dortigen Freunden Dich bestimmt hat! Vielleicht wirst Du einmal Ordinarius dort! [...].
Am 22. 2., Washingtons Geburtstag, hat Irma Lichtenberg mich mit ihrem Auto heimgenommen. Es war die höchste Zeit. Ich war so willenlos, verstand gar nicht, wohin Fränze mich brachte, sonst hätte ich ihr gesagt, dass es in Amerika niemals »anything for nothing« gibt. Zwei reizende, wohlmeinende Damen, die Leiterin des Heims und die dort angestellte social worker, Mrs. Campion, hatten Fränzen zugesagt, dass sie versuchen wollten, mich in eine Klasse einzureihen, die nichts bezahlte, weil Krankenhaus, die sehr teure Medizin und die vier Ärzte meine Ersparnisse, über 1000 Dollar, aufgezehrt haben. Dass auch Du noch ein Vermögen für mich zulegtest, musste sie verschweigen, denn sie musste Dich nach München versetzen, damit sie Dir nicht an die Hammelbeine konnten. Fränze, in ihrem ewigen, ungesunden Optimismus (es gibt auch einen gesunden) nahm das Versprechen der Damen, es zu versuchen, als Garantie. Sie haben nichts erreicht, so dass Fränze sich an das Welfare Departement

wandte. Damit kam ich in Teufels Küche. Zweimal bedrängten mich Beamte von dort, es kostete 18.– Dollar pro Tag in dem Heim. Die beiden Burschen waren Farbige, auch der Commissioner, Mr. Dumpson, ist ein Neger. Wenn ich schwarz gewesen wäre (es waren 2 Schwarze in dem Heim), hätte ich es sicher umsonst bekommen. Aber so wollten diese zwei nicht umsonst den weiten Weg von 250 Church Street (Welfare Departement) bis Far Rockaway gemacht haben (16 Meilen von Rego Park). Alle Medizin musste ich extra bezahlen, immer, wenn sich mir eine Krankenschwester näherte, kriegte ich Angst, weil ich ihr jedesmal 4–5 Dollar zahlen musste [...].

Man gab dort sehr viel Tabletten, ich bekam viermal am Tag je 2, ausser der Hustenmedizin, diese gegen meinen quälenden Husten, verursacht durch Wasser in der Lunge und in den Bronchien. Es kam von der Herzentzündung. Ausserdem habe ich die Elektrocardiogramme jedesmal bezahlt. Ausserdem Trinkgelder an die 2 Oberkellner (wir hatten 8 Kellner), an das Stubenmädchen, an den Mann, der mein Gepäck ins Zimmer und zum Schluss wieder herausbrachte (niemand durfte unsere schäbigen Schlafzimmer sehen, nur die schönen Gesellschaftszimmer durften gesehen werden), an den Mann, der einen zum Telefon rief (nur 2 für 100 Patienten) [...]. Die zweite Krankheit war ein Herzschlag, wie mir Dr. Hirsch erst jetzt sagte, hatte nichts mit der 1., dem Herzinfarkt, zu tun, wäre gekommen, auch ohne dass ich Fenster putzte. Das ist nun so eine Sage in der Familie, von Ernst bis Irma, dass ich mich überarbeitet hätte – ich kann sie nicht zer-

stören. Die 1. Krankheit war schlimm, aber mir kommt's so vor, als ob ich überhaupt nicht krank gewesen wäre, wie Du mich damals im Hospital besuchtest. Auch hatte ich keine grossen Schmerzen, den ganzen Januar hindurch waren sie wohl sehr schlimm, sonst wäre ich nicht so um den Verstand gekommen [...].
Du wirst verstehen, dass alles sehr aufregend für mich ist – am meisten aber, dass ich fürchten muss, dass Du mir jetzt böse bist, weil ich nicht vorm 30. September hier weggehen will. Nachdem mein Herz besser war, machte mich der Betrieb und die hässliche Atmosphäre in dem Heim furchtbar nervös. Ich möchte jetzt erst mal mich von dem Heim erholen. Dort machte man Spartanerinnen aus Greisinnen, jeden Tag rannte ich eher in den Waschraum, um einen nicht zu dreckigen Waschtisch und nicht eiskaltes Wasser zu erwischen. Der Baderaum mit vielen Badewannen (vor jeder [eine] verschliessbare Tür) war tadellos, und wenn die Milch so eiskalt gewesen wäre wie das Badewasser und das Badewasser so kochend heiss wie die Milch (mit dickem Schmand drin), wär's schon besser gewesen [...].
Lieber Wern, hört auf, mich zu hetzen, ich will meinen Umzug in Ruhe und in höchster Ordnung vorbereiten. Tausend Dinge sind zu tun. Ich bin jeden Tag nur eine Stunde fähig, intensiv zu arbeiten. Erst muss ich mich von dem lärmenden Heim erholen, dann schreib ich ans Augustinum, bitte um ein Zimmer ohne Loggia zum 1. 10., gestempelte Abschrift des Vertrages und genaue Angabe der Kosten nach der Preiserhöhung seit dem 1. 1. Ferner

um die Kosten für diesen Brief. Ich werde nicht angeben, dass ich die Abschrift fürs Wiedergutmachungsamt gebrauche, das erfährt niemand, sondern ich werde schreiben, dass ich sie für die wirklich sehr schwierige Überweisung der Social Security gebrauche [...].
Zur Social Security muss ich gehen, nicht nur wegen der Überweisung meiner Altersrente, sondern auch wegen der Umänderung mit den 255.– Dollar Sterbegeld, die auch auf Fränzes Namen stehen. Ich hatte vor meiner Krankheit wegen der 255.– dort angeklingelt, die Umänderung auf Dein Münchener Konto ist längst nicht so schwierig wie die Umänderung wegen meiner Rente, aber ich muss auch dorthin persönlich. Ebenso persönlich zum Passamt, ist im Rockefeller Center, vorher 2 Fotos machen lassen. Ferner muss mein Esszimmer aufgearbeitet werden, es ist ja schon lange, dass die Zapplerin es machte. Der Zahnarzt wohnt neben Hirsch, deswegen will ich zu ihm, denn im Augustinum bin ich ja sicher weit entfernt von einem, und dieser hat es schon einmal repariert und macht es billig. Möbelverkauf, Einkauf eines Transformators für meine elektrischen Sachen, Kostenanschläge von 3 Spediteuren einholen, Bücherverkauf an Barnes und Nobel – so viele Dinge habe ich mit meinen schwachen Kräften zu erledigen – ich kann Dich nur bitten, mir bis zum 1. Oktober Zeit zu lassen und mir nicht böse zu sein.
Im Sommer bin ich ja immer gesunder als im Winter; wenn es drückend schwül ist, werde ich im Bett bleiben, also werde ich es wohl ohne neuen Herzanfall bis 1. Oktober fertigbringen. Ein gutes Zeichen

sollte es Dir sein, dass ich wieder imstand bin, so einen langen Brief zu schreiben [...].
Im November schrieb mir Irma, dass wir alle 3 danach gestrebt hätten, unsere alten Tage ohne Unterstützung von unseren Kindern zu verbringen und dass wir es alle 3 erreicht hätten. Das stimmte damals noch für mich. Es war das einzige Glück für mich alte Frau. Sonst hatte ich ja nichts Erfreuliches mehr, konnte nicht mehr in die schöne Bibliothek mit den deutschen Büchern in der 53. Strasse, in Museen oder Kinos, weil mein Herz die Subwaytreppen nicht mehr ertrug. Nun strebe ich zurück nach Unabhängigkeit. Ich werde hier äusserst bescheiden von Pension und Social Security leben können, für die Übersiedlung muss das Wiedergutmachungsamt aufkommen und drüben werde ich auch gerade nur knapp leben können, nachdem der Pensionspreis erhöht wurde. Wenn ich ihn weiss, wird mir Dr. Hirsch ausrechnen, wie ich auskommen werde. Bis November habe ich hier sehr gut gelebt, Wäsche gekauft, weil sie hier billiger ist als in Deutschland, Gäste bewirtet usw. Das kam, weil ich wöchentlich 12–15 Dollar mit baby-sitting verdient habe. Das kann ich nun nicht mehr. Ich will aber kein Geld mehr von Euch annehmen, die meisten Eltern bedrückt das. Also muss alles so billig eingerichtet werden, wie möglich. Dazu gehört, dass ich dem Hauswirt keine Strafe für Kontraktbruch zahlen will, sondern bis 1. Oktober hierbleibe. Wenn der nächste Mieter meine grünen Wände nicht liebt, muss ich auch noch 90 Dollar für Anstreichen zahlen. Auch will ich keinesfalls mit Dir im August fliegen, weil ich nach der Saison billiger

fliege. Ich bestelle das Apartment im Augustinum für den 1. Oktober, und dabei bleibt es. Dann hättest Du genügend Zeit, mir ein Bett zu kaufen und es ins Augustinum am 30. September schicken zu lassen. Es ist mir schrecklich, deine kostbare Zeit dafür in Anspruch nehmen zu müssen, aber ich werde nach der Arbeit hier in den letzten Tagen und nach der Fahrt so erledigt sein, dass ich nur noch in dieses Bett fallen kann [...].
Ich kann nur hoffen, dass Du mich verstehst. Ich will nicht mit Dir fahren, weil ich mein Leben wieder in eigene Hand nehmen muss. Ich muss ja imstande sein, mit fast 74 Jahren wieder ein neues Leben zu beginnen. Für mich, da ich reisen und umziehen hasse, etwas Ungeheuerliches. Ferner: Ich will, dass Du Spass hast an Bord, wie die Bilder vom letzten Jahr zeigen, und nicht mich als Hindernis und Last empfindest. Ich will nicht, dass Du Deine Zeit opferst, um alles umzuwerfen, Flugzeug anstatt Schiff nimmst, viel Geld für Deine Massen von Gepäck zulegst (auf dem Schiff hast Du 275 Pfund umsonst und kannst noch einen Kabinenkoffer zu Dir nehmen), und ich möchte, dass Du mir das Bett besorgst (Muster lege ich bei), damit ich mich nicht in München gleich wieder bei Fremden bedanken muss. Die 2 Matrazen, die Du auf dem Bild siehst, haben »innerspring mattress«, dasselbe habe ich hier auch. Wenn Du das nicht bekommst, bin ich auch mit was andrem zufrieden, aber das Bett muss bequem sein. Ich werde im Augustinum anfragen, ob ich Möbel meiner Vorgängerin in dem Zimmer billig kaufen kann. Mein clerk (ein Deutscher) in dem Reisebüro (hier in Rego Park) sagte mir, ich müsse 30 Tage im

voraus bestellen und bezahlen, wenn ich eine begleitende nurse haben will, die mich im Rollstuhl herauf und auf dem Flugplatz Riem in München herabfährt, mir die Medizin pünktlich gibt (ich kann nicht mehr ohne Digitalis und Peritrate leben) und die gar nichts kostet, nicht einmal ein Trinkgeld annehmen darf. Ich kann wieder atmen und ich kann wieder gehen und ich wäre auch wieder ganz glücklich nach der schrecklichen Zeit in dem Heim (um 7 Uhr morgens musste ich in der Klinik auf der Waage stehen!), jetzt im Frühling in meiner schönen Wohnung, wenn Du mir schriebst, dass Du mir nicht böse bist.
Du schriebst, dass Du Fränzen ihre Aufopferung für mich nie vergelten kannst. Aber i c h bin es doch, die so tief verpflichtet ist, nicht Du. Meinst Du, das drückt mich nicht? Aber Dich sollte es nicht drükken.
Gewöhne Dir bitte an, mein Schicksal als ein äusserst normales anzusehen. Ich werde also Mitte 70 an meinem Herzleiden sterben. Das ist erfreulich, um so mehr, als ich nicht am Leben hänge. Das einzig Unerfreuliche ist, dass meine Pension, trotz Versprechungen, nicht erhöht wurde und dass ich meine eingezahlten 3500 Dollar nicht aufessen kann [...]. Heute, am 3. 3., fühle ich mein Herz nicht mehr. Es wird sicher viel besser, wenn ich erst auf der Terrasse liegen kann. Ja, auch ich schrieb dem geliebten Stepun rechtzeitig. Das Heim war wie ein Gefängnis, ich durfte nicht heraus, um eine Glückwunschkarte zu kaufen. Also bat ich Fränze, mir eine für Stepun zu senden und »air mail«-Schilder draufzukleben, die in meinem Schreibtisch sind.

Was sie tat. Ich schrieb ihm wegen Mangel meiner Maschine mit der Hand 6 lange Seiten, Grossformat, auf der Fensterbank, sehr mühsam, aber in den beiden Gesellschaftsräumen tobte je ein Fernsehapparat, und in der Bibliothek beteten andauernd die jüdischen Männer mit *ledernen Hörnern vor der Stirn*, da durften keine Frauen hinein. »Beten und bölken den ganzen Tag«, wie mein Vater von diesen Heuchlern sagte. Dabei war eine Synagoge im Heim, war aber nur freitags und samstags geheizt. Ich schrieb Stepun einige Erinnerungen an seine Vorträge und was Mensapapa Oltmann, der Botaniker, zu Dir in der mensa sagte. Du weißt es doch? Ich sagte es Dir kürzlich wieder. Ich habe den Brief am 14. 2. abgesandt.
Ich musste diesen Brief in Abteilungen schreiben, weil ich so leicht ermüde. Aber auch damit wird es jetzt besser. Du irrst, es gab den Namen Kuhfuss in Herford. Sehr vornehme Familie, Zigarrenfabrikant. – Viele Grüsse an Dieter Cunz. Das letztemal, als ich ihn sprach, war ich in der Redaktion der »Staats Zeitung«. Oskar Seidlin wird sich meiner nicht erinnern. Ich traf ihn im Rektorat der Brick Church, als Dr. Annchen Seelig dort regierte und er, sehr arm, dort umsonst wohnte. Hab' ich's richtig verstanden, dass i c h ans Augustinum wegen Photokopie schreiben soll? Das tu ich nächste Woche. Du schriebst im Brief vom 15. 1., Du würdest es tun, im Brief vom 16. 2., ich solle es tun. Wenn Du nichts anderes schreibst, wende ich mich an sie, bitte um Aufstellung aller Unkosten, die ich sofort senden werde.
Innigste Grüsse, Deine Mutter

Lieber Wern, dieser Brief erfordert g r ü n d l i c h e s Lesen – bitte, trotz der langen Zeit, die Dich das kosten wird, aber die Antwort kann in einer Postkarte bestehen, nämlich in Deinem Einverständnis, dass ich am 1. Oktober hier abfliege und für den Tag das Zimmer im Augustinum bestelle. Ich muss, da ich den Kontrakt nicht erneuere, schon am 24. 9. hier ausziehen, damit sie eventuell Wünsche des neuen Mieters berücksichtigen können. Ich gehe an dem Tag zu Hermann Lichtenberg, er wird für alles sorgen, auch Traveler's Checks, nimmt kein Geld von mir, bekommt ja die Möbel z. T. An den treuen Günther schreib' ich auch, sende ihm Dein Bild.

7. Mai, 1964

Lieber Wern:
Recht herzlichen Dank für Deinen Brief vom 31. März. Da Du in Madison nur so als Osterbesuch, ohne Pflichten warst, hat es Dir hoffentlich besser gefallen als früher. Ich habe früher mal so schöne Bilder von Madison aus »Look« ausgeschnitten (wie die Universität Jubiläum feierte), die will ich Dir doch nächstens schicken. Wirf sie dann weg. Ich habe nun auch fast allen Ballast weggeworfen, muss mich aber noch von vielen Dingen trennen.
Natürlich bricht mir das Herz dabei in tausend Stücke, aber da Dr. Hirsch immer wieder sagt, dass ich nicht per Schiff fahren kann, also von den 275

Pfund Freigepäck keinen Gebrauch machen kann, darf ich eben nicht viel Gepäck haben und muss alles wegwerfen, was nur »sentimental value« hat. Hirsch sagt, dass ich bestimmt den nächsten Anfall haben würde, wenn ich seekrank würde, und das werde ich ja immer. Das kann ich mir auf dem Schiff nicht leisten, wenn der nächste Anfall im Augustinum kommt, kann es mir ziemlich gleichgültig sein. Dass sie sich auf keinen Einzugstermin am 1. September festlegen wollen, bedrückt mich natürlich sehr. Ich hätte gerne einen Monat umsonst bezahlt, unter Abzug des Essens, Elektrizität und Heisswasser und die Kisten und Koffer in das leere Apartment gesandt. Ich werde ihnen nun demnächst noch einige Male in diesem Sinne schreiben und erklären, dass ich hier nicht bleiben kann. Wie ich einzog, kostete die Wohnung 80.00, und ich verdiente ein ganz nettes Gehalt, jetzt kostet sie 97.00, vom 1. Oktober an 107.00, und ich verdiene nichts mehr. Erstens könnte ich es nicht mehr, und zweitens würde mich nach meinem Abtransport hier in einer Ambulanzbahre auch niemand mehr nehmen. Der Hauswirt freut sich, wenn die Inhaber der Einzimmerwohnung den Vertrag nicht erneuern, denn er vermietet diese kleinen Wohnungen jetzt an Aussteller und Angestellte der Ausstellung für die nächsten 2 Jahre, stellt ganz billige Möbel herein, sorgt für Dienstmädchen oder baby-sitter und den swimming-pool dürfen diese Leute auch umsonst benutzen […].

Ich denke, dass mein Antrag bei dem Wiedergutmachungsamt auf 750.00 Dollar Vorschuss und 750 Dollar Soforthilfe bei meiner Ankunft bald genehmigt wird. Ich kann dem Rechtsanwalt, den ich vor vielen Jahren im Haus Bab kennenlernte, nicht dankbar genug dafür sein, dass er mir über diesen § 141 des Gesetzes Bescheid sagte. Zuletzt traf ich ihn wieder bei Babs zu Frau Babs 86. Geburtstag, im nächsten Monat starb sie – er ist ja schon etwa 1956 gestorben. Dieser Rechtsanwalt war so ein lustiger Mann, er nannte mich Aufwäschylus und sich selber Abpatrokulus, denn Babs hassten nichts mehr, als nach dem Mittagessen aufzuwaschen und abzutrocknen, und deswegen taten wir das immer. Dem Geist des Hauses entsprechend, musste er doch gebildete Namen für uns während dieser Tätigkeit erfinden.

Ich hoffe, dass Du verstehst, wie schwer es für mich ist, mit fast 74 ein neues Leben anfangen zu müssen, nur, weil entgegen den Versprechungen bei meiner Pensionierung meine städtische Pension nicht gemäss den riesigen Aufbesserungen für die Beamten auch aufgebessert wurde. Ich habe ja meine einbezahlten 3500.00 immer noch nicht wieder zurück, und dass sie mich, weil ich ein risk bin, nicht in die städtische Krankenversicherung HIP aufgenommen haben, trotzdem sie mir die Aufforderung schickten, beizutreten, ist das Allerärgste. Nun ist es für mich zu teuer geworden, in Amerika zu leben, und zu teuer, in Amerika zu sterben. Für Deutschland sind die 255.00 Dollar, die Social Security Dir zahlen wird, genug, was aber die undertaker hier für gerissene Geschäftemacher sind, weißt Du wohl (wenn Du's auch nicht gelesen hast!) aus dem Buch, das monatelang auf der bestseller list stand und über dieses Thema nach jahrelangen Studien von

der Schwägerin des englischen Naziführers geschrieben wurde. Hab' grad den Namen vergessen. Sie war die einzige von 4 Schwestern, die nicht Nazisse war, eine frass ja das Holz von Hitlers Zaun in Berchtesgaden.
Du schriebst mir mal, welche Freude Du täglich an Deinen schönen Möbeln hast. Ich konnte das so gut verstehen, es ist reine Freude am schönen Holz und schönen Formen, wenn man von der Arbeit kommt, weit entfernt vom Besitzerstolz und dem Willen zu prunken vor Besuchern. Damit ist es nun für mich vorbei, es lohnt sich nicht, für die wenigen Lebensjahre für mich noch etwas Besseres zu kaufen, als was man grad auf dem Flohmarkt am billigsten bekommt.
Nie hast Du mir geschrieben, ob es Dir in Columbus gefällt und ob Du eine nette Wohnung gefunden hast oder im Hotel leben und essen musst. Es ist sicher sehr schwer, jetzt wieder amerikanische Studenten zu unterrichten, nachdem Du Dich gerade erst auf die deutschen umgestellt hattest. Vielen Dank für die Drucksachen. Ich suchte in dem Hanser-Buch vergebens Deinen Namen. Ich dachte, Du hättest da einmal etwas verlegt. Auch erinnere ich mich an die Beschreibung eines Verlagsfestes, zu dem Du eingeladen warst. Ich dachte, das wäre von Hanser gegeben worden, aber vielleicht war es Beck. Schliesslich merkte ich, dass Du das Heft wegen des unvergessenen Stepuns schicktest. Ich las also mit Interesse seinen Artikel über *Wladimir Solowjew* und sah mir sein Bildnis gründlich an. Es ist sonderbar, dass ein Mensch sich in 40 Jahren so wenig verändert. Er war ja immer wohlbeleibt, und

das muss er wohl noch sein, denn seine rechte Hand ist noch ganz fleischig, und der Ehering der verstorbenen Natascha passt ihm nur an den kleinen Finger. Die Warze hat er damals noch nicht gehabt, auch keine Krähenfüsse, aber dass er sein damals schon weisses Haar jetzt nicht mehr als Pagenkopf trägt, sondern sein grossartiges Gedankengebäude zeigt, ist entschieden kleidsamer [...].
Es ist schrecklich, wie wenig ich leisten kann, an diesem Brief schreibe ich in vielen Abteilungen. Ich hoffe immer noch, dass Du den Briefwechsel Hofmannsthal–Beer-Hofmann herausgibst. Wenn auch *Hirsch* nicht mehr bei S. Fischer ist, sollte die *Frau Bermann* doch Interesse daran haben, denn der Briefwechsel zwischen Hofmannsthal und Richard Strauss ist doch sogar ins Englische übersetzt und von dem angesehenen Random-House veröffentlicht. Ich lege Dir eine Notiz aus der »N. Y. Sunday Book Review« bei, der Artikel ist von dem Richard Plant, der früher Plaut hiess und den Du ja kennst [...]. Wie ist es eigentlich mit Deinem Haus? Hast Du es noch? Kennst Du Deine berühmten Nachbarn, Benvenuto Hauptmann und Remarque und seine Frau Paulette Goddard? Auch Mrs. Max Beerbohm starb in Ronco, wo sie mit dem Gelde, das B. ihr hinterliess, eine Villa kaufte. Du kannst Dich sicher an sie erinnern von der Tagung der oberrheinischen Dichter im *Zähringer Hotel*. Damals kam sie mit *Binding*, der sie nie heiratete, weil sie jüdisch war. Sie lebten zusammen in Frankfurt, hatten einen Sohn, den wir Magenbitter nannten, weil er Enzian hiess. Ich sehe sie noch vor mir – sie war sehr gross und hübsch und trug ein Abendkleid mit einem

Ärmel, der andere Arm war nackt. Nach Bindings Tod flüchtete sie nach England, wurde Beerbohms Sekretärin und Pflegerin, denn der war damals schon sehr alt und krank, und erbte sein vieles Geld, nachdem sie immer arm gewesen war. Sie hiess Elisabeth Jungmann, war aus Breslau und zuerst viele Jahre Sekretärin Gerhart Hauptmanns, und dem nahm Binding sie weg.

Du weißt wohl, dass Hermann Hesse *Bettinas* Briefe mit denen der *Emmi Henningsen (Ball)* verglichen hat. Ich habe die Briefe der Emmi sehr genau gelesen – der Vergleich ist Unsinn, die Emmi war keine grosse Persönlichkeit und hätte sich nie für die Armen an einen König gewandt. Aber sehr reizvoll sind ihre Briefe dadurch, weil sie ihre Empfindungen genau so beschreibt, als wenn sie zu H. Hesse spräche. Sozial gesinnt war sie auch, sie nahm im 2. Weltkrieg krank gewordene Grenzsoldaten der Schweiz in ihre armselige Hütte auf, wofür sie später mal vom Hungertod gerettet wurde. Was an Emmi so unangenehm auffällt, ist, dass sie sich ihrer Eigenart so sehr bewusst ist, das war Bettina überhaupt nicht. Bei Emmi findet sich wiederholt der Satz: »Ja, so ist sie nun mal, die Emmi!« H. Hesse, der in meinen Augen des Nobelpreises sowenig würdig war wie Paul Heyse, schickte ihr öfter 100 Franken. Ich habe ihn immer im Verdacht gehabt, dass er die sehr gute Biographie (angeblich von Hugo Ball) selbst geschrieben hat. Es ist sein Stil. Und Hugo B. war doch viel zu dumm dazu und ganz in seinem frisch erworbenen Katholizismus befangen [...].

Ich fragte Dich übrigens mal nach dem Namen des Schwagers der Droste in Meersburg, der die Nibelungen wiederentdeckte und herausgab. Jetzt ist er mir, trotzdem ich so vergreist und verdummt bin, wieder eingefallen: Joseph Freiherr von Lassberg. Er war schon uralt, als er die Schwester heiratete. Die meisten Künstler, die mich in München noch interessiert hätten, sind längst alle tot. Im Jahre 1961 stand in der Zeitschrift »Time« ein langer Aufsatz über Gabriele Münter, Mitbegründerin der Blauen Reiter, langjährige Lebensgefährtin von Kandinsky. Aber voriges Jahr ist sie mit 87 gestorben. 1961 hat sie hier wohl endlich viel Anerkennung und auch Geld erhalten, sie hatte eine in allen Zeitungen beachtete One-man-show in der 57. Strasse. Der amerikanische Berichterstatter hatte sie persönlich aufgesucht und beschrieb sie echt amerikanisch-taktlos. Sie hätte in einem schmutzigen Bett gelegen, bedeckt mit einer zerrissenen Wolljacke, und Wassily Kandinsky, mit dem sie 13 Jahre zusammengelebt hätte, hätte ihr versprochen, sie zu heiraten (sie war seine Schülerin), wenn seine kranke Frau gestorben wäre, aber er hätte dann sofort eine andere geheiratet. Ich nehme sicher an, dass Du Dich für sie interessiertest, denn wie Du in München ankamst, lebte sie ja noch.

Kennst Du Fr. Bergammer? Ich traf ihn früher öfter an Oskar Maria Grafs Stammtisch, den ich seit 4 Jahren, seit ich abends nicht mehr ausgehe, nicht mehr besucht habe. In Wirklichkeit heisst er (ironischerweise) Glückselig. Ist aus Wien, sandte 16jährig an Hofmannsthal nach Rodaun einige Gedichte, wurde daraufhin zum Mittagessen eingeladen und sehr liebenswürdig behandelt. Er kennt Dich sehr gut, d. h., was Du veröffentlicht hast. Er sagte mir, dass er in der 57. Strasse eine Kunsthandlung besitzt, ungefähr alle Jahre einmal ein Bild verkauft und von seinen Gedichten und Artikeln lebt, die er nach Deutschland schickt. Englisch kann er nicht, er kann überhaupt nur ganz mühsam sprechen infolge Parkinsons Krankheit. In jenem Restaurant wird nur Wein in Flaschen verkauft, und ich weiss nicht, wer mehr getrunken hat, Graf oder Glückselig. Alle beide waren gegen Mitternacht total betrunken, und später holte der Kellner, ein Badener, der sehr gebildet war und Graf mit Herr Dr. anredete (ihm von der Wayne Universität verliehen) Taxis für beide und verstaute sie mit Mühen. Es war grässlich anzusehen, wenn der unglückselige Glückselig sich Wein einschenkte mit beiden zitternden Händen und die Hälfte, dazu noch Roten, übers Tischtuch goss [...].

Da Dich die Aufsatzhefte amüsiert haben, schicke ich Dir nun auch Deine eigenen Aufsatzhefte, sie sind leider recht verstümmelt, ich weiss nicht mehr, wer soviel herausgeschnitten hat. Aber ich weiss noch, dass Stuber Dir unter den Aufsatz »Ein seltsames Begräbnis« eine 1 gab. Wirf sie dann weg. Ich selber habe noch ausser meinen Dir geschickten Aufsätzen viele Andenken aus Herford weggeworfen. Du sollst mit meinem Nachlass nicht mehr als 4 Stunden Arbeit haben. Früher, als ich dachte, dass ich hierbliebe, hatte ich 4 Tage berechnet [...].

Entschuldige nur diesen geschwätzigen Brief, aber ich habe ja niemand, mit dem ich sprechen kann. Ich habe schon seit 3 Wochen weder ein englisches noch ein deutsches Wort gesprochen [...]. Wenn ich von Dir wieder mal etwas höre, ist es hoffentlich nur Gutes über Deine Gesundheit, obgleich Du jetzt sicher keine elektrische Schreibmaschine zur Verfügung hast. Du solltest eben hier sowenig, wie möglich schreiben und alles aufsparen, bis Du zu Hause bist.

Eine Bitte hab' ich noch an Dich! Ich möchte gerne, dass Du vor Deiner Abreise im August noch einmal einen Tag hierherkommst, damit wir auf der Terrasse filet mignon essen und meine herrlichen Schubertplatten noch einmal hören können. Dann gebe ich sie Frau Werner für ihre während meiner Krankheit geleistete Hilfe, wie ich ihr versprochen habe. Und am nächsten Tag wird ein Inserat in einer Long Island Zeitung erscheinen, um meine Möbel anzupreisen, soweit sie nicht Fränze und Lichtenbergs gebrauchen können. Also versprich mir noch einen schönen Tag zum Abschied von Amerika! Tausendmal grüsst Dich herzlich Deine Mutter.

Anmerkungen

Abkürzungen: *KV*= Käthe Vordtriede; *WV*= Werner Vordtriede; *MdR*= Mitglied des Reichtags. Verschreibungen bei Eigennamen wurden im Text nicht berichtigt, erscheinen aber hier und im Register korrigiert.

3. Mai 1933

Husserl: Edmund H. (1859–1938), seit 1916 Prof. für Philosophie in Freiburg.

Möllendorff: Wilhelm von M. (1887–1944), Mediziner und der SPD nahestehend, war erst im Dezember 1932 zum Rektor gewählt worden und wurde nach nur fünftägiger Amtszeit am 22. April 1933 zum Rücktritt gedrängt.

Heidegger: Martin H. (1889–1976) hatte seine akademische Karriere 1919 als Privatdozent und Assistent bei E. Husserl begonnen und kehrte als dessen Nachfolger 1928 an die Universität Freiburg zurück. Im April 1933 Wahl zu deren Rektor; Anfang Mai Eintritt in die NSDAP.

Brie: Friedrich B. (1880–1948), Prof. für englische Sprache und Literatur in Freiburg; Doktorvater Fränze Vordtriedes.

Eugen Fischer: (1874–1967), Anthropologe und Anatom, seit 1898 an der Universität Freiburg, Propagandist von Erbideologie und Rassenhygiene.

Mathilde Vaerting: *(1884–1977),* Professorin für Pädagogik in Jena; von ihren zahlreichen Schriften war ihr zweibändiges Werk »Neubegründung der Psychologie von Mann und Frau« (1921) für die Frauenbewegung wichtig.

Radbruch: Gustav R. (1878–1949), Jurist, Rechtsphilosoph, Reichsjustizminister.

Uhlenhuth: Paul U. (1870–1957), einer der führenden Hygieniker und Bakteriologen, bei dem KV bis zu ihrer Redaktionstätigkeit für die »Volkswacht« arbeitete; seit 1923 an der Uni Freiburg, im April 1933 an der Entlassung jüdischer Universitätsangehöriger beteiligt. Vgl. den Brief vom 10. 6. 1940.

Wilhelm Hauser: (1883–1983), Mitglied der SPD und profilierter Redner der Deutschen Friedensgesellschaft. 1938 Dachau, anschließend Exil in GB; 1946 in die DDR zurückgekehrt. Vgl. Günter Wirth, Die Hauser-Chronik, Berlin (DDR) 1982.

Harald: Harald Hauser (1912–1994), Sohn von Wilhelm Hauser, Mitglied des Roten Studentenbundes, später in der Résistance, nach dem Kriege Journalist und Schriftsteller in der DDR.
Goldelse: Else Hauser, geb. Krauth (1883–1962), Frau Wilhelm Hausers.
Ilse Bing: vermutlich Tochter des mit KV und den Hausers befreundeten Ehepaares Moritz Bing.
Fränze: Tochter KVs, geb. 1911.
40 jüdische Studenten: Der badische Kultusminister Otto Wacker ordnete am 18. 4. 1933 an, daß vorerst keine jüdischen Studenten mehr immatrikuliert werden dürften; am 25. 4. 1933 erging das »Gesetz gegen die Überfüllung der deutschen Schulen und Hochschulen«, das eine Quotierung von Studienplätzen für jüdische Studierende im angegebenen Sinne vorsah.
Herrn Winter: Inhaber einer Kontrolluhrenfabrik in Le Locle. Hier war WV als Bürogehilfe und Hauslehrer in Stellung.
Mateottimarken: Giacomo Matteotti (1885–1924), italienischer Politiker, auf Veranlassung Mussolinis ermordet; Symbolfigur der internationalen Solidarität.
Peter Mayer: (1885–?), sozialdemokratischer Funktionär, Stadtrat in Freiburg.
Strodel: Hans St., Freund WVs.
Reinbold: Georg R. (1885–1946), seit 1924 Landesvorsitzender der SPD, bis 1933 Vizepräsident des Badischen Landtags, ab 1933 in Frankreich, später Luxemburg, ab 1941 USA.
Deserteur: Dieses Problem sollte sich für die Flucht KVs 1939 als bedeutsam herausstellen. Vgl. den Brief vom 6. 1. 1940.
Kerber: Franz K. (1901–1945), Diplomvolkswirt, seit 1933 Oberbürgermeister Freiburgs und Kreisleiter der NSDAP.
Knopf: Jüdisches Warenhaus in Freiburg.
Bernhard Merten: (1894–1983), Gymnasialprofessor, 1919–1933 Leiter der Freiburger VHS.
Dieringers, Watters: Nachbarn von KV.

ohne Datum [Mai 1933]

Erfurter Programm: gemeint sind die Beschlüsse des Parteitags der Sozialdemokratischen Partei vom Oktober 1891.
Dichtertagung: Bund Rheinischer Dichter, der im Oktober 1931 in Freiburg getagt hatte. KV berichtete darüber in der »Volkswacht« und schloß persönliche Bekanntschaften mit Autoren.

Stuber: Hermann St., Deutschlehrer WVs, den er »mit zu den erfreulichsten Erscheinungen meiner langjährigen Lehrertätigkeit« rechnete.

16. Mai 1933

Münchmeyer-Borkum: (geb. 1885), bis 1926 Pfarrer, Mitglied der NSDAP, ab 1930 MdR.

Lang: Mitte Mai teilte der Verlag den Lesern mit, daß Hauptschriftleiter Hermann Lang »auf eigenen Wunsch« ausscheide, um »der Zeitung den Übergang in eine neue Zeit« zu erleichtern (zit. nach Geschichte der Stadt Freiburg, Bd. 3, Stgt. 1992, S. 308).

Erzbischof: Dr. Conrad Gröber (1872–1948), seit 1932 Erzbischof von Freiburg. Die Stellung Gröbers zum Dritten Reich war, gerade anfänglich, durchaus positiv.

Gewerkschaftsbüro: Das Gewerkschaftshaus war nach angeblichen Waffenfunden bereits seit dem 7. März »bis auf weiteres« geschlossen. Es wurde zum Sitz der NSDAP-Kreisleitung; das »Volkswacht«-Gebäude wurde Mitte Mai 1933 vom Verlag der Nazizeitung »Der Alemanne« übernommen.

Kappes: Peter K. (1889–1960), Sozialdemokrat, Vorsitzender der Gewerkschaft in Freiburg.

Zumtobels: Reinhold Z. (1878–1953), seit 1911 Redakteur der »Volkswacht«, seit 1919 deren polit. Leiter, Stadtrat, Hebelpreis 1953.

Wenk: Gustav W., Kollege von KV bei der »Volkswacht«.

Stefan Meier: (1889–1944), anfänglich Expedient der »Volkswacht«, SPD-Politiker, 1924–33 Mitglied des Reichstags. Nach 1933 war sein Tabakgeschäft Treffpunkt vieler Nazigegner. 1941 zu 3 Jahren KZ-Haft verurteilt.

Geiler: Franz G. (1879–1948), gelernter Schuhmacher, SPD-Stadtrat, nach 1945 Bürgermeister Freiburgs.

Martzloff: Philipp M. (1880–1962), Sekretär der Freien Gewerkschaften, 1910–33 Vors. der Freiburger SPD, bis 1933 Mitglied des Landtags, nach 1945 Präsident des Landesarbeitsamtes.

August Ganterbräu: KV spielt auf das Werk des Mundart- und Heimatdichters August Ganther (1862–1938) sowie die gleichnamige Freiburger Brauerei an.

Kasi: der Schriftsteller Kasimir Edschmid (1890–1966), den KV anläßlich der Tagung der Rheinischen Dichter in Freiburg kennengelernt hatte.

Anton Betzner: (1894–1976), Schriftsteller.
Sunlichtpropaganda: KV war nach ihrem Berufsverbot als Journalistin für die Firma Sunlicht tätig.
Weltbühne: Von KV erschienen in der Berliner »Weltbühne« die beiden Glossen »Unsere Justiz« (19. 10. 1926) und »Messalina auf dem Dorfe« (28. 2. 1933). Ihre Ankündigung, der »Weltbühne« demnächst einen Artikel zu senden, machte KV am 21. 5. wahr, wobei sie den Umweg über WV wählte: »Besorge den Brief für die Wiener Weltbühne, klebe das Kuvert zu. Verbessere erst meine Schreibfehler, habe keine Zeit mehr.« Druck dieses Artikels nicht nachgewiesen.
Egon Erwin Kisch: (1885–1948), sozialistischer Schriftsteller.
Osaf: Oberster SA-Führer; auch ironisch verwendet.
Ossietzky: Carl von O. (1889–1938), Publizist, Herausgeber der »Weltbühne«, während seiner Haft im KZ mit dem Friedensnobelpreis ausgezeichnet.
Renn: Ludwig R. (1889–1979), antimilitaristischer Schriftsteller.

31. Mai 1933

Italien: Ziel einer Radtour WVs im Frühjahr 1933.
Winters: Die Arbeitgeber WVs hatten KV im Mai 1933 in Freiburg besucht.
Walter Hammer: (1888–1966), führende Persönlichkeit der Jugendbewegung, Hg. der Zeitschrift »Junge Menschen«, bei der KV mitarbeitete.
Fendrich: Der lange Zeit sozialdemokratisch orientierte Schriftsteller Anton Fendrich (1868–1949), Hebelpreisträger des Jahres 1946, hatte sich 1933 in Wirklichkeit bei den neuen Machthabern lieb Kind zu machen versucht, ohne auf Gegenliebe zu stoßen.

[ohne Datum, ca. 30. 6. 1933]

Toni Pfülf: (1877–1933), Lehrerin, als SPD-Politikerin vor allem mit Frauenrechtsfragen befaßt, Schriftführerin des Ausschusses für Strafrechtsreform und Schulpolitik, 1919–33 Mitglied des Reichtags; beging 1933 Selbstmord.
Neo-Friburgia: vgl. den Nachdruck des Berichts über diese Vorgänge in der Karlsruher Zeitung und im Alemannen in: Guido Schneeberger, Nachlese zu Heidegger. Dokumente zu seinem Leben und Denken, Bern 1962, Seite 71f.
Rost: Georg Alexander Rost (1877–?), Dermatologe; seit 1915

Professor an der Universität Freiburg. Als Klinikdirektor 1933 entlassen.
Prof. Keller: Philipp K. (1891–?), Dermatologe, 1933 beurlaubt.
Kuntzemüllern: Albert Kuntzemüller (1880–1956), seit 1932 Direktor am Rotteckgymnasium, 1933 amtsenthoben. Sozialdemokrat, Eisenbahnhistoriker. Versorgte die SPD-Presse Basels bis zum Entzug seines Passes mit politisch aufklärenden Artikeln.
Wehrsport: Vom SA-Hochschulamt organisiert, traten Anfang Mai 1933 die ersten 300 Studenten zum Wehrsport im Universitätsstadion an (Der Alemanne, 12. 5. 1933). Im August 1933 wurde der Arbeitsdienst für Studierende zur Pflicht gemacht. »Da inzwischen viele nationalsozialistische und auch andere von der Bewegung mitgerissene Studenten in Wehrsport, Märschen und Kameradschaftslagern den wesentlichen Sinn der Ausbildung an der Universität sahen, wurde der Vorlesungs- und Übungsbetrieb beträchtlich gestört« (zit. nach Bernd Martin, Universität im Umbruch: Das Rektorat Heidegger 1933–34. In: Eckhard John u. a. (Hg.), Die Freiburger Universität in der Zeit des Nationalsozialismus. Freiburg/Würzburg 1991, S. 15).
Erich: Verwandter KVs aus Bielefeld.
Cuntz: Erwin C. (1878–1977), Rechtsanwalt, Pazifist, Anhänger der Weltsprache IDO.
Carla: Carla Cuntz (1894– ca. 1983), Ehefrau von Erwin C.
Ludwig Frankstrasse: L. F. (1874–1914), Mannheimer Rechtsanwalt, führender badischer SPD-Politiker, in den ersten Kriegstagen in Frankreich gefallen.
Paul Billeterstrasse: P. B., SA-Mann, im Kampf mit politischen Gegnern 1931 ums Leben gekommen.
Engler: Wilhelm E. (1873–1938), SPD-Stadtrat in Freiburg und badischer Arbeitsminister.

24. Juli 1933

Harald: Harald Hauser, s. o. S. 340.
Severing: Carl S. (1875–1952), 1907–11 und 1919–33 Mitglied des Reichstags, preußischer Staatsminister.
Johannes Stelling: (1877–1933), SPD-Politiker, 1919/20 Innenminister von Mecklenburg-Schwerin, 1921–24 Ministerpräsident Mecklenburgs; im Juni 1933 von SA-Leuten ermordet.
Arbeitslager Kislau: ehemaliges Schloß bei Bruchsal, seit 1933 eines der beiden badischen KZs.

Remmele: Adam R. (1877–1951), SPD-Minister und badischer Staatspräsident.
Marum: Ludwig M. (1882–1934), SPD-Politiker, 1928–33 MdR, in Kislau ermordet.

11. Oktober 1933

Palasthotel: ironische Anspielung auf die Schutzhaft KVs im Freiburger Stadtgefängnis im Sommer 1933.

11. November 1933

Fräulein Isolde: vermutlich Familienangehörige Winters.
Dr. Wacker: Otto W. (1899–1940), badischer Kultusminister.
Professor Wittkop: Philipp Witkop (1880–1942), seit 1910 Prof. für deutsche Literaturgeschichte in Freiburg, seit 1922 Ordinarius. Hatte als Deutschnationaler das Dritte Reich anfänglich begrüßt; später weitgehend verstummt.

19. Januar 1934

Studium: WV hatte ab Wintersemester 1934 in Zürich sein Studium der Anglistik und Germanistik aufgenommen.
Gösekeschen Fatzkereien: Harald Conrad Goeseke, Schauspieler in Freiburg, Freund WVs.
Stefan George: In einer späteren Notiz schrieb WV über sein Verhältnis zu George: »While still at high school (...) my interest in St. Georges poetry was awakened. He had been the poet of youth.« Zum Einfluß des Dichters auf WV vgl. ferner Das verlassene Haus, passim, und Regina Weber, Der emigrierte Germanist als Führer zur deutschen Dichtung? Werner Vordtriede im Exil. In: Exilforschung, Bd. 13, München 1995, S. 137 ff.
Bernhard Fehr: (1876–1938), seit 1922 Professor für englische Sprache und Literatur an der Universität Zürich. Unter ihm war WV Bibliothekar des englischen Seminars.

2. August 1934

Ernst v. Wolzogen: (1855–1934), Erzähler und Dramatiker.
Siegmund Graff: (1898–?), Dramatiker, von dem in Freiburg allein zwischen 1932 und 1937 fünf Stücke aufgeführt wurden.
Emil Strauss: (1866–1960), seit 1925 in Freiburg lebender Dichter. Sein Stück »Vaterland« war 1923 von der badischen Regierung wegen extremem Nationalismus verboten worden.

Reinhard Goering: (1887–1936), Dramatiker, der insbesondere durch sein Stück »Seeschlacht« (1918) bekannt wurde.
Aethen, Emden: nicht ermittelt.
Oskar: Oskar Hauser, Sohn Wilhelm Hausers; vgl. o. S. 340.
Riesland: Walter Riessland, Freund WVs.
Joe Lederer: (1907–1987), österreichische Schriftstellerin, 1938 Emigration nach England, 1956 Rückkehr nach München.

8. November 1934

Pfeffermühle: von Erika Mann nach 1933 gegründetes Kabarett in Zürich mit antifaschistischer Tendenz.
Konrad Haiden: K. Heiden (1901–1966), politischer Publizist, Autor einer »Geschichte des Nationalsozialismus« (1932) sowie der vielbeachteten Biographie »Adolf Hitler« (1936/37); seit 1933 Exilant in der Schweiz.
Univ.-Professor Wolf: Erik W. (1902–1977), seit 1930 Prof. für Rechtswissenschaft; 1933/34 Dekan seiner Fakultät. Seine anfängliche theoretische Fundierung des Rechts- und Staatsdenkens im Zeichen des NS brach 1934 ab; aktive Mitarbeit bei der Bekennenden Kirche.
Ritter: Gerhard R. (1888–1967), 1925–1956 Prof. für mittelalterliche und neuere Geschichte an der Uni Freiburg.
Rudolf Huchen: R. Huch (1862–1943), Arzt; als Autor satirisch-zeitkritischer Bücher stand er im Schatten seiner Schwester Ricarda Huch.
Viebig: Clara V. (1860–1947), Autorin erfolgreicher, teils sozialkritischer Romane und Erzählungen.
Schwester Ricarda: R. Huch (1864–1947), Verfasserin bedeutender literarischer, historischer und kulturgeschichtlicher Bücher, die z. T. bis heute Standardwerke sind. Mit KV persönlich bekannt.
Ludolf Ursleu: eigentlich »Erinnerungen von Ludolf Ursleu dem Jüngeren« (1893), erster Roman Ricarda Huchs.
Friedrich: F. Huch (1873–1913), Vetter und Halbbruder Ricarda Huchs, Erzähler und Dramatiker.
Walter: Walter Huch, keine weiteren Angaben ermittelt.
Beethovenbiographie: Verfasser ist Felix Huch (1880–1952). Bruder Friedrich Huchs, schrieb u. a. »Der junge Beethoven« (1927) und »Beethovens Vollendung« (1931).
Klumpfüßchens Märchenstunde: Anspielung auf Propagandaminister Goebbels, der einen Klumpfuß hatte.

ohne Datum

Dr. Phil.: FV hatte am 10. 12. 1934 ihre Dissertation zum Thema »Der Imagismus. Sein Wesen und seine Bedeutung« verteidigt.
Aly: Wolfgang A. (1881–1962), Lektor für alte Sprachen, zählte zum alten NS-Kader an der Universität; einer von zwei Freiburger Unterzeichnern des Wahlaufrufs der Hochschullehrer zugunsten der NSDAP.
Heiss: Hanns H. (1877–1935), Prof. für romanische Philologie in Freiburg.
Dragendorff: Hans D. (1870–1941), Archäologe, seit 1922 ord. Prof., Dekan der Philosophischen Fakultät.
Kolbe: Walther K. (1876–1943), seit 1926 Prof. für Alte Geschichte.

5. November 1935

Bauverein: 1899 maßgeblich von Sozialdemokraten gegründet und dem genossenschaftlichen Selbsthilfegedanken verpflichtet, 1920 mit der Gartenstadtgenossenschaft vereinigt. Die Häuser an der Fichtestraße entstanden 1928/29.
Othellos Gefolge: WV wirkte am Zürcher Schauspielhaus gelegentlich als Statist mit.
Ricardanen: Ricarda Huch lebte 1934–36 in Freiburg; vgl. o. S. 344.

22. Februar 1936

Heilandtat: zustimmende Anspielung auf die Ermordung Wilhelm Gustloffs, des Landesleiters der NSDAP in der Schweiz, Februar 1936, durch David Frankfurter.

26. Juni 1936

Lintas: Firma, für die KV arbeitete (Umfragetätigkeit in Sachen Produktbewertung).
Krüger: Max K. (1884–1958), 1924/25 bis 1933 Intendant des Stadttheaters Freiburg.
alten Geck: Adolf G. (1854–1942), Sozialdemokrat und Begründer einer weitverzweigten Offenburger Demokratenfamilie.
Timmen: KVs Hund.
Schieler: Fritz S. (1899–1970), Sozialdemokrat, nach 1933 illegale Tätigkeit und Haft, nach 1945 Bürgermeister und MdL.

26. Dezember 1936

Hoeffler: Chef KVs bei Lintas.

17. Januar 1937

Süsskind: W(ilhelm) E(manuel) Süskind (1901–1970), Schriftsteller, 1933–1942 Redakteur der Zeitschrift »Die Literatur«.
Deva: DVA (= Deutsche Verlagsanstalt).
Ermatinger: Emil E. (1873–1953), schweizerischer Literaturhistoriker und Schriftsteller.

22. September 1938

Medica: Frau von Prof. Fritz Medicus, Zürich.
Tschopen: idiomatisch für Jacke.
Juliussens: Julius (1890–1967) und Rosel Hauser (1890–1962), Bruder und Schwägerin Wilhelm Hausers.

17. November 1938

Schreckensfunk: Meldung über die Judenpogrome der Reichskristallnacht.
Grumbach: Robert G. (1875–1960), jüdischer Rechtsanwalt und SPD-Stadtrat, unter den Nazis Haft in Dachau und Gurs.

[ohne Datum]

Krebs: Bankhaus in Freiburg.
Arthur Knopf: (1879–1963), Inhaber des gleichnamigen Freiburger Kaufhauses, bis Ende 1938 im Lager Dachau, ab 1939 in der Schweiz, 1953 Basler Bürger.

6. Dezember 1938

Schweitzers: Albert Schweitzer, bei dem sich KV um eine Möglichkeit bemüht hatte, in Lambarene als ärztliche Helferin eingesetzt zu werden. Am 4. Dezember 1938 hatte auch WV mit Frau Schweitzer am Rande eines Vortrags ein Gespräch.
Dr. Königsfeld: Harry K. (1887–?), am 22. 10. 1940 nach Südfrankreich verschleppt.
Göb-Göb: Reichspropagandaminister Goebbels.

22. Januar 1939

Schenkers Kabine: Umzugsfirma Schenker.
Hichens: Robert H. (1864–1950), bekannter englischer Romanautor. In seinem 1939 erschienenen Roman »That which is hidden« hat er WV unter dem Namen Max Lindner als »viel und altklug redendes Wesen« eingeführt. Durch seine Hilfe wurde

WVs Auswanderung in die USA erst möglich. Zum Hergang schreibt WV: »Professor Fritz Medicus, der Fichteforscher... und einer meiner Lehrer, hatte mir ein Affidavit von seinem Schüler Fritz Marti in Amerika besorgt. Dies aber wurde vom Zürcher Konsul als zu unsubstantiell abgelehnt. Daraufhin sprach Medicus, ohne daß ich's wußte (es wäre mir viel zu peinlich gewesen) mit Hichens: er solle mir zum Schein ein kleines Kapital schenken, daß [!] ich ihm natürlich sofort nach der Einreise in Amerika wieder zurückerstatten würde. Hichens erklärte sich sofort dazu bereit.« (In : WV, Das verlassene Haus, S. 25)
Grumbax: verballhornende Schreibweise für Robert Grumbach, s. o. S. 346.
Siegm.-Schultze: Friedrich Siegmund-Schultze (1885–1969), ev. Pfarrer, Hochschullehrer, Publizist, Förderer der ökumenischen Bewegung. 1933 ausgewiesen, lebte er bis 1946 als Studentenpfarrer in der Schweiz.
Dreyfuss: Alfred Dreifus, franz. Offizier jüdischer Herkunft, dessen antisemitisch motivierte Verbannung auf die Teufelsinsel im Jahre 1894 weltweit Aufsehen erregte.

3. März 1939

Heimkehr nach Europa: Am 7. Juni 1939 ist WV Richtung Europa in See gestochen, um die Schweiz und Frankreich zu besuchen.
Aennchen: Anna Blumenthal, geb. Roos; Schwägerin KVs.
Georg: Georg Blumenthal, Bruder von KV.

18. März 1939 (20. 3.)

Examina: gemeint sind die Semesterschluß-Examina vom 24. bis 31. Januar 1939; in diese Zeit fiel der Entschluß WVs, »Deutsch als Hauptfach aufzugeben und ganz ins Französische überzugehen« (Das verlassene Haus, S. 21).
Lina Marti: Bekannte WVs.

1. April 1939

John Knittel: (1891–1970), erfolgreicher Romanautor. Die Kontakte WVs zu ihm waren durch Hichens zustande gekommen.

15. Mai 1939

Kolleg des Dozenten Vordtriede: »Heute im Vorlesungsverzeichnis der Universität (Cincinnati, M. B.) meinen Namen gedruckt

gefunden. Zum erstenmal in meinem Leben in einem Vorlesungsverzeichnis« (WV, Das verlassene Haus, S. 28).
Herrn Streicher: Julius St. (1885–1946), fränkischer Gauleiter, Hg. des antisemitischen Hetzblatts »Der Stürmer«.
Mühlon: Wilhelm M. (1878–1945) hatte aufgrund seiner pazifistischen Einstellung im Ersten Weltkrieg glänzende Karriereaussichten im diplomatischen Dienst und in der Industrie aufgegeben und lebte auf dem schweizerischen Schloß Gottlieben bei Konstanz. Mit ihm besprach sich WV wegen der Flucht seiner Mutter (vgl. WV, Das verlassene Haus, S. 33 ff.).

1. Oktober 1939

Sträuli: Dr. August S. (1888–1962), Kreuzlinger Arzt und Chirurg, dessen Sohn Peter mit WV befreundet war. Er arrangierte ein Zusammentreffen mit KV auf deutschem Boden, um ihre Flucht vorzubereiten, bot ihr nach der Flucht erste Unterkunft und bürgte für sie bis zum Verlassen der Schweiz.
Athena: WV war im September 1939 auf der Rückreise nach Cincinnati in Le Havre festgenommen und bis 8. Dezember 1939 in Varimpré als feindlicher Ausländer interniert worden.
Hichy: Hichens (vgl. Brief vom 22. Januar 1939 und o. S. 349).

24. Oktober 1939

Dr. Hermann Rauschning: (1887–1982), als Nationalsozialist Danziger Senatspräsident; nach Niederlegung seines Amtes Ende 1934 Flucht in die Schweiz, wo er die weithin beachteten, gegen den NS gerichteten Bücher »Die Revolution des Nihilismus« (1938) und »Gespräche mit Hitler« (1939) schrieb.
Dr. Hans Obrecht: Hans Oprecht (1894–1978), älterer Bruder Emil Oprechts, Gewerkschaftsführer, SP-Nationalrat und Verleger, Leiter der »Genossenschaft Büchergilde Zürich«. Wegen seiner emigrantenfreundlichen Haltung von offiziösen Stellen beargwöhnt.
Nobs: Ernst N. (1886–1957), Redaktor am »Volksrecht«, seit 1919 Nationalrat, Präsident des Zürcher Pressevereins.
Stocker: Werner S. (1904–1964), Rechtsanwalt und Nationalrat, seit 1937 Zentralsekretär der SP; Mitarbeiter des Schweizerischen Arbeiterhilfswerks und starkes Engagement für Hitlerflüchtlinge und NS-Opfer.
Wilhelm Endress: (1884–?), Gewerkschafter, 1925–29 Angestellter

des Deutschen Holzarbeiterverbands in Freiburg, 1933 Emigration nach Zürich.
Prof. Zeydel: Edwin Z. (1893–1973), Prof. für deutsche Literatur an der Universität Cincinnati, Lehrer WVs.

5. Dezember 1939

Breitscheid: Rudolf B. (1874–1944), SPD-Politiker, 1918/19 Preußischer Minister des Innern, 1920–33 MdR. 1933 Exil in Frankreich, 1941 dort von der Gestapo verhaftet, im KZ Buchenwald umgekommen.
Hans Siemsen: (1891–1969), Publizist, 1934 Frankreich, ab 1940 USA.
Anna: A. Siemsen (1882–1952), Pädagogin, Professorin an der Universität Jena, 1928–1930 Mitglied des Reichstags, SPD-Politikerin. Ab 1933 in der Schweiz. Pädagogische, philosophische und politische Schriftstellerin, vgl. den Brief vom 26. Mai 1941.
August: A. Siemsen, Bruder von Hans und Anna Siemsen.
Fritz Marti: Schüler von Fritz Medicus, besorgte auf dessen Bitte Affidavits für WV und KV, die vom amerikanischen Konsul jedoch nicht anerkannt wurden; vgl. o. S. 349.
Polturak: Paul P., Bekannter WVs.

6. Januar 1940

Leisis: Familie von Dr. Ernst Leisi (1878–1970), Rektor der Kantonsschule Frauenfeld.
Medicus: Fritz M. (1876–1956), Prof. der Philosophie an der ETH Zürich, Fichteforscher, Lehrer WVs; vgl. o. S. 349.
Jesuitenschule: Stella Matutina.
Dr. Fritz Wartenweiler: (1878–1985), Volksbildner und Erzieher, Wanderprediger und Publizist.

9. Januar 1940

Depesche: die Freilassung WVs aus französischer Haft betreffend.

7. Februar 1940

Hermann Lietz: (1868–1919), Schöpfer des deutschen Landerziehungsheimes.
Wyneken: Gustav W. (1875–1964), Pädagoge, Gründer der Freien Schulgemeinde Wickersdorf, Schöpfer der Idee einer Jugendkultur.

Eugen Diederichs: (1867–1930), Verleger, von großem Einfluß auf Jugendbewegung, Schulreform und Volksbildung.
Geheep: Paul Geheeb (1870–1961), Pädagoge, gründete 1910 die Odenwaldschule.
Literarhistoriker: gemeint Otto von Greyerz (1863–1940), Schweizer Germanist und Schriftsteller.
Rudolf von Tavel: (1866–1934), schweizerischer Mundartdichter.
Konstanz: Das Treffen WVs mit seiner Mutter hatte im Inselhotel in Konstanz stattgefunden.
Dr. Rothmund: Heinrich R., bis zu seiner Entlassung im Januar 1945 Chef der Polizeiabteilung im Eidgenössischen Justiz- und Polizeidepartement; verfolgte eine gegen »Überfremdung« gerichtete Politik. Auf seine Initiative ging das »J« in den Pässen für Juden zurück.
Tante Amelia / Onkel Charles: Amelia und Charles Fortriede, Verwandte KVs in Cincinnati.
Dortufeier: jährliche Gedenkfeier für den Revolutionär Max Dortu, 1849 in Freiburg standrechtlich erschossen.

13. Februar 1940

Frick: Wilhelm F. (1877–1946), NS-Politiker, Innenminister Thüringens (1928–1933) und des Reichs (bis 1943); nach 1943 Reichsprotektor von Böhmen und Mähren.
Bloomsbury-House: Sitz einer Emigrantenhilfsorganisation in London.
Richard Aldington: (1892–1962), engl. Lyriker und Romancier.
Follen: Karl F. (1796–1840), Lyriker und maßgeblicher Protagonist des radikalen Flügels der deutschen Burschenschaften. Exil in Frankreich und in der Schweiz; in den USA Professor für deutsche Literatur; unitarischer Pfarrer.
Zürcher Schauspielhaus: hier war WV kurzzeitig als Statist tätig.
Langhoff: Wolfgang L. (1901–1966), deutscher Schauspieler, seit 1934 am Zürcher Schauspielhaus. Nach dem Reichstagsbrand verhaftet und im KZ Börgermoor bei Papenburg gefangengehalten. Im Schweizer Exil schrieb er seinen Erlebnisbericht »Die Moorsoldaten. 13 Monate Konzentrationslager« (1935) nieder, der rasch bekannt wurde.

10. 6. 1940

Räldchen: Harald Hauser, s. o. S. 338.

Goldelse südlich der Seine: Else Hauser hatte ihr Einreisevisum nach Großbritannien, wo ihr Mann schon lebte, aufgrund des beginnenden Krieges mit Frankreich nicht mehr nutzen können und verbrachte die Kriegszeit zunächst im unbesetzten Teil Frankreichs, später in Paris und in Berlin. Ihren Mann traf sie erst 1946 wieder.
Grafen Keyserling: Eduard Graf K. (1855–1918), Schriftsteller und Kulturkritiker.
Hölderlin: WV hatte sich Ende 1938 entschlossen, seine in Zürich begonnene Dissertation über den Spätstil Hölderlins als Magisterarbeit zu verwenden.
Beer-Hofmann: Richard B.-H. (1866–1945), Freund Hofmannsthals, 1938 in der Schweiz, danach USA, wo er mit WV zusammentraf.
Albrecht Schaeffer: (1885–1950), Schriftsteller (»Helianth«), seit 1939 in den USA. – Siehe zu ihm WVs Aufsatz »Albrecht Schaeffer oder die Symbole im Exil«, in: Neue Deutsche Hefte, Jan. 1961.
Paul Tillich: (1886–1965), protestantischer Theologe, verließ 1933 Berlin und emigrierte in die USA, lehrte an der Columbia-Universität und stand vielen Emigranten zur Seite, so auch WV.
dicken Sutter: Otto Ernst S. (1884–1970), Ingenieur, Journalist, Schriftsteller und Rundfunkreporter.
Upton Sinclair: (1878–1968), amerikanischer Schriftsteller, dessen kapitalismuskritische Romane das USA-Bild der deutschen Linken maßgeblich beeinflußten.

2. Juli 1940

Hiltbrunner: Hermann H. (1893–1961), Schweizer Lyriker, den WV in seiner Eigenschaft als Vorsitzender des literarischen Vortragskomitees der Zürcher Studentenschaft kennengelernt hatte.
Emmy Hennings-Ball: E. Ball-Hennings (1885–1948), Schauspielerin, Dichterin. KV spielt wohl auf ihren Band »Blume und Flamme. Geschichte einer Jugend« an.
Hugo Balls: H. Ball (1886–1927), Schriftsteller, Dadaist; konvertierte später zum Katholizismus.
Sigrid Undsets: S. Undset (1882–1949), norweg. Schriftstellerin, 1928 Nobelpreis.
Arnet: Edwin A. (1901–1962), Redakteur der NZZ und Schriftsteller.

Juli 1940

Eltern Schaeffer: Albrecht Schaeffer hatte am 24. 5. 1940 an WV geschrieben: »Auf dem Tische vor mir steht das Bild eines kleinen Mädchens, das auf dem Rücken liegend zu schlafen scheint. Aber es wird niemals aufwachen. Vor diesem Bilde leb ich. Denn es ist m e i n Kind, gestorben irgendwo in Frankreich von einer deutschen Bombe.«

Quislinge: Verräter.

Herbert von Moos: (1893–?), schweizerischer Schriftsteller und Journalist.

Duttweiler: Gottlieb D. (1888–1962), Kaufmann, Sozialpolitiker, Begründer der Migros.

Leon Nicole: (1887–1965), Journalist und Redakteur an sozialistischen Zeitungen, Führer der Genfer Sozialisten und Nationalrat, später Gründungsmitglied der Partei der Arbeit.

Hepting, Zimmermann und *Straub*: Klassenkameraden WVs.

5. August 1940

Niendorf: Ferienort des Schülers WV.

Korrodis: Eduard Korrodi (1885–1955), langjähriger und einflußreicher Feuilletonchef der »Neuen Zürcher Zeitung«.

Karl v. Schumacher: (1894–1957), Schweizer Publizist, Begründer der »Weltwoche«.

Bernhard Diebold: (1886–1945), Dramaturg, Theaterkritiker, Romancier, kehrte 1933 in seine Schweizer Heimat zurück.

Felix Moeschlin: (1882–1959), schweizerischer Schriftsteller.

Lion Feuchtwanger: (1884–1958), deutscher sozialistischer Schriftsteller. 1933 Exil, 1940 USA.

Hasenclever: Walter H. (1890–1940), expressionistischer Dramatiker. Endete durch Freitod.

Werfel: Franz W. (1890–1945), österreichischer Lyriker, Erzähler und Dramatiker. 1938 in Frankreich, ab 1940 in USA.

Pohl: gemeint ist möglicherweise der Erzähler und Publizist Heinz Pol (1901–1972), der 1940 über Paris in die USA gelangte. Die Information KVs über ihn wäre dann freilich ebenso falsch wie im Falle Werfels.

Johannes Hoffmann: (1867–1930), Lehrer, 1918 bayer. Kultusminister, als Nachfolger Eisners 1919/20 bayer. Ministerpräsident.

Corona: Von Martin Bodmer und Herbert Steiner von 1930 an herausgegebene Zeitschrift.

Hebel-Aufsatz: Verfasser ist Emil Strauß. Der viel gelobte Aufsatz wurde auch in die von Strauß besorgte Hebelausgabe der Tempelklassiker übernommen.
Bernhard Kellermann: (1879–1951), Romancier, Reiseschriftsteller. Die Information KVs war falsch.
Adolf Bartels: (1862–1945), leidenschaftlicher Antisemit, der die Literatur unter deutsch-völkischen und rassistischen Gesichtspunkten »judenriecherisch« durchmusterte.
Hero Max: eig. Eva Hermine Peter (1863–1945), lange in Freiburg lebende Lyrikerin, Dramatikerin und Prosaautorin.
göttliche Toni: Toni Rothmund (1877–1956), Erzählerin, ehemals mit KV befreundet.
Golo Mann: nicht Bruder, sondern Sohn Thomas Manns.
Konrad Falke: (1880–1942), Erzähler, Essayist, Mitherausgeber der Exilzeitschrift »Mass und Wert«.
Toni Sender: (1888–1964), Gewerkschafterin, SPD-Politikerin und Redakteurin, Mitglied des Reichstags. Nach 1933 über CSR und Belgien in die USA. Im Januar 1941 sicherte sie WV ein Visum für KV durch das Emergency Rescue Committee zu.
Juchacz: Marie J. (1879–1956), SPD-Sozialpolitikerin, 1919 Mitglied der Nationalversammlung, 1919–33 Mitglied des Reichstags.
Father Divine: schwarzer Sektenführer.

24. August 1940

Annettes: Annette Kolb (1875–1967), deutsch-französische Schriftstellerin.
René Schickele: (1883–1940), elsässischer Lyriker, Dramatiker und Erzähler, emigrierte bereits 1930 nach Frankreich.
Oskar Maria Graf: (1894–1967), bayerischer Schriftsteller, seit 1939 in USA. An seinen legendären Stammtischen nahm KV später gelegentlich teil; vgl. den Brief vom 7. Mai 1964.

24. November 1940

deportiert: Am 22. Oktober 1940 wurden über 5000 Juden aus Baden und der Pfalz innerhalb weniger Stunden zu zentralen Sammellagern gebracht und von dort in das Lager Gurs am Fusse der Pyrenäen verschleppt. Die Überlebenden wurden ab August 1942 in die Vernichtungslager des Ostens gebracht.
Bodenseehistoriker: gemeint sind die Mitglieder des »Vereins für

Geschichte des Bodensees und seiner Umgebung«. Leisi saß als Vertreter des Thurgaus im ständigen Ausschuß des Vereins und gehörte auch der Redaktion der gleichnamigen Zeitschrift an.
Ruppert Giessler: Rupert G. (1896–1980), seit 1926 Redakteur der Freiburger Tagespost, 1936 bis zum Berufsverbot 1940 deren stellv. Hauptschriftleiter.
einer Frau Kägi – Zürich: Regina Kägi-Fuchsmann (1889–1972), Gründerin des Schweizer Arbeiterhilfswerks, Präsidentin der Europahilfe (vgl. ihr Buch »Das gute Herz genügt nicht«, in dem sie auch über ihre Gurs-Erlebnisse berichtet).
Wackes: Spottname für Elsässer.
Felix Fechenbach: (1894–1933), Journalist und sozialist. Politiker.
Lampel: Peter Martin L. (1894–1965), deutscher Schriftsteller, der durch Zeitstücke zur Heimerziehung Aufsehen erregte.
Ragaz-Kreis: Kreis um den Theologen und Führer der »Religiösen Sozialisten« Leonhard Ragaz (1868–1945).

25. Februar 1941 (3. März 1941)

Mr. Warren: Earl W. (1891–1974), amerikanischer Jurist und Politiker, der am Supreme Court eine liberale Linie durchsetzte.
Antonescu: Jon A. (1882–1946), rumänischer Marschall, nahm 1941 am Krieg gegen die Sowjetunion teil.
Gurs: Lager in Südfrankreich, in das die deportierten badischen und pfälzischen Juden nach der großangelegten Aktion vom 22. Oktober 1940 verschleppt wurden; vgl. o. S. 356.

26. Mai 1941

Releasegesuch: Gesuch um Freilassung Fränzes aus der Internierung auf Isle of Man.
Alfred Huggenberger: (1867–1960), erfolgreicher Bauerndichter, von den Nazis nicht ohne Erfolg umworben.
Annemarie Clarac-Schwarzenbach: (1908–1942), schweizerische Schriftstellerin und Foto-Journalistin; Verfasserin zahlreicher Reisereportagen, Freundin von Erika und Klaus Mann.

9. Juli 1941

convent: Das Kloster Ittingen war ehemals Augustinerpropstei und wurde 1461 vom Kartäuserorden übernommen. Baudenkmal von europäischem Rang.
Helene Voigt-Diederichs: (1875–1961), Lyrikerin, Erzählerin.

Christoph von Schmid: (1768–1854), Jugendschriftsteller. Seiner Figuren Rosa von Tannenberg und Ritter Kuno bediente sich WV aus Vertuschungsgründen bei der Korrespondenz zur Vorbereitung der Flucht KVs. (Vgl. WV, Das verlassene Haus, S. 34)

16. Juli 1941

Honvedoffizier: soviel wie Vaterlandsverteidiger (nach den ungarischen Freiwilligentruppen von 1848).
Dr. med. Paulette Brupbacher: (1880–1967), sozial engagierte Armenärztin und Publizistin, Ehefrau Fritz Brupbachers.
Gig: idiomatisch für offener Pferdewagen.
Edmund Goldschagg: (1886–1971), ehemaliger sozialdemokratischer Redakteur, kehrte nach dem Berufsverbot 1933 in seine Heimatstadt Freiburg zurück; 1945 Mitbegründer der Süddeutschen Zeitung.
Récébédou: Lager für Juden am Fuße der Pyrenäen.
Vossler – München: Karl Vossler (1872–1949), Romanist, Sprachphilosoph. WV übersetzte Arbeiten von ihm ins Amerikanische.

10. August 1941

hurrah, hurrah, hurrah: bezieht sich auf die Nachricht WVs, wonach seine Einberufung zum Militär vom November 1940 zurückgezogen wurde.
Masaryk: Tomáš G. M. (1850–1937), tschechischer Staatsmann.
Nataly von Eschstruth: (1860–1939), Autorin rührseliger Unterhaltungsromane.

1. September 1941

Willy Münzenberg: (1889–1940), kommunistischer Politiker und Organisator, 1914–21 Sekretär der Jugendinternationale; 1921 Generalsekretär der Internationalen Arbeiter-Hilfe, Mitglied des Reichstags; Schriftsteller und Verleger.
Babette Münzenberg: B. M. geb. Gross, Frau von W. Münzenberg.
Dr. Brupbacher: Fritz B. (1874–1944), Zürcher Armenarzt, Propagandist eines libertären Sozialismus.

18. Oktober 1941

Romance Languages: Anfang 1939 hatte sich WV für französische Literatur entschieden; die Examina legte er im Herbst 1941 ab.
»Excalibur«: Mit diesem Schiff legte KV am 5. 12. 1941 ab. Der Termin geht auch aus den Tagebucheintragungen WVs vom 15.

Dezember (»Das verlassene Haus«) hervor: »Im Zug Chicago–New York. Heute morgen, da die New Yorker Export Line nichts hatte von sich hören lassen, rief ich die Export Line in Chicago an und erfuhr, dass die ›Excalibur‹ schon heute in New York erwartet wird. Einerseits beruhigte mich diese Nachricht sehr, konnte ich doch aus ihr entnehmen, daß das Schiff noch rechtzeitig vor der Kriegserklärung Lissabon verlassen hatte und, bisher wenigstens, unbehelligt geblieben ist. Anderseits aber kann Mutter ja nicht landen, wenn keiner sie am Pier erwartet. (Noch immer weiß ich nicht gewiß, ob sie das Schiff überhaupt noch erreicht hat).« Und unterm 16. Dezember heißt es: »Die ›Excalibur‹ war auf drei Uhr heute nachmittag angesagt. Im schönen sonnigen Wetter bis zur Fähre gegangen, dann nach New Jersey hinübergefahren. Lange ungewisse Wartestunden. Wir wurden nicht zum Pier zugelassen. Schließlich, um halb fünf Uhr, kam das Schiff an. Nach einiger Zeit erfuhr ich auch zu meiner ungeheuren Erleichterung, daß Mutter sich an Bord befände. Aber dann kam gleich darauf die niederschmetternde Nachricht, daß alle Passagiere mit deutschen Pässen nicht landen dürften, sondern morgen nach Ellis Island gebracht würden, der alten Quarantäne-Station (...). Ich schickte Mutter sofort ein Telegramm aufs Schiff (...). Morgen werde ich nun den ganzen Tag versuchen, Mutter freizubekommen« (S. 133 f.).

10. Januar 1942

Varyan Fry: Varian F. (1909–1968), amerikanischer Journalist; maßgeblich an der Rettung vieler Emigranten insbesondere aus Südfrankreich beteiligt.

Segers Sozenblatt: Gerhart Seger (1896–1967), Journalist, SPD-Politiker, seit 1934 USA. 1936–1949 Chefredakteur der Neuen Volks-Zeitung, New York.

Hias: Hilfsstelle für Emigranten.

Fays: Fay, einer der Juroren im Wettbewerb der Harvard University.

11. Januar 1942

Artikel: KV bemühte sich um Mitarbeit bei der deutschsprachigen Presse Amerikas und insbesondere New Yorks, konnte jedoch an den Umfang ihrer früheren Tätigkeit als Journalistin nicht wieder richtig anknüpfen. Nach 1945 war sie zeitweise

wieder als Journalistin beschäftigt (»Mutter hat nun wirklich die Stelle an der alten ›Staatszeitung‹ als Journalistin bekommen«, WV, Das verlassene Haus, S. 388).
Brüning: Heinrich B. (1885–1970), 1930–32 Reichskanzler, suchte durch Notverordnungen die Wirtschaftskrise zu bekämpfen.
Julius Bab: (1880–1955), Schriftsteller und Publizist mit Schwerpunkt Theater, gelangte 1939 über Frankreich in die USA.
Eugene O'Neill: (1888–1953), amerikanischer Dramatiker.
Dessoir: Max D. (1867–1947), Philosoph und Kunstwissenschaftler, beantragte 1934 seine Entpflichtung an der Berliner Universität, ab 1936 vom NS-Wissenschaftsbetrieb geächtet.
Ernst Troeltsch: (1865–1923), Theologe und Philosoph.
Köstler: Arthur Koestler (1905–1983), in Budapest geborener Schriftsteller. Publizist in Berlin und Paris, befreundet mit Alfred Kantorowicz. Kam als militanter Antifaschist in das berüchtigte französische Lager Vernet, dem er in die Fremdenlegion entkam. 1938 Bruch mit der kommunistischen Partei. Sein Roman »Darkness at Noon« (1940) wurde auch in den USA rasch bekannt.
Tante Roosevelt: Eleanor R., Gattin des amerikanischen Präsidenten; setzte sich verschiedentlich für eine liberalere Aufnahmepolitik ein.

1. Februar 1942

gay ninety four: soviel wie »die eigenen vier Wände« (KV lebte in der 94. Strasse).
danger visa: Visum für (besonders) gefährdete Personen.

13. März 1942

Willy Sander: (1895–1978), SPD-Funktionär, 1933 in der Tschechoslowakei, ab 1939 in Großbritannien.
Mazy: Macy's, New Yorker Kaufhaus.
Walther Victor: (1895–1971), Journalist und Schriftsteller, 1935 in der Schweiz, 1939 in Frankreich, 1940 in den USA, ab 1946 als Literaturkritiker in der späteren DDR.
Kurtchen Rosenfeld: Kurt R. (1877–1943), Rechtsanwalt und Politiker, Mitbegründer der Sozialistischen Arbeiterpartei Deutschlands (SAPD). 1933 über Paris in die USA.
Timmchen: gemeint sind (kleine) Hunde.
General Deutsch: Julius D. (1884–1968), österreichischer sozialistischer Politiker, seit 1940 in den USA.

Dr. Werner Richter: (1888–1969), Journalist und Schriftsteller; 1938 Emigration in die Schweiz, 1941 nach USA, bis 1949 Professor für Germanistik und Philosophie am Elmhurst College.
Kläuschen Mann: Klaus M. (1906–1949), Sohn Thomas Manns, nahm im Exil die amerikanische Staatsbürgerschaft an.
Karin Michaelis: (1872–1950), dänische Schriftstellerin, die Flüchtlinge aufnahm (z. B. Brecht); während des 2. Weltkriegs in USA.
Katja Mann: Katia M., Ehefrau Thomas Manns.
Fürstin Borgese: Elisabeth Mann-Borgese (* 1918), Thomas Manns dritte und jüngste Tochter, Ehefrau des italienisch-amerikanischen Historikers und Literaturwissenschaftlers Giuseppe A. Borgese (1882–1952).
Stefan Zweigs Trauerfeier: 1942 wurde in New York eine Gedenkfeier für Zweig veranstaltet, auf der neben K. Mann und E. Ludwig auch Albrecht Schaeffer und Berthold Viertel sprachen.
Emil Ludwig: (1881–1948), vor allem als Biograph erfolgreich, aber ebenso umstritten; seit 1940 in den USA.
Dr. Weissmann: Siegfried (später Fred S.) Weissman (1888–1968), Oberregierungsrat im Badischen Innenministerium (Hochschulabteilung), 1935(?) bis 1939 Vorsitzender des Oberrats der Israeliten Badens und der Israelitischen Kultusgemeinde Karlsruhe; seit 1940 in den USA.
A & P: Atlantic and Pacific (Ladenkette).

14. Oktober 1951

Woodstock: WV hatte den durch eine Künstlerkolonie im Geiste William Morris' berühmten Ort im Sommer 1941 kennengelernt, als dort einige anerkannte Schriftsteller und Künstler (Alexander Calder, Archipenko etc.) lebten. (Vgl. WV, Das verlassene Haus, S. 120.) Auch KV weilte hier längere Zeit.
Princeton: Hier hielt WV bereits im Herbst 1945 Seminare ab.

12. März 1956

Weber: Werner W. (geb. 1919), Literaturkritiker, Nachfolger Korrodis als Feuilletonchef der NZZ.
Felix Braun: (1895–1973), österreichischer Dramatiker und Erzähler, 1939 im Exil in Großbritannien.
Herbert Steiner: (1892–1966), Lyriker und Herausgeber der Corona (1930–1943) sowie der Werke Hofmannsthals.
Thomy: Thomas Mann.

Noel Fields: N. Field, amerikanischer Kommunist, der die spanische Volksfrontregierung unterstützt und zahlreiche Emigranten gerettet hatte. Unter McCarthy aus den USA geflüchtet, wurde er im kommunistischen Machtbereich inhaftiert und zur Ausschaltung zahlreicher, aus dem westlichen Exil zurückgekehrter Intellektueller und Funktionäre benutzt.
Nordaus: Max Nordau, eig. Simon Maximilian Südfeld (1849–1923), Arzt, Korrespondent und Schriftsteller; führend an der zionistischen Bewegung beteiligt.

5. Dezember 1962

Rothmundin: Toni Rothmund, s. Brief vom 5. 8. 1940 und S. 353.
Stepun: Fjodor St. (1884–1965), russischer Kulturphilosoph. In den 20er Jahren in Freiburg Mittelpunkt eines russischen Zirkels.

16. Februar 1963

Lutz Hammerschlags: L. Hammerschlag (1887–1965), Syndikus. Seit 1906 Studium in Freiburg, das er 1920 ebenda wieder aufnahm. Generalsekretär der Deutschen Gesellschaft für ethische Kultur; zählte zum Kreis um Stepun.

26. Februar 1964

Ruf an die Universität Göttingen: Durch Prof. W. Killy war WV im Januar 1964 das Ordinariat für neuere deutsche Literatur angetragen worden. WV lehnte ab.
ledernen Hörnern vor der Stirn: Beim Gebet werden die Gebetsriemen mit den Behältern um den Kopf gelegt.

7. Mai 1964

Wladimir Solowjew: (1853–1900), einflußreicher russischer Philosoph und Theologe, Dichter und Kritiker.
Hirsch: Rudolf H. (1905–1996), Leiter bzw. Geschäftsführer des Verlags S. Fischer; Redakteur der »Neuen Rundschau«.
Frau Bermann: Verlegerin des Verlags S. Fischer.
Zähringer Hotel: Freiburger Tagungsort 1931 des Bundes rheinischer Dichter.
Binding: Rudolf Georg B. (1867–1938), Schriftsteller.
Bettinas: Bettina von Arnim (1785–1859), Dichterin, Schwester Brentanos.
Emmi Henningsen (Ball): Emmy Ball-Hennings; s. o. S. 352.

»Nie, solange das dritte Reich besteht, will ich mich vom Hass reinigen.«

Ein Nachwort von
Manfred Bosch

I.

Käthe Vordtriede – dieser Name würde uns »ohne Hitler« vermutlich nicht viel sagen, die vorliegenden Briefe wären ohne ihn ungeschrieben geblieben. Vielleicht, daß wir der »ersten Redakteurin einer Freiburger Tageszeitung«[1] irgendwann einmal in einer regionalen Untersuchung zur Parteipresse in der ersten Hälfte des 20. Jahrhunderts begegnet wären oder in einer Darstellung zur »Eroberung« des Journalistenberufs durch Frauen am Beispiel Südbadens. Politisch und rassisch verfolgt, wurde die kluge und couragierte Journalistin jedoch in eine ganz andere Chronistinnenrolle hineingezwungen: hatte Vordtriede bis 1933 bei der Freiburger »Volkswacht« das Ihre zur Festigung des republikanischen Gedankens und zur Abwehr der demokratiefeindlichen Kräfte beigetragen, wechselte sie nach der gewaltsamen Zerschlagung des Zeitungsverlags und Berufsverbot notgedrungen das Medium.
Ihr ungebremster Schreibimpuls mündete fortan in eine umfangreiche Korrespondenz, gerichtet an ihren Sohn Werner, der 1933, gerade achtzehnjährig, in die Schweiz emigriert war, und seit 1935 auch an ihre Tochter Fränze. Diese hatte bereits im Sommersemester 1930 ihr Studium der Neuphilologie mit Englisch als Hauptfach aufgenommen und sich aufgrund immer repressiverer Studienbedingungen Ende 1933 exmatrikulieren lassen, um im Wintersemester 1933/34 noch einige Kollegs zu hören und sich im übrigen auf ihre Dissertation über Imagismus Ende 1935 vorzubereiten. Danach zog auch sie das Exil vor und ging nach England und später in die USA.
So wurden Briefe in den folgenden Jahren zum fast ausschließlichen Mittel gegenseitiger Verständigung. Weit mehr als bloßes Kommunikationsmittel und Versicherung

1 Birgit Heidtke / Christina Rössler, Margarethas Töchter. Stadtgeschichte der Frauen von 1800 bis 1950 am Beispiel Freiburgs. Freiburg: Kore 1995, S. 14.

familiären Zusammenhalts, waren sie für Käthe Vordtriede zugleich Akte der Abwehr, um sich den täglichen Dreck von der Seele zu waschen, ein Atemholen, um unter der Käseglocke völkischer Ideologie nicht ersticken zu müssen. Schreibend schöpfte sie neue Hoffnung, um nicht an der Realität irre zu werden, und realisierte so eine der wenigen verbliebenen Möglichkeiten, sich gegen die Zumutungen des Regimes zu wehren, sich mit den Waffen des Geistes über es zu erheben. Vordtriede vertraute ihren ganzen Abscheu vor dem Muff und der Barbarei des Nazismus diesen Briefen an, und indem sie, was sie sah und hörte, bedrängte und bedrückte, mit der Begabung der Chronistin für sich und ihre Kinder notierte, gelang ihrer minutiös-anschaulichen Darstellung ein zeitgeschichtliches Dokument von Rang, das als ebenso erstaunliches wie bewegendes und beeindruckendes Zeugnis weiblicher Selbstbehauptung im »Dritten Reich« und im Exil seine Bedeutung behalten wird. Voller Angaben und Darstellungen über die schleichende Veränderung in Deutschland geben diese Briefe zugleich Auskunft über die (Selbst-)Gleichschaltung am Beispiel Freiburgs und seiner Universität, informieren sie über zunehmenden Verfolgungsdruck und das Existieren am Rande und schließlich, nach 1939, über ein elendes Emigrantenleben in der Schweiz und in den USA. Was die Gründlichkeit und Authentizität dieser Briefe betrifft, so vereinen sie die Tugenden der Journalistin mit dem Klarblick der erklärten Hitlergegnerin von Anfang an, das souveräne Urteilsvermögen der politisch Denkenden mit unverkennbarer schriftstellerischer Begabung. Und selbst in prekärsten Situationen noch gebot diese Frau über eine »Riesenportion Humor«, von der sie selbst meinte, ohne sie seien die seelischen Blessuren und Bedrohungen nicht zu ertragen gewesen. Ein Aspekt dieses Humors sind ihre verwendeten Pseudonyme,[2] die nicht allein der Irreführung ungebetener Mitleser dien-

---

2 Darunter Mathilde Mayer, Elektra Büsjen, Euphrosina Morgentau, Dorette Kistner, Emma Kaludriska, Antigone Hinterhuber sowie – vom Thurgau aus – »die Unschuld vom Lande«.

ten, sondern auch den alten, familiär geübten Schabernack aus unbeschwerteren Tagen neu belebten und der ungebrochenen Lust an literarischer Fiktion entsprangen.

II.

So detailliert die Briefe Käthe Vordtriedes über ihr Leben »während und nach Hitler«, über ihre Gedanken und Gefühle, Ängste und Hoffnungen berichten, so karg gerät das Bild ihrer ersten Lebenshälfte. Geboren wurde sie als Käthe Blumenthal am 2. Januar 1891 in Hannover, bald nach der Rückkehr ihrer Eltern aus Sumatra. Dort hatte es Bernhard Blumenthal (1849–1919), ein national und konservativ gesinnter Kaufmann, der auf seine Teilnahme am Einmarsch der siegreichen deutschen Truppen in Paris im Jahre 1871 und seine militärischen Orden zeitlebens stolz war, als Direktor einer Handelsgesellschaft zusammen mit seiner um 15 Jahre jüngeren Frau Helene geb. Samuel zu beträchtlichem Vermögen gebracht.[3] Das Dasein als Rentier, auf das sich Blumenthal nach seiner Rückkehr eingestellt hatte, behagte ihm allerdings nicht lange, und so wurde die neu erworbene Villa bereits nach zwei Jahren mit einem Wohnsitz in Westfalen vertauscht: Hier hatte der Anfangsvierziger zusammen mit einem Kompagnon aus einer Konkursmasse eine Bürstenfabrik in Herford erworben, die noch im selben Jahr als Schaper & Blumenthal handelsgerichtlich eingetragen wurde.[4] Hier, in Herford, wuchs Käthe zusammen mit ihren älteren Geschwistern auf, zwei Schwestern und ihrem besonders geliebten Bruder Georg.

An Kenntnissen über Käthe Blumenthals Kindheit und Jugend besitzen wir bislang nur, was sie gelegentlich darüber in die Briefe an ihre Kinder einfließen ließ – es ist nicht viel. Danach hatte sich ihr Vater vom Judentum losgelöst, so daß

---

3 Diese und die folgenden Angaben nach einem undatierten Brieffragment (ca. 1936) im Nachlaß WVs.

4 Gustav Schierholz, Geschichte der Herforder Industrie. Herford 1956, S. 117.

die Kinder assimiliert aufwuchsen; seine beiden ältesten, noch in Asien geborenen Töchter hatte Blumenthal gleich nach der Geburt durch einen Missionar taufen lassen (bei Käthe dagegen stand in amtlichen Dokumenten – beispielsweise in der Heiratsurkunde – unter Bekenntnis meist »mosaischer Religion«). Wie in großbürgerlichen jüdischen Familien üblich, wird auch in der Familie Blumenthal die Kultur eine dominierend-statusgemäße Rolle gespielt haben; zumindest darf man aus dem hohen Grad der Vertrautheit Vordtriedes mit Liedern, Märchen und Literatur, wie sie in ihren Briefen erkennbar wird, auf zahlreiche literarische und musikalische Anregungen schließen. Doch nicht nur Musisches dürfte leicht ins Elternhaus Eingang gefunden haben – in der Welterfahrenheit der Eltern mag auch der Grund ihrer Sprach- wie ihrer Sprachenbegabung zu suchen sein.
Faßbarer wird uns ihre Biographie vom Erwachsenenalter an. Mit neunzehn Jahren heiratete sie; in der Heiratsurkunde vom 3. November 1910 erscheint sie noch »ohne Beruf«. Ihr Mann, Gustav Adolf Vordtriede, war neun Jahre älter und wie ihr Vater Fabrikant; er entstammte einem eingesessenen Geschlecht von Herforder Textilindustriellen. Der Ehe entsprossen die Tochter Fränze, am 7. Oktober 1911 in Dortmund geboren, sowie, nachdem das Paar Anfang 1914 nach Bielefeld verzogen war, Werner, geboren am 18. März 1915. Sehr viel länger kann die Ehe nicht Bestand gehabt haben – Werner Vordtriede jedenfalls besaß an seinen Vater schon keine Erinnerung mehr.
Vordtriedes bewußte Entscheidung, ihre Kinder alleine zu erziehen, gehört in den Zusammenhang jener »vaterlosen Gesellschaft«, die als Phänomen zwar erst für die Zeit nach 1945 diagnostiziert wurde, indes bereits durch die Folgen und die soziale Realität des Ersten Weltkriegs Geltung bekommen hatte. Wie damals durch Tod und Invalidität massenhaft rudimentäre Familienstrukturen entstanden und weibliche Lebenswelt sich änderte, so dürfte auch die Trennung des Paares mit Käthe Vordtriedes Persönlichkeitsentwicklung zusammenhängen, für die ihr Eintritt in die SPD im Jahre 1918 möglicherweise als Indiz zu werten ist. Wohl

ebenso stark wie die Arbeiterbewegung beeinflußte sie die Jugendbewegung – auf mehreren Photos ist sie noch in fortgeschrittener Jugend in der Wanderkluft der freideutschen Jugend zu sehen, in deren Reihen sie intellektuell wie auch schriftstellerisch hervortrat; auch scheint sie gesellschaftlichen Reformideen gegenüber, beispielsweise im Bereich der Pädagogik, recht aufgeschlossen gewesen zu sein. Ostern 1922 übersiedelte Käthe Vordtriede mit ihren Kindern für ein Jahr ins gesundheitlich förderlichere Todtmoos; im Jahr darauf nach Freiburg. Nach einer ersten Zeit, die sie offensichtlich im »Schwarzwälder Hof«[5] lebte, fand die Familie eine Wohnung in der Eisenbahnstraße. Im Freiburger Einwohnerbuch des Jahres 1924/25 finden wir Käthe Vordtriede mit dem Berufseintrag »Universitätssekretärin« – sie versah diese Stelle bei dem bekannten Mediziner Prof. Paul Uhlenhuth, der posthum in die Kritik geraten sollte, weil er 1933 in Abwesenheit des Rektors die Entlassung jüdischer Universitätsangehöriger in Gang gesetzt hatte. Ob nun der Verlust des elterlichen Vermögens während der Inflation Vordtriede zur Erwerbstätigkeit zwang oder Berufstätigkeit ihrem Selbstbewußtsein als Frau und Alleinerziehende entsprach – ihre Anstellung legte jedenfalls den Grund für ihre Vertrautheit mit dem akademischen Betrieb, wie er aus den vorliegenden Briefen spricht. Länger als zwei bis drei Jahre kann sie diese Stellung jedoch kaum innegehabt haben, und es ist nur zu verständlich, daß sie die Arbeit als Journalistin und Schriftstellerin – als solche firmierte sie im Einwohnerbuch ab 1928/29 – mehr reizte und befriedigte als die bloß ausführende Tätigkeit an einer Institution, die noch weithin monarchistisch und national-konservativ geprägt war.
Auf welche Weise der Kontakt zur »Volkswacht« zustande kam – sie erschien ab 1911 neben der liberalen »Freiburger Zeitung«, der deutsch-nationalen »Breisgauer Zeitung« und der zentrumsnahen »Freiburger Tagespost« und trug der Etablierung der Sozialdemokratie als dritter politischer Kraft

5 So ein Eintrag im ungedruckten Tagebuch WVs vom 11. 10. 1964.

im lokalen Rahmen Rechnung – läßt sich nur mutmaßen. Es wäre freilich verwunderlich gewesen, wenn ein Parteimitglied mit ihren Kenntnissen und Fähigkeiten auf Dauer unentdeckt geblieben wäre, und selbst wenn innerhalb der SPD »nicht nur den Frauenforderungen, sondern auch den Frauen selbst nur wenig Bedeutung beigemessen wurde«,[6] wie es in einer neueren Frauengeschichte Freiburgs heißt, konnte sich ein sozialdemokratisches Blatt in den zwanziger Jahren doch nicht länger der Einsicht entgegenstellen, daß die Tage einer rein männlich besetzten Redaktion gezählt waren.
Als Redakteurin blieb Vordtriede freilich die einzige im Kollegenkreis, und als Mitarbeiterin prägte sie das Blatt aufgrund ihrer regelmäßig wiederkehrenden Kolumnen und Artikel in markanter Weise mit. Daß durch sie eine spezifisch frauenrechtlerische Note in das Blatt gekommen wäre, läßt sich nicht behaupten; eher zählt zu ihren Verdiensten, daß es in der »Volkswacht« damals eine beständige und unorthodoxe Diskussion des Freiburger geistigen und kulturellen Lebens gab: durch ihre meist monatlichen Berichte über Kunstausstellungen (»Freiburger Kunstverein«) und Abende der »Akademisch-literarischen Gesellschaft«, über Veranstaltungen der Volkshochschule und über neue Filme. In Quodlibets und Streiflichtern erwies sich Vordtriede als treffsichere Causeurin und Kommentatorin des gesellschaftlichen Lebens; hinzu kamen Hunderte von Artikeln über Themen wie Wohnen (Bauverein), Frauen, Schule und Erziehung, Veranstaltungen politischer Parteien und Gruppierungen (Frauen-Werbeausschuß der SPD, 1.-Mai-Feier, Deutsche Friedensgesellschaft) und vieles andere mehr.
Neben ihrer Tätigkeit bei der »Volkswacht« wurde Vordtriede von der Landesleitung der Partei Baden-Pfalz auch für besondere Aufgaben reklamiert – hier wie dort ließ sie alles Funktionärshafte vermissen. Entsprechend ihrer Bildung und rhetorischen Begabung unternahm sie 1924/25 zahlreiche »Rätschtouren«, wie sie ihre Wahlkampfauftritte gegenüber den Kindern im nachhinein bezeichnete, und wurde –

---

6 Wie Anm. 1, S. 266.

wenn auch erfolglos – als Kandidatin für den Badischen Landtag aufgestellt. 1927 bewarb sie sich, wiederum auf Vorschlag der SPD-Landesleitung, als Chefredakteurin bei der Berliner Wochenschrift »Frauenwelt«, um als »völlig unbekannte Provinzspi- natwachtel« (Vordtriede über sich selbst) gegen die renommierte Toni Sender zu unterliegen, Reichstagsabgeordnete und eine der bekannten Sozialistinnen der Weimarer Republik.

Der Hang zum Sarkasmus, der in ihren Selbstcharakterisierungen sichtbar wird, darf nicht über ein gesundes Selbstbewußtsein hinwegtäuschen – sah sich die »Einäugige« doch eher als Königin unter lauter blinden, »zehntelsgebildeten Gewerkschafterinnen«: viel mehr hatte der schwach ausgebildete weibliche Ast der badischen Arbeiterbewegung ihrer Ansicht nach nicht zu bieten. Überheblichkeit war es nicht, was Vordtriede zu solcher Einschätzung verleitete; sie vermochte dank ihres marxistischen Denkansatzes klar zu analysieren und war sich andererseits auch für kleine Funktionen selber nie zu schade. So versah sie beim sozialdemokratischen Frauenwerbeausschuß den Posten der Schriftführerin, und der Antrag der Gestapo Karlsruhe auf ihre Ausbürgerung[7] im Jahre 1940 nennt zum Beweis ihrer »verwerflichen Gesinnung« auch Aufgaben, die Vordtriede bei der Arbeiterwohlfahrt und in einem »marxistischen« Erholungsfürsorgeheim übernommen hatte.

III.

»In allen Ländern schwächte der Erste Weltkrieg alte Orthodoxien und angestammte Amtsgewalten«, schreibt Gordon A. Craig in seinem Buch »Über die Deutschen«: »Außerdem

---

7 Schreiben der Gestapo Karlsruhe an das Reichssicherheitshauptamt Berlin vom 23. 1. 1940, betr. die Aberkennung der deutschen Staatsangehörigkeit der Jüdin Käthchen Sara Vordtriede (...) und Erstreckung auf ihre Kinder Dr. Fränze Elise Helene Vordtriede (...) und Dr. Werner Vordtriede. In: Politisches Archiv des Auswärtigen Amtes, Inland II A/B, Aktenz. 8376 Bd. R. 99852.

war der Weg jetzt frei für hervorragende Leistungen anderer, denn das alte Vorurteil gegen höhere Bildung für Frauen hatte aufgegeben werden müssen. Eine der bemerkenswertesten Taten der Republik war die Anhebung des Status der höheren Schulbildung für Mädchen... Die Verbesserungen in den weiterführenden Schulen trugen dazu bei, daß die Zahl der Studentinnen anstieg. Dieser Umstand spiegelte sich wiederum in der Zahl der Frauen, die nun die Barrikaden der freien Berufe stürmten oder sich in den weniger traditionsgebundenen akademischen Disziplinen ... versuchten.«[8] So wenig spektakulär ihre politischen Funktionen und die Redakteursstelle bei der »Volkswacht« waren: Käthe Vordtriede taugt durchaus als Beleg für diesen gesellschaftspolitischen Aufbruch von Frauen nach dem Ersten Weltkrieg. Auch ihre neue Rolle als Alleinerziehende und »Allein«stehende hat sie von Anfang an wie selbstverständlich gelebt, so daß nie der Eindruck entsteht, sie habe die Unvollständigkeit ihrer Familie als solche empfunden. Im Gegenteil gingen ihr die innerfamiliären Beziehungen über alles, so daß sich ihr Leben mit den Kindern als »hochverdichtete Zweisamkeit«, ihre Erziehung als »verlängerte Selbstverwirklichung« beschreiben ließe.

In diesem »Konzept« waren sich die beiden Kinder die Nächsten und die Mutter ihnen eine Art Vertraute und Freundin (wenn auch im Status der Verantwortlichkeit). »Meinem teuren Bruder!« lautet denn auch die gedruckte Widmung in Fränzes Dissertation von 1935; und Käthe Vordtriede schrieb über ihre Kinder: »Ihre Freundschaft war so gross, dass jeder Freund und jede Freundin nur immer eine zweite Stelle einnehmen konnten und so vertrugen sie kein Einbrechen in ihre private Sphäre, keine nationalsozialistische Aufdringlichkeit, keine Einmischung in ihre Eigenart. Sie sind Individualisten.«[9] Dieser Persönlichkeit ihrer Kinder war sich

8 Zit. nach Andrea van Dülmen (Hg.), Frauen. Ein historisches Lesebuch. München 1988, S. 347.

9 Käthe Vordtriede, Meine Kinder und die Revolution. Zwei Manuskriptseiten des Wettbewerbsbeitrags im Nachlaß WV.

Käthe Vordtriede als eigener Leistung stolz bewußt. Und konnte sie es denn auch in der Tat nicht als ein Lob ihrer Erziehung und ihres Einflusses verstehen, wenn Werners Klassenlehrer ihn unter die »erfreulichsten Erscheinungen meiner langjährigen Lehrtätigkeit« rechnete? »Es war mir reichlich Gelegenheit geboten«, schrieb er, »in und außerhalb der Schule, seine geistige Entwicklung von seiner Sextanerzeit bis zu den Oberklassen zu verfolgen ... im Deutschunterricht rückte ihn seine Phantasiebegabung, sein ästhetisches Empfinden, die klare Logik seiner Gedankengänge und die hochgradige Gewandtheit des sprachlichen Ausdrucks in die vorderste Reihe... An sprudelndem Humor und originellem Witz fehlte es ihm nicht.«[10]

Aus all dem konnte Käthe Vordtriede ihren maßgeblichen Einfluß herauslesen, und auch die Antwortbriefe lassen keinen Zweifel aufkommen, woher die Begabung ihrer Kinder kam. Sechzehnjährig gewann Werner – er vertrat damals schon seine Mutter, wenn sie an der Wahrnehmung journalistischer Termine verhindert war – einen einwöchigen Paris-Aufenthalt in einem Schülerwettbewerb; unter dem Motto »Wer schreibt den schönsten Verständigungsbrief?« hatte es gegolten, im Geiste der Völkerfreundschaft an einen französischen Schüler einen Brief zu richten. Zur gleichen Zeit wechselte er eine Reihe von Briefen mit Kurt Tucholsky;[11] den Kontakt verdankte er seiner Mutter, die 1926 in der »Weltbühne« die Glosse »Unsere Justiz« veröffentlicht hatte.[12]

Daß diese familiäre Konstellation auch ihre problematische Seiten hat, wird aufmerksamen Lesern dieser Briefe nicht entgehen. Was dem »Komplex Familie« an Psychopathologien bis zu einem gewissen Grade immer beigemischt ist, hat auch dieses Nest zuweilen in eine Schlangengrube verwandelt: die ungestillte Liebe der Mutter, die keine männliche Beziehung mehr gesucht zu haben scheint, schlug mit der

10 Ebda., S. 39.

11 Ebda., S. 39.

12 Abgedruckt in der Nummer vom 19. 10. 1926.

Zeit in ein Dominanzstreben um, das sich mit dem Erwachsensein der »Kinder« nicht abfinden konnte und eine Quelle dauernder Spannung blieb. »Meine liebe Marschallin« – nicht immer konnte der Sohn so augenzwinkernd-ironisch mit dem bestimmenden Wesen seiner Mutter umgehen wie in dieser frühen brieflichen Anrede.

IV.

Das Jahr 1933 konfrontierte Vordtriede mit ihren jüdischen Wurzeln neu. Es riß sie indes aus keiner assimilationsbedingten »jüdischen Bewußtlosigkeit«, machte sie zu keiner »jüdischen Jüdin« – wohl aber sah sie sich aufgrund des grassierenden Antisemitismus und einsetzender Verfolgung aus menschlich-solidarischen Motiven zu einer unmißverständlichen Haltung gedrängt und riet auch ihren Kindern, es wenigstens »an Bekennermut jetzt nicht mehr fehlen« zu lassen. Hatten viele Juden zu Zeiten der Haskala, der jüdischen Aufklärung, die Parole »zu Hause Jude und auf der Straße Mensch« befolgt, so drehte Käthe Vordtriede dieses Verhalten gewissermaßen um; »vom Glauben her weder auf der einen noch auf der andern Seite«[13] stehend, wollte sie zumal als Opfer nicht von ihrem Selbstbewußtsein lassen, sowenig sie sich im übrigen von den religiösen und zionistischen Argumenten der nun einsetzenden jüdischen Renaissance erfassen ließ.
Vordtriede hatte den Appell an ihre Kinder angesichts täglich steigenden Verfolgungsdrucks gerichtet, und es bleibt erstaunlich, in welch großer Zahl die Juden Freiburgs sich an die Hoffnung klammerten, ihre Integration sei auch durch vermeintlich vorübergehende antisemitische Akte nicht wirklich rückgängig zu machen. Im November 1938, zum Zeitpunkt der »Reichskristallnacht«, lebten von den ehemals 1400 Freiburger Juden (Zählung von 1925) immer noch 800 in der Stadt, und gemäß einer städtischen Aufstellung befan-

---

13 Vgl. den Brief vom 11. 11. 1933.

den sich am 1. März 1938 noch 71 Firmen und Geschäfte in jüdischem Besitz.[14]

Diesen verhängnisvollen Glauben an die Unumkehrbarkeit jüdischer Integration teilte Käthe Vordtriede offensichtlich nicht. Dennoch blieb auch sie viel zu lange in Deutschland, wo sie sich bis Herbst 1939 halten konnte, obschon ihre Situation in allen Bereichen immer prekärer wurde: als Mieterin im Bauverein, dem seit 1935 keine Juden mehr angehören durften, bei ihrer Arbeit als Kundenbefragerin bei Sunlicht, wo sie auf das Verschweigen ihres Jüdischseins möglichst bedacht sein mußte, und ebenso in der allgemeinen Versorgung, bei der sie schlechter gestellt war als ihre »arischen« Nachbarn. Und als Jüdin, Sozialistin, emanzipierte Frau und Mutter zweier Kinder, die sich für das Exil entschieden hatten, schwebte das Damoklesschwert der Verhaftung ohnehin ständig über ihr. Bereits im Sommer 1933 wegen »staatsfeindlicher Äußerungen« auf die Dauer von drei Wochen in Schutzhaft genommen,[15] fehlte es zu keiner Zeit an Warnungen, daß dieser und einer zweiten, nicht näher bestimmten Haft jederzeit eine weitere folgen könne. So war der Plan zur Auswanderung bzw. einem ihrer Kinder ins Exil zu folgen unausbleiblich und erhielt mit den Pogromen der »Reichskristallnacht« letzte Dringlichkeit. Am 22. Juli 1939 – Käthe Vordtriede war noch immer ohne Paß, von einem beantragten Visum für England, wo sie ihrer Tochter näher gewesen wäre, ganz zu schweigen – kam es zu einem riskanten Treffen mit ihrem Sohn in Konstanz, das der Vorbereitung ihrer Flucht dienen sollte. Dazu notierte Werner,

---

14 Zahlen nach Heiko Haumann / Hans Schadek (Hg.), Geschichte der Stadt Freiburg im Breisgau, Bd. 3. Stuttgart 1992, S. 329.

15 Meldung in *Der Albbote*, Waldshut, vom 19. 8. 1933 (»Freiburg. Im Faulerbad wurde Mittwoch nachmittag die Schriftstellerin Käte[!] Vordtriede, ein früheres Redaktionsmitglied der sozialdemokratischen ›Volkswacht‹, von der Polizei festgenommen und in Schutzhaft abgeführt. Die Festnahme geschah, dem ›Alemannen‹ zufolge, auf Veranlassung eines ausländischen Studenten, mit dem Frau Vordtriede sich über politische Dinge unterhalten hatte.«)

der sich gerade von den USA aus auf Europareise befand, in seinem Tagebuch unter dem Datum des 21. Juli: »Da Postkarten weniger sorgfältig zensiert werden als Briefe, schrieb ich an Mutter einen chiffrierten scheinbaren Unsinn: der Ritter Kuno solle sein Roß besteigen, um 11 Uhr 23 in Konstanz eintreffen. Ich unterschrieb: Deine Rosa von Tannenburg. Das wird Mutter hoffentlich verstehen. Morgen soll es sein. Zuerst berieten Peter [befreundeter Sohn des Kreuzlinger Arztes Dr. August Sträuli, M. B.] und ich uns mit dem schweizer Grenzbeamten und gingen dann zum Gemeinde-Ammann. Dr. Sträuli hatte ihn schon telephonisch eingeweiht. Er war sehr hilfsbereit und stellte mir eine Personalbescheinigung aus, auf der nur steht, ich sei aus Cincinnati und ein Hausgast bei Dr. Sträuli. Der fährt ja als Arzt sehr oft über die kleine Grenze herüber. Ich werde dann als nicht deutsch sprechender Amerikaner in seinem Auto mitgenommen.«[16] Und am 23. Juli trug Werner ins Tagebuch ein: »Gestern gelang der Streich: ich war einen Tag auf deutschem Boden. An der Grenze ging alles gut, ich verstand kein Deutsch, Dr. Sträuli zeigte meinen Personalausweis vor. Den Paß hatte ich natürlich nicht mitgenommen. Mutter mit Dr. Sträuli bekannt gemacht. Er wird, wenn es soweit sein wird, versuchen, sie über die Grenze zu bringen. Wir aßen im Inselhotel direkt am See und sahen uns dann die schöne alte Stadt an.«[17]

Auf eben diese Weise brachte Dr. Sträuli, der bis Kriegsbeginn zu Patientenbesuchen ohne weiteres die Grenze passieren durfte, wenige Wochen später Käthe Vordtriede – getarnt als medizinischen Notfall – von Konstanz aus über die Grenze in die Schweiz. So schildert es Prof. Peter Sträuli, der Freund Werner Vordtriedes, aus eigener Erinnerung,[18]

---

16 Werner Vordtriede, Das verlassene Haus. Tagebuch aus dem amerikanischen Exil 1938–1947. München o. J., S. 34 f.

17 Ebda., S. 35.

18 Gespräch mit Prof. Peter Sträuli am 4. Mai 1998 in Zürich. Sträulis Version hat auch Ernst Leisi jr. für die zweite und dritte Auflage seines Buches »Freispruch für die Schweiz«, Frauenfeld

und so kann man es auch aus Werner Vordtriedes Tagebuchdarstellung herauslesen. »Am Tage«, schreibt er, »an dem dann der Gestellungsbefehl für mich kam und an dem ich folglich zum ›Refraktär‹ wurde, floh meine Mutter aus Deutschland. Dr. Sträuli hielt sein Wort und brachte sie sicher in die Schweiz, wo sie bis zu ihrer Überfahrt nach Amerika bleiben konnte.«[19]

[Fortsetzung Anm. 18:] 1997, übernommen. In der ersten Auflage steht noch, Käthe Vordtriede sei »in Konstanz-Kreuzlingen über die Schienen« gegangen. Dies – eine dritte Version! – hatte Vordtriede der Familie Leisi gegenüber so angegeben – wohl zum Schutz von Dr. Sträuli. Da die Erinnerungen Ernst Leisis an »Frau V.« recht detailliert ausfallen, seien hier einige Abschnitte zitiert: »An einem Winterabend (…) läutete es an unserer Haustür. Davor stand eine ältere Frau, gescheites, faltenreiches Gesicht, sie kam mir damals etwas wie eine alte Indianerin vor (…). Wir brachten Frau V. vorerst in einem ›Alkoholfreien‹ unter, in dem wir selber oft Sonntags assen; später bekam sie dann ein Zimmer in einem Haus in der Altstadt. Von dort erzählte sie uns später die sensationellsten Geschichten (…). Es kam uns vor, Frau V. sei durch ihre soziale Zwischenstellung in der Lage, mühelos einen für uns zu schweren Deckel zu heben und das sonst so harmlose Frauenfeld als brodelnden Topf von attraktiven Sünden oder mindestens Sensatiönchen erscheinen zu lassen. Doch das war nicht das Wichtigste. Sie gab uns hochinteressanten Bescheid über die zeitgenössischen Verhältnisse in Deutschland. Selbstverständlich ohne von den Todeslagern zu sprechen, denn von ihnen wusste sie so wenig wie wir (…). Und sie führte uns auch in die ihr vertraute zeitgenössische linksliberale Literatur.
Die gemeinsamen Mittagessen oder auch Abende bei uns waren voller lustiger Berichte. Als man einmal auf ihren verstorbenen Mann zu sprechen kam, rief sie: ›Ach, der traditionelle Selige!‹; ein anderes Mal berichtete sie, wie ihre zwei Kinder, als sie ihnen im tiefen Rhein kühn vorausschwamm, ihr zuriefen: ›Mutti, mach uns nicht noch zu Vollwaisen!‹ Aber auch in der ganzen klassischen Literatur war sie zuhause. Zitieren konnte sie freihändig, und der Frage, ob Friederike Brion nicht doch ein Kind von Goethe gehabt habe, war sie lange mit wechselndem Erfolg nachgegangen« (S. 87–89).

Es ist dies jedoch nur eine Version der Flucht, und es scheint kaum möglich, sie mit jener in Einklang zu bringen, die Käthe Vordtriede in ihren ersten Briefen aus der Schweiz, wenn auch nur andeutungsweise, selbst gibt. Denn die angekündigte genaue Schilderung (»Ich beschreibe Dir alles später in einem Mammut«) wurde unter dem Eindruck der Nachricht von der Haft, in die Werner auf seiner Rückreise in die USA geraten war,[20] verschoben und unterblieb möglicherweise ganz – jedenfalls hat sich kein Brief mit der ausführlichen Schilderung des Fluchthergangs erhalten.

Nach ihrer eigenen Darstellung war Käthe Vordtriede im Laufe des August mehrfach nach Karlsruhe gefahren, um dort auf den Erhalt ihres Passes zu dringen, den man ihr aus politischen Gründen bisher verweigert hatte. Am 1. September 1939, dem Tag des Kriegsausbruchs, sei endlich die Zustimmung zur Aushändigung des Papiers in Freiburg eingetroffen, das ihr am folgenden Tag durch einen wohlwollenden Beamten nach Büroschluß ausgestellt wurde.

Doch die Dinge hatten sich inzwischen dramatisch zugespitzt: Am 31. August, morgens um 5 Uhr, sei ihr Werners Stellungsbefehl überbracht worden, und da sie damit habe rechnen müssen, daß die Staatspolizei sich nun statt des Sohnes an die Mutter halten und sie als Geisel nehmen würde, sei ihr die unverzügliche Abreise angezeigt erschienen.[21] Mitten in der allgemeinen Evakuierungshektik, die inzwischen am Oberrhein eingesetzt hatte, habe sie am 2. September den Zug nach Basel genommen. Da ihr ein beantragtes Visum nur mündlich zugesagt, aber noch nicht im Paß eingetragen gewesen sei, galt ihre Ausreise zwar als

---

19 Wie Anm. 16, S. 35.

20 Vgl. den Brief vom 1. 10. 1939 und »Das verlassene Haus«, S. 43.

21 Die Tage des Kriegsausbruchs nutzten noch weitere Freiburger Juden zur Ausreise in die Schweiz; so beispielsweise der Kaufmann und Stadtverordnete Max Mayer und seine Frau Olga, denen Vordtriede später im New Yorker Exil wiederbegegnete. Vgl. Rolf Böhme / Heiko Haumann, Das Schicksal der Freiburger Juden am Beispiel des Kaufmanns Max Meyer und die Ereignisse des 9./10. November 1938, Freiburg 1989.

legal, nicht jedoch ihre Einreise in die Schweiz, weshalb sie denn auch – wohl aufgrund eines Winks der deutschen Stellen an die Schweizer Behörden, wie sie vermutete – am Zoll als einzige herausgegriffen, peinlichst kontrolliert und ins Basler Grenzgefängnis überstellt worden sei, aus dem sie dann Dr. Sträuli herausgeholt habe.[22]
Vordtriedes Name erscheint jedoch in keinem der Journale der Basler Grenzpolizei, so daß die Einlieferung in ein Gefängnis eher auszuschließen ist. Denkbar wäre, daß sie bis zur Klärung ihres Falles für ein paar Stunden in einem Raum festgehalten wurde, bis sie anschließend nach Kreuzlingen weiterreisen konnte, wo sie für die ersten fünf Wochen bei der Familie von Dr. Sträuli Aufnahme fand. Eines der stärksten Indizien für die Basler Fluchtversion ist jedenfalls ein amtliches Schreiben vom 27. 9. 1939, in dem sich die Eidgenössische Fremdenpolizei in Bern danach erkundigt, wie die Basler Kollegen dazu kämen, die Basler Grenzpolizei zu ermächtigen, Vordtriedes Paß mit einer »Zusicherung der Bewilligung zum Aufenthalt in der Schweiz« zu versehen. Die Antwort an die Bundesbehörde in Bern, betreffend die »jüdische Emigrantin Kätchen[!] Vordtriede«, erfolgte bereits einen Tag später: »Auf Ihre Anfrage vom 27. September 1939 teilen wir Ihnen mit, dass wir unser Einverständnis (nach anfänglicher Ablehnung) zur Einreise der Frau Vordtriede (mit Visum und Flugkarte für England) erteilten, gestützt auf die telephonische Intervention und Übernahme der Garantie und Verantwortung von Oberstleutnant Dr. August Sträuli in Kreuzlingen, Grenzbrigade-Arzt in Weinfelden.«[23] Wenn der Eintrag auch aufgrund der Intervention eines einzelnen erfolgte, so wäre er doch nicht denkbar ohne die im Vergleich zu Bern relativ humane Handhabung der Exilbestimmungen durch die Basler Fremdenpolizei.[24]

---

22 Vgl. den Brief vom 9. 1. 1940.

23 Beide Schreiben im Staatsarchiv Basel, PD Reg. 3, 34959.

24 Gerade in der ersten Zeit nach Beginn des Zweiten Weltkriegs verzichtete die Basler Fremdenpolizei auf die Durchführung der harten Weisungen aus Bern, wie sie sich denn tendenziell nicht

V.

Im Thurgau hatte Vordtriede nun zwar alles, was sie bisher entbehren mußte: »Ehre, Essen, Trinken, Kohlen, Ruhe vor Denunzianten, Frieden vor der Gestapo, ich kann über die Strasse gehen ohne Wutanfälle über die ›Parole der Woche‹, Stürmerkästen und Hetzplakate gegen England. Ich höre vor meinem Fenster nicht mehr: ›Wenn's Judenblut vom Messer spritzt‹ singen – «,[25] nicht jedoch die Sicherheit des Bleibens.

Zur Weiterreise verpflichtet, drohte ihr ständig die »Ausschaffung«, so daß der aufreibende Kampf um ein vorläufiges Bleiberecht den Hauptgegenstand ihrer Sorgen und Bemühungen bildete. Bis ihr im Dezember 1941 endlich die Weiterreise nach den USA gelang, mußte sie immer neuen

---

zur reinen Vollzugsbehörde der Weisungen aus der Eidgenössischen Zentralbehörde machen ließ. Die Differenzen in der *[Fortsetzung Anm. 24:]* Frage der Emigrantenbehandlung gingen in der Folge soweit, daß Bern sogar die Entsendung eines Kommissars nach Basel erwogen haben soll. Weitgehend charakteristisch für die Haltung der Basler Fremdenpolizei ist eine rechtfertigende Stellungnahme ihres sozialdemokratischen Direktors Fritz Brechbühl: »Unserer, in Emigrantenfragen seit Bestehen der Emigration aus Deutschland rücksichtsvollen Praxis folgend, haben wir die von der eidgenössischen Fremdenpolizei gewünschten Rückstellungen über die deutsche Grenze nicht durchgeführt. Wir haben uns in aller erster Linie von rein menschlichen Überlegungen leiten lassen. Wer mit der Behandlung des Emigrantenproblems direkt zu tun hat, sieht jedenfalls ohne weiteres ein, dass die Überstellung dieser 140 Menschen nicht durchführbar ist, ganz abgesehen davon, dass das Basler Volk eine solche Praxis seiner Fremdenpolizei scharf verurteilen würde, weil sie der traditionellen Hilfsbereitschaft der Stadt Basel widerspricht« (Stadtarchiv Basel PD, Reg 2, 3 Teil II; Bericht des Chefs der Kantonalen Fremdenpolizei an den Departementsvorsteher vom 15. März 1939; zit. nach Jean-Claude Wacker, Humaner als Bern! Schweizer und Basler Asylpraxis gegenüber den jüdischen Flüchtlingen von 1933 bis 1943 im Vergleich. Basel 1992, S. 135).

25 Vorwort zum Wettbewerbsbeitrag, o. S.

behördlichen Auflagen und Verpflichtungen nachkommen, Bescheinigungen und Verlängerungen beischaffen, deren Gebührensätze Vordtriede als regelrechte »Brandschatzungen« empfand, sich ihr Aufenthaltsrecht von Quartal zu Quartal immer neu erkaufen, erflehen und erbetteln.

Dabei verstand sie sich immer wieder erstaunlicher Verbindungen zu einflußreichen Leuten zu versichern, und wie berechtigt ihre Besorgnis und Verbitterung über die harte Asylpraxis des Kantons waren, läßt sich anhand einer Aufstellung nachvollziehen, die das Eidgenössische Justiz- und Polizei-Departement am 17. Dezember 1942 erhob und die der Historiker Jean-Claude Wacker so wiedergab: »Der Kanton Thurgau, schon vor dem Krieg einer der restriktivsten Stände, beherbergte am 9. 9. 1942 lediglich 118 Flüchtlinge. Im Jahre 1941 verlangte und erhielt dieser Kanton Garantien in der Höhe von 468 000 Schweizer Franken für 142 Flüchtlinge. In der Zeit von 1941 bis zum 8. September [1942, M. B.] hatten die thurgauischen Polizeiorgane 212 Flüchtlinge ›aufgegriffen‹, 156 davon wurden ›weitertransportiert‹, 23 interniert, 26 an die Grenze zurückgestellt.«[26]

In dieser Situation nutzlosen Wartens auf die Papiere und Stempel, die ihr die Ausreise aus der Schweiz erlaubten, war Käthe Vordtriede in besonderer Weise auf gesellschaftliche Kontakte und geistige Anregung angewiesen. Noch von Freiburg aus hatte sie Werner immer wieder Anregungen für (Gedenk-)Artikel gegeben oder ihm Entwürfe zugesandt, die er, neben eigenen Beiträgen, meist unter Pseudonym für das sozialdemokratische »Volksrecht« oder für Eduard Korrodis Literaturseite in der NZZ ausarbeitete. Nun, im Thurgau, sah sie aufgrund der guten Arbeitsmöglichkeiten an der Kantonsbibliothek Frauenfeld die Chance, Werners Projekten und Veröffentlichungsvorhaben verstärkt zuzuarbeiten. Mit dem Stolz der Mutter, der die akademische Karriere ihres Sohnes längst wichtiger geworden ist als die eigene Zukunft,

26 Angaben nach dem Schreiben der Polizeidirektion des Kantons Thurgau an das Eidg. Justiz- und Polizei-Departement, 9. 9. 1942, zit. nach Wacker, wie Anm. 24, S. 196.

exzerpierte und kopierte sie für ihn Einschlägiges, etwa zu dem Achtundvierziger Karl Follen, dem auch ihr eigenes Interesse galt.

Eigene Schreibpläne standen demgegenüber längst im Hintergrund, als sie der Aufruf der Harvard University zu einem Wettbewerb erreichte, mit dem Emigranten aufgefordert wurden, ihr »Leben unter Hitler« zu beschreiben. »Untätig, in erzwungener Arbeitslosigkeit, im Transitland auf die endliche Einreise in den New Yorker Hafen wartend, erreichte mich der Aufruf zum Preisausschreiben, einmündend in das Pauluswort: ›Sprich die Wahrheit aus und die Wahrheit wird dich frei machen!‹«[27] – so leitete Käthe Vordtriede ihren Beitrag ein, und sie fügte hinzu: »Die Aufgabe bedeutet für mich in der ungesunden, unnatürlichen Atmosphäre der vorläufigen, nicht endgültigen Emigration eine Erlösung. Im Schreiben empfinde ich das Warten auf die amerikanische Freiheit nicht mehr so drückend. Als weibliches Wesen sollte ich das Warten gelernt haben. Jede Frau und Mutter hat Übung darin. Als illegal in ein ›Gastland‹ Eingedrungene aber, eingekerkert in die Verhältnisse, fällt es mir jedenfalls schwer. Es gibt Zeiten, in denen lebt man nicht, Zeiten, in denen man welkt.« Und zum Motiv ihrer Beteiligung schrieb sie: »Ich betrachte das Beschreiben dieser Blätter nicht als Katharsis. Wenn ich sie im März auf das Frauenfelder Postamt gebracht haben werde und wenn später im Angesicht der New Yorker Freiheitsstatue das neue Leben anhebt – nie, solange das dritte Reich besteht, will ich mich vom Hass reinigen. Ich weiss, dass der sittliche Mensch kein Gedächtnis für das erlittene Böse haben soll. Es handelt sich aber für mich nicht darum, dass dieses Land meine eigenen Fähigkeiten brachgelegt und meine eigene Hingabe an Volk und Nation mit Gefängnis und Verachtung bezahlt hat, sondern ich denke, dass man immer wieder, nach Lassalles Wort,

---

27 Vordtriede spielte mit dem Pauluswort auch auf die Losung »Die Wahrheit wird euch frei machen« an, die die Fassade neben dem Haupteingang der Universität Freiburg zierte; 1934/35 war sie durch das Motto »Dem ewigen Deutschtum« ersetzt worden.

›aussprechen soll, was ist!‹, solange deutsche Schwestern und Brüder leiden und in täglicher Angst zittern. Im heutigen Deutschland, das ich verabscheue, hat mich die Krankheit des Menschenhasses gepackt.«
Aus den Briefen an Fränze, die sie um Zusendung zahlreicher Materialien aus ihren persönlichen Unterlagen bat, wissen wir, daß Vordtriede ihre Arbeit dokumentarisch und authentisch angelegt hat. Auch wenn die Bedingungen nicht optimal waren, unter denen diese Arbeit zustande kam – schließlich umfaßte sie doch immerhin 116 Seiten in engzeiliger Schreibweise. Zufrieden gab sich Vordtriede mit dem Ergebnis nach außen hin nicht, sprach gar von einer »Schusterarbeit«, die sie in der unaushaltbaren Kälte kaum heizbarer Dachzimmer heruntergeschrieben habe. Doch ihr Wettbewerbsbeitrag kam in die engere Auswahl, und die Jury entschied sich für eine Übersetzung ins Amerikanische. Von einem Preis war indes ebensowenig die Rede wie von einer Veröffentlichung. Heute wäre Vordtriedes Arbeit eine unschätzbare lokal- und mentalitätsgeschichtliche Quelle, von der Aussagekraft für ihre eigene Biographie ganz zu schweigen. Leider muß diese Arbeit – bis auf drei Seiten, die sich im Nachlaß Werner Vordtriedes finden – als verschollen gelten; sie fand sich weder im Nachlaß des Sohnes noch bei den Wettbewerbsunterlagen der Harvard University.

VI.

»Die meisten Emigranten löschen während des schweren Existenzkampfes im neuen Lande, den sie höheren Alters als Bettler beginnen, das Gedächtnis aus an eine verlorene Heimat, die ihnen Ehre und Kraft geraubt hat und ihre Menschenwürde mit Füssen trat. Mir wird das nicht gelingen, und es ist auch nicht mein Ziel«. Diese Feststellung aus dem Vorwort zu ihrem Wettbewerbsbeitrag liest sich beinahe wie ein Vorsatz, den Käthe Vordtriede durch ihr späteres Exil in den USA legitimiert hat. Zwar beherrschte sie Englisch schon vor Betreten amerikanischen Bodens und hatte auch mit der Eingewöhnung in alltagspraktische Dinge anscheinend keine Probleme; »amerikanisiert« hat sie sich freilich nie. Wenn sie sich »in allen Ehren ein bescheidenes Proletarierdasein« aufzubauen gedachte, schätzte sie die New Yorker Verhältnisse und ihre eigenen Möglichkeiten von Anfang an richtig ein. Sich mit neuer Verve auf den Journalismus werfen zu können, dieser Illusion gab sich die Fünfzigjährige gar nicht erst hin, auch wenn es an einigen Gelegenheiten zur Wiederaufnahme ihrer alten Tätigkeit nicht fehlte. So wurde sie 1942 durch Prof. Edward Hartshorne, einen der Juroren des Wettbewerbs »Life in Germany« und während des Krieges bei der U.S. Office of Strategic Services and Office of War Information tätig, zu Funkbeiträgen über ihre Erfahrungen in Nazideutschland angeregt, und 1947 gelang es ihr, noch einmal für einige Zeit einen Fuß in die Redaktion der deutschsprachigen New Yorker »Staatszeitung« zu setzen.[28]

Die Perspektive, ihren Anstellungen als Haushaltshilfe und Kindermädchen, Hausverwalterin und zuletzt als Sekretärin zu entkommen, bot ihr keine dieser Tätigkeiten; in ihrem Brief vom 14. Oktober 1951 beschrieb sie sich selbst als »61 Jahre alte, herzkranke, zahnlose Frau, die für geringen Lohn 6 Tage in der Woche von morgens 6 bis nachts um 10 schwere körperliche Arbeit tut.« An dieses Schicksal blieb sie bis zuletzt gebunden.

Vordtriedes gesellschaftliche Kontakte bezogen sich in den USA auch nach Kriegsende vor allem auf Emigrantenkreise, und schon dadurch blieb ihr Blick stets auf Europa und Deutschland gerichtet. 1940, noch von ihrem Thurgauer Warteposten aus, hatte sie »heimwehkranke Stunden« einbekannt, »in denen ich mich nach dem Teutoburgerwald und nach dem Schwarzwald sehne, ... in denen ich von einer befreiten Heimat träume, die ihren umherirrenden Kindern zuruft: ›Kehrt zurück!‹«. Fürs Exil sichtlich nicht geschaffen, hielt sie – trotz gelegentlicher Trübungen des Verhältnisses zu ihren Kindern – letztlich doch deren relative Nähe in den USA. Erst als sich zu Beginn der sechziger Jahre die Berufung Werner Vordtriedes an eine deutsche Universität abzeichne-

---

28 Wie Anm. 16, S. 388.

te, entschied sich Käthe Vordtriede für eine Rückkehr nach Deutschland.

VII.

Mitte Dezember 1963 erlitt Käthe Vordtriede einen Herzinfarkt. »War dann drei Stunden bei Muhme«, notierte Werner Vordtriede am 19. 12. 1963 in sein Tagebuch über den Besuch in einem New Yorker Spital. »Sie ist sehr munter, viel zu munter, hält keine absolute Ruhe, obwohl sie jede Anstrengung vermeiden sollte. Ein Gespräch über Stepun beglückt sie sehr. Sie sieht alt, bleich und zusammengefallen aus, spricht aber nun von München mit aller Gewißheit.«
Am 30. 12. aufgrund erstaunlich rascher Erholung entlassen, plante Käthe Vordtriede nun für den folgenden August ihre Rückkehr nach Deutschland. Anfang Januar 1964 traf Fränze ein; am 3. 1. 1964 erlebte Werner seine Mutter von »beängstigender und erschöpfender Lebendigkeit«. Sie war sehr früh aufgestanden, um alles zu richten, obwohl Fränze eben deswegen gekommen war. Eine Herzattacke war die Folge; Werner argwöhnte im Tagebuch, sie tue das alles nur, damit man sich um sie kümmere, und rechnete auch »die andern Verrücktheiten alle« aufs selbe Konto. Mutter habe gesagt, sie müsse in die Fabrik zum Arbeiten, damit sie die Rechnungen alle zahlen könne. »Da muß man also protestieren, beschwören, das ist im Drama immer schon mit einberechnet. Aber ich werde nun nicht mehr mitspielen. Fränze war auch schon ganz am Ende ihrer Kraft.«
Am 22. 1. erhielt Werner einen Brief von Fränze, Mutter habe nach der Toberei am 3. einen Rückfall erlitten. Einlieferung in ein sehr teures städtisches Erholungsheim. »Nun müßte man handeln, bevor das Drama immer schrecklicher wird: Wohnung kündigen, auflösen, Muhme nach München schaffen.« Da das alles gegen Mutters Willen sei, solle Dr. Hirsch es »verschreiben«.
Nach mehreren sporadischen Besuchen und Anrufen, die meist wenig erfreulich verliefen, reiste Werner Mitte August nach Europa, um in München seine Professur anzutreten

und die Übersiedlung seiner Mutter zu regeln. Am 22. 8. erhielt er ein Telegramm Fränzes mit der Todesnachricht: »Sorry inform you mother found dead cremation monday airmail follows.« Tagebucheintrag Werners: »Ich hoffe so sehr, daß die etwas merkwürdige Formulierung nicht bedeutet, daß ein Selbstmord vorliegt.« Und einen Tag später: »Ich merke jetzt erst, wie sehr ich mich darauf gefreut hatte, ihr hier in München noch ein paar schöne Jahre zu bereiten, und ich frage mich jetzt, ob ich ihr das auch wirklich deutlich gesagt habe, da ich, wenn ich bei ihr war, immer so gelähmt und unspontan war... Eben den letzten sehr langen, lebendigen und sehr lieben Brief von Mutter von Anfang Mai wieder gelesen und aufbewahrt. Wie gerne sagte ich ihr noch etwas Liebes.«

Am 25. 8. rief Werner bei Fränze in New York an. Er erfuhr, daß Mutter eines natürlichen Todes gestorben sei, auf der Toilette; man habe sie erst eine Woche später gefunden. Ernest Dale habe bei der Beerdigung gesprochen, Fränze ein Gedicht von Matthias Claudius gelesen. Eintrag Werners ins Tagebuch: »Bin heute viel beruhigter, da mir nun langsam alle guten Momente einfallen. Es hat ihr wohl noch niemand so viel Freude gemacht wie ich. Sie kann ja auch nicht lange gelitten haben, da sie offenbar eine Woche, nachdem ich noch mit ihr sprach, plötzlich gestorben ist, an einem neuen Blutpfropfen, der ins Herz drang. Es ist vielleicht überhaupt ihr noch viel Aufregung erspart geblieben, daß sie die große Übersiedlung hierher, am 7. Oktober wollte sie abfliegen, nicht mehr auf sich nehmen mußte.« Am 27. 8. kam ein erneutes Telegramm von Fränze: »Ashes scattered in her beloved ocean most fitting. Letter follows«.

Epilog und Dank

Den Namen Vordtriede nahm ich erstmals bewußt wahr, als ich vor 20 Jahren Werner Vordtriedes Exiltagebuch »Das verlassene Haus« für die »Tribüne. Zeitschrift für das Verständnis des Judentums« besprach. Käthe Vordtriede kommt in diesem Buch seltener vor, als man es erwarten könnte, und so las ich damals über die gleichwohl als dramatisch erkennbare Rettungsaktion zu ihren Gunsten im Jahre 1939 hinweg.

Nachhaltiger ins Gedächtnis gehoben wurde mir der Name zur gleichen Zeit durch eine angeheiratete Verwandte, die Käthe Vordtriede noch aus der Freiburger Zeit kannte. Da ich es damals versäumte, diese alte Sozialdemokratin rechtzeitig auszufragen, habe ich meine erste Karteikarte zu Käthe Vordtriede erst viel später angelegt – wohl im Zusammenhang mit dem Reprint der »Weltbühne«. Dort war, abgesehen von der erwähnten Glosse »Unsere Justiz«, in einer der letzten Nummern vom 28. 2. 1933 unter dem Titel »Messalina auf dem Dorfe« ein weiterer kleiner Beitrag erschienen, in dem Vordtriedes darstellerische Stärken – nüchterne Analyse, Gespür fürs Atmosphärische und anekdotenhaft-satirischer Zugriff – besonders ausgeprägt waren. In dem Sammelband »Junge Menschen« stieß ich dann irgendwann auf Vordtriedes Namen als Mitarbeiterin dieser wichtigsten Zeitschrift der Jugendbewegung, und als ich zur Vorbereitung einer Darstellung von Verfolgung und Widerstand in Südbaden die regionale Presse durchmusterte, kam mir im »Albbote« (Waldshut) vom 19. 8. 1933 die Notiz von Vordtriedes Schutzhaft unter. Durch Frank Flechtmann in Berlin, mit dem mich das Interesse an einigen Personen der badischen Zeitgeschichte verbindet, darunter auch Käthe Vordtriede, erfuhr ich 1992, daß der Nachlaß des 1985 verstorbenen Werner Vordtriede ins Deutsche Literaturarchiv in Marbach gelangt sei. Es hat dann noch einmal eine ganze Weile gedauert, bis ich mit ungehöriger Verspätung auf Regina Webers Nachlaßbericht »Werner Vordtriede (1915–1985)« stieß – veröffentlicht im »Jahrbuch der Deutschen Schillergesellschaft«, Ausgabe 1988. Dort wird auch auf Käthe Vordtriedes Biographie eingegangen, und im Nachlaßverzeichnis ist ein Konvolut von 150 Briefen an den Sohn aufgeführt, die ich 1996 erstmals eingesehen habe.

Dieser Bestand – nicht auch die Gegenbriefe, die sich nur rudimentär erhalten haben – wurde dem vorliegenden Band zugrunde gelegt. Immerhin besitzt diese »Einsträngigkeit«

den Vorteil, daß die volle Konzentration so einem weiblichen Verfolgungsschicksal gelten kann, wie man es so authentisch und kompetent, so politisch klarsichtig, bewegend und – trotz der sich immer neu zuspitzenden Situationen – menschlich und humorvoll selten dargestellt findet. Die meist recht umfangreichen, nicht selten bis zu zehn und mehr Seiten langen Briefe – teils handschriftlich, teils maschinengeschrieben – ließen eine Auswahl und Kürzung unumgänglich erscheinen; die Bearbeitung nahm jedoch darauf Bedacht, daß die Briefe möglichst viel von ihrer zeitgeschichtlichen und exilthematischen Spezifik behielten; auch war ich bestrebt, die persönliche Situation der Briefeschreiberin mit politischen und gesellschaftlichen, mentalen und kulturellen Aspekten zu verbinden. Freilich galt es, Persönlichkeitsrechte Dritter zu wahren. Insbesondere was die im Nachwort angedeuteten innerfamiliären Konflikte betrifft, beließ es der Herausgeber bei wenigen Andeutungen.

Mein Dank gilt zunächst Prof. Dr. Dieter Borchmeyer, Germanist an der Universität Heidelberg, der als Rechteinhaber am Nachlaß von Werner Vordtriede meinem Wunsch nach Einsicht in die Briefbestände gerne entgegenkam und meinen Editionsplan von Anfang an interessiert aufnahm und hilfreich beförderte; sodann Dr. Jochen Meyer von der Handschriftenabteilung des Deutschen Literaturarchivs. Für Auskünfte und Informationen, Hinweise und Hilfen sei freundlich gedankt Dr. Ulrich Barth vom Staatsarchiv Basel; Prof. Dr. Wolfgang Benz, Leiter des Zentrums für Antisemitismusforschung an der TU Berlin; Ute Bruchhardt, Deutsches Literaturarchiv Marbach; Patrice Donoghue, Harvard University, Cambridge/Mass.; Frank Flechtmann, Berlin; Dr. Grupp, Archiv des Auswärtigen Amtes, Bonn; Christoph Laue, Kommunal Archiv Herford; Prof. Ernst Leisi, Zürich; Lotte Paepcke, Karlsruhe; Jennie Rathbun, Haughton Library, Cambridge/Mass.; Dr. Thomas Scheuffelen, Marbach a. N.; Peter Schulze, Stadtarchiv Hannover; Prof. Peter Sträuli, Zürich; Dr. Regina Weber, Stuttgart; Fritz Werner †, Freiburg; Juliane Wetzel, Zentrum für Antisemitismusforschung, Berlin.

Wir danken ferner…

Die folgenden Institutionen haben mit ihren Beihilfen zur Drucklegung diese Briefausgabe unterstützt:

PRO HELVETIA, Schweizer Kulturstiftung
MIGROS Kulturprozent
Kanton Thurgau, Departement für Erziehung und Kultur

Personenregister

Inhalt